ミネルヴァ日本評伝選

光厳天皇

をさまらぬ世のための身ぞうれはしき

深津睦夫 著

ミネルヴァ書房

刊行の趣意

「学問は歴史に極まり候ことに候」とは、先哲荻生徂徠のことばである。歴史のなかにこそ人間の智恵は宿されている。人間の愚かさもそこにはあらわだ。この歴史を探り、歴史に学んでこそ、人間はようやくみずからの正体を知り、いくらかは賢くなることができる。新しい勇気を得て未来に向かうことができる。徂徠はそう言いたかったのだろう。

「ミネルヴァ日本評伝選」は、私たちの直接の先人について、この人間知を学びなおそうという試みである。日本列島の過去に生きた人々の言行を、深く、くわしく探って、そこに現代への批判を聴きとろうとする試みである。日本人ばかりではない。列島の歴史にかかわった多くの異国の人々の声にも耳を傾けよう。先人たちの書き残した文章をそのひだにまで立ち入って読み、彼らの旅した跡をたどりなおし、彼らのなしとげた事業を広い文脈のなかで注意深く観察しなおす——そのとき、はじめて先人たちはいまの私たちのかたわらによみがえってくる。彼らのなまの声で歴史の智恵を、また人間であることのよろこびと苦しみを、私たちに伝えてくれもするだろう。

この「評伝選」のつらなりのなかから、列島の歴史はおのずからその複雑さと奥ゆきの深さをもって浮かび上がってくるはずだ。これを読むとき、私たちのなかに新たな自信と勇気が湧いてきて、その矜持と勇気をもって「グローバリゼーション」の世紀に立ち向かってゆくことができる——そのような「ミネルヴァ日本評伝選」にしたいと、私たちは願っている。

平成十五年（二〇〇三）九月

上横手雅敬
芳賀　徹

丹波恆秦田郡山国庄大雄山
常照禅寺
写実厳院本工法皇名範和尚
御真親顕
謝有為讃
披無相衣
經行出入
于佛異儀

前天龍開山夢窓木師勝

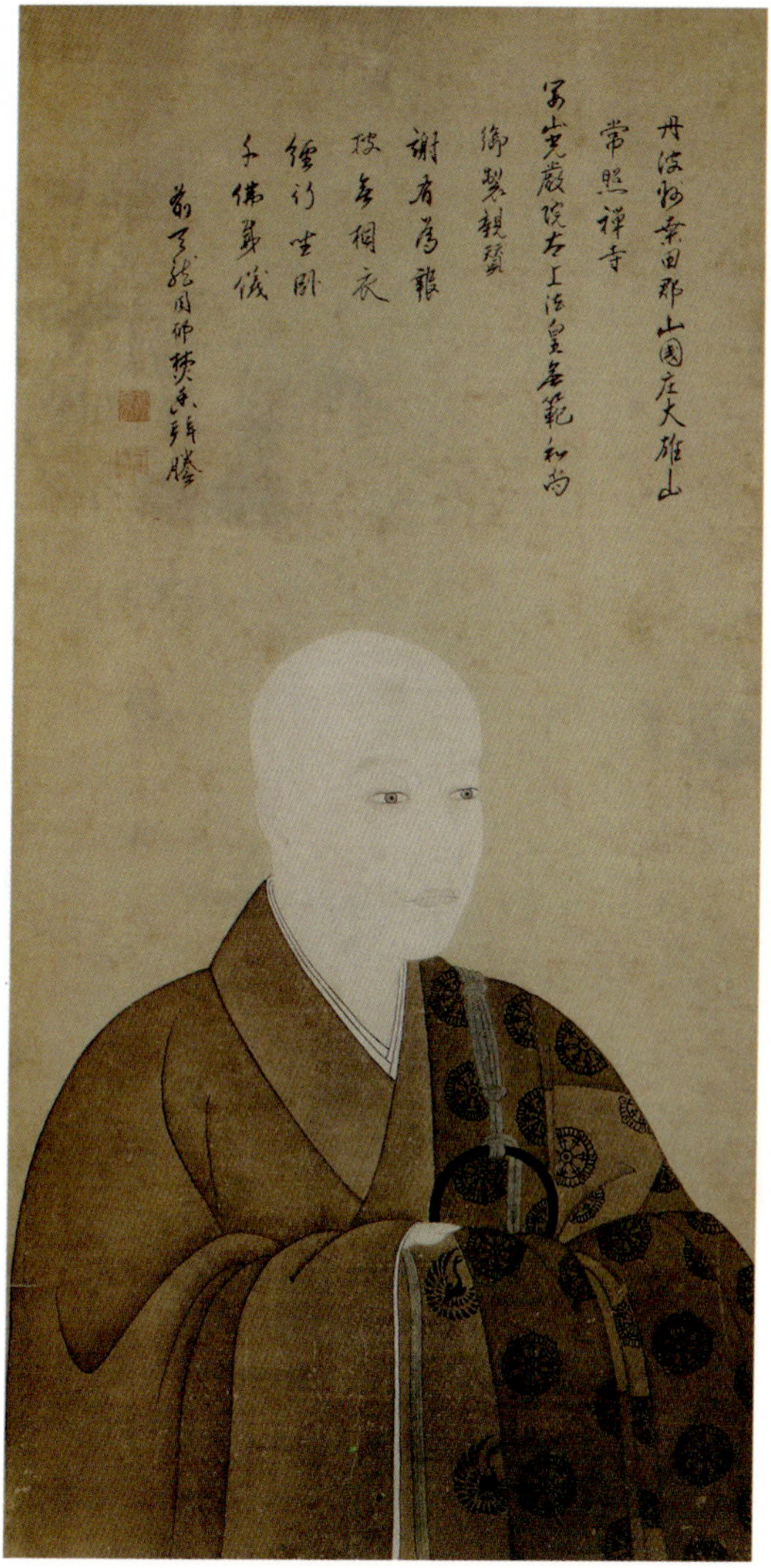

光厳院肖像（常照皇寺蔵／写真の映美社撮影）

光厳院木像（常照皇寺蔵／写真の映美社撮影）

賀名生の里
（奈良県五條市西吉野町賀名生）

堀家住宅（賀名生皇居跡）（賀名生の里歴史民俗資料館提供）

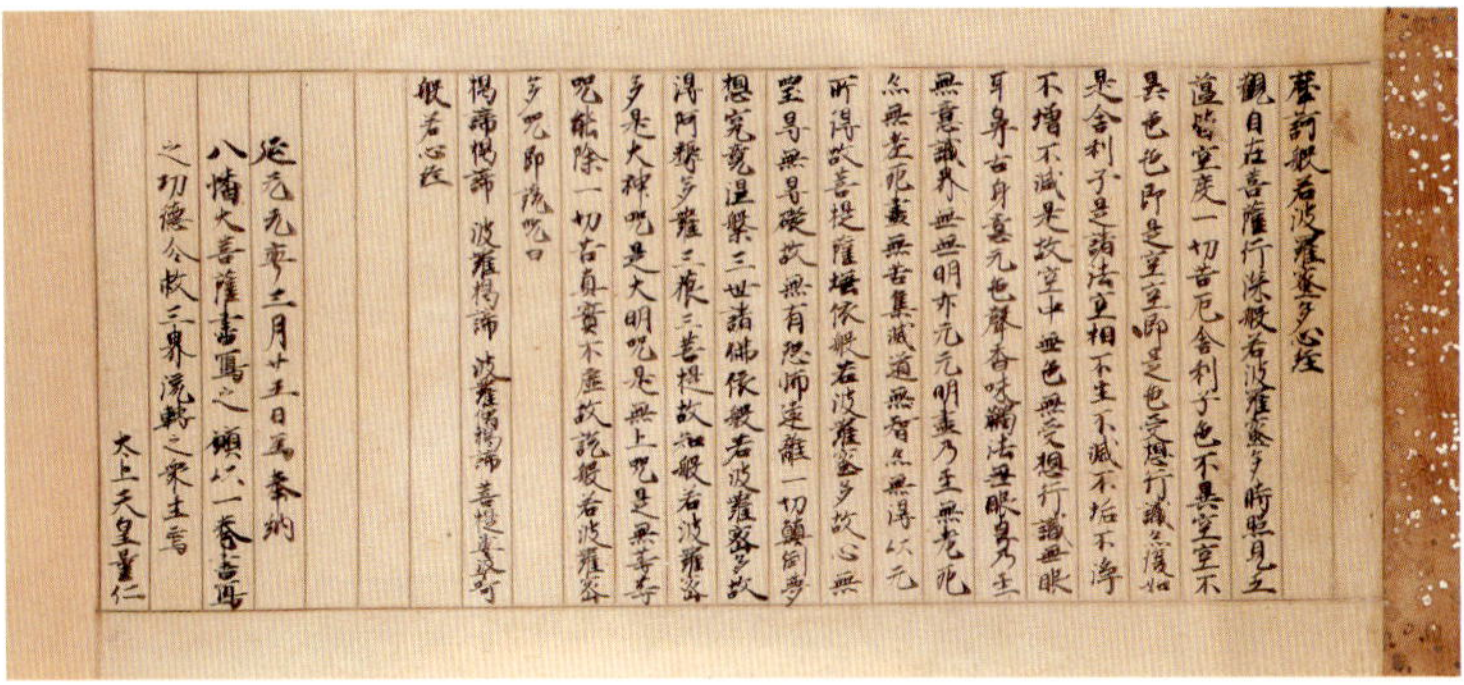
摩訶般若波羅蜜多心経
観自在菩薩行深般若波羅蜜多時照見五
蘊皆空度一切苦厄舎利子色不異空空不
異色色即是空空即是色受想行識亦復如
是舎利子是諸法空相不生不滅不垢不浄
不増不減是故空中無色無受想行識無眼
耳鼻舌身意無色声香味触法無眼界乃至
無意識界無無明亦無無明尽乃至無老死
亦無老死尽無苦集滅道無智亦無得以無
所得故菩提薩埵依般若波羅蜜多故心無
罣礙無罣礙故無有恐怖遠離一切顛倒夢
想究竟涅槃三世諸仏依般若波羅蜜多故
得阿耨多羅三藐三菩提故知般若波羅蜜
多是大神呪是大明呪是無上呪是無等等
呪能除一切苦真実不虚故説般若波羅蜜
多呪即説呪曰
掲諦掲諦 波羅掲諦 波羅僧掲諦 菩提薩婆訶
般若心経
延元元年三月廿五日写奉納
八幡大菩薩書写之 願以一巻書写
之功徳令救三界流転之衆生焉
太上天皇量仁

「般若心経　光厳天皇宸翰」（重要文化財，香川県立ミュージアム蔵）

常照皇寺（京都市右京区京北井戸町丸山）

はしがき

光厳《こうごん》天皇は、現在の皇統譜においては歴代に数えられておらず、北朝第一代の天皇とされている。元弘《げんこう》元年（一三三一）、第九十六代後醍醐《ごだいご》天皇から剣璽《けんじ》を受け継ぎ、即位式・大嘗会《だいじょうえ》も挙行されるなど、正式な手続きを踏んで位に即《つ》いた天皇であるにもかかわらず、そのような扱いになっている。

光厳天皇は、皇位を二度剝奪された。一度目は、正慶《しょうきょう》二年（元弘三年、一三三三）、鎌倉幕府の滅亡とともに隠岐島《おきのしま》から還京した後醍醐天皇の詔命《しょうめい》によって。二度目は、明治四十四年（一九一一）、いわゆる「南北朝正閏《せいじゅん》論争」の結果、明治政府の決定によって。

「南北朝正閏論」とは、南朝と北朝のどちらを正統の王朝と見るかという議論である。室町時代は、北朝の子孫が皇位を継承していたため、そのことは問題にすらならなかった。江戸時代に入って、南朝正統を主張する水戸学を中心に議論が本格化する。明治維新は水戸学を思想的背景の一つとしていたため、当然のことながら、明治政府は南朝正統の立場をとった。ただし、学問の場においては両朝を対等に扱うことは特に問題とされず、教育の場においても南朝正統思想を徹底していたわけではなかった。

ところが、明治四十四年になって、南北両朝を対等に扱う国定教科書『尋常小学日本歴史』の記述が問題視され、大きな政治問題へと発展した。その結果、南朝を正統とすることが政府によって決定され、教育の場でそれが徹底されることとなった。それに伴い、北朝の光厳・光明《こうみょう》・崇光《すこう》・後光厳《ごこうごん》・後円融《ごえんゆう》の各天皇は歴代から外された。現在の皇統譜において光厳以下の五代が歴代に数えられておらず、北朝天皇として別冊にまとめられているのは、そのためである。このような明治政府の南朝正統論の徹底は、言うならば国民統制を目的とした政策の一つであったが、時代が進むにつれ、思想的にも学問的にも議論することさえ許されないようになっていった。

戦後、南朝正統論の強制はなくなり、南朝と北朝の両方が存在したことを認めるのが一般化した。学問的にあるいは社会的には北朝の天皇たちは復権したと言えよう。ただし、皇統譜は従来と変わらず、光厳天皇は、北朝第一代の天皇という扱いのまま現在に至っている。

そのような存在であるにもかかわらず、と言うよりも、そのような存在であるがゆえにと言うべきなのかもしれないが、光厳天皇は、乱世に翻弄されて数奇な運命を辿った天皇として、また、中世和歌史上高く評価される『風雅《ふうが》和歌集』の撰者として、比較的早い時期から注目を集めてきた。夙《つと》に、昭和三十九年(一九六四)の天皇没後六百年を記念して、中村直勝著『光厳天皇』(淡交新社、一九六一年)と『光厳天皇遺芳』(常照皇寺、一九六四年)とが刊行され、「南北朝の動乱に翻弄されながらも誠実に生きた帝」という光厳天皇像が提示され、また、天皇に関する基本的な史料も整備された。

その後、四十年近くを経て、岩佐美代子著『光厳院御集全釈』(風間書房、二〇〇〇年)と飯倉晴武著『地獄を二度も見た天皇　光厳院』(吉川弘文館、二〇〇二年)という本格的な評伝が相次いで刊行された。京極派和歌研究の第一人者である岩佐氏の手になる評伝は、光厳院の家集（個人歌集）の注釈書の解説として書かれたもので、分量的には比較的小規模なものであるが、長い京極派和歌研究の蓄積を背景とした重厚な内容となっている。文化面と持明院統宮廷に関する叙述の豊かさに特徴があるが、光厳天皇については、「我が国歴代中、自らの地位に対して明白に責任を取る事を、身をもって実現した」ただ一人の天皇ととらえている点が注目される。飯倉著は、古文書・古記録に精通した中世史研究者が一次史料を駆使して、南北朝時代史の中に光厳天皇を描き出している点に特徴がある。「地獄を二度も見た」という書名に明らかなように、その悲劇性を浮き彫りにした評伝である。

このほか、歌人の西野妙子による『光厳院』（国文社、一九八八年）や、作家で評論家でもある松本徹の『風雅の帝　光厳』（鳥影社、二〇一〇年）といった文芸評論的色彩の濃い評伝があり、それぞれに光厳天皇への共感が感情豊かに述べられている。さらに、光厳天皇の生涯を小説化した森真沙子の『廃帝』（角川春樹事務所、二〇〇四年）という作品もある。これほど多くの評伝が書かれ、小説の主人公となっている天皇は、他にあまり例を見ないのではなかろうか。光厳天皇の生涯がいかに数奇なものであったかを、これらの存在はよく物語っている。

南北朝時代と言えば、その主人公は後醍醐天皇である。そもそも、後醍醐天皇が高く理想を掲げ、それを実現すべく主体的に行動し続けたことの結果として、「南北朝」という状況が招来されたと言うことができる。光厳天皇は、後醍醐天皇の行動が巻き起こしたその歴史の渦に巻き込まれた一人であり、南北朝の歴史の中では脇役の一人に過ぎない。

しかし、一人の治天《ちてん》の君《きみ》、あるいは一人の人間として見た場合、光厳天皇は、後醍醐天皇と対比されるにふさわしい偉大な存在であると、筆者は考える。

この二人の天皇について思いを巡らす時、常に脳裏に浮かぶのは、それぞれの最期の姿である。『太平記』によれば、後醍醐天皇はその最期にあたって、敵をことごとく滅ぼして天下を平定するという望みを義良《のりよし》親王以下の南朝の人々に託し、それを見届けるために、自らの魂魄は京都の皇居を見続けようと遺言したとある。為政者として最期を迎え、死んでなお為政者であろうとしているかに見える。

それに対して光厳天皇は、丹波《たんば》の山寺において一人の禅僧として最期を迎えた。その遺誡《ゆいかい》は、「我が身はどこか山陰に葬ってくれればよい。松や柏が塚の上に自然と生えて、風や雲がその上を時々行き来するのは、うれしいものだ。もし山民村童が小塔を建てたいと言うのなら、小さいものであれば、それもよい」というものであった。この穏やかな、そして、しみじみと胸に迫ってくる言葉は、後醍醐天皇のそれとはあまりに対蹠《たいせき》的である。これは、一人の人間が至ることのできる境地として、最良のものの一つではあるまいか。ただし、一度は為政者の立場に在った者の最後の言葉として、これはその立場にふさわしいものなのか、結局は敗者の言葉ではないかとの批判も皆無ではないかもしれない。

本書は、正統嫡流の皇統に生を享けた者が、動乱の世に際会して、いかに為政者としてその責務を果たそうとしたのかを、また同時に、いかに一人の人間としてその生涯を全うしたのかを描き出そうとする試みである。

光厳天皇——をさまらぬ世のための身ぞうれはしき

目次

はしがき

第一章　両統迭立 …… 1

1　両統迭立の経緯 …… 1

後嵯峨院の「素意」　執権北条時宗の介入　伏見・後伏見天皇の践祚
後二条天皇の践祚　花園天皇の践祚　「両統迭立」の時代

2　持明院統の立場と治世 …… 8

幕府の方針　幕府の二つの態度　「正統長嫡」の主張　幕府追随主義

3　持明院統への評価 …… 15

『梅松論』の持明院統否定　幕府の対持明院統態度　京極為兼の専横
伏見院の見識　持明院統の性向

第二章　量仁親王の誕生と修学 …… 25

1　「一代の主」花園天皇 …… 25

後伏見院の猶子花園天皇　二つの置文　花園院の覚悟

2　持明院殿の生活 …… 30

持明院殿の同居生活　『花園天皇宸記』

3　花園院の教育……33
訓育の依頼　教育方針　連句の練習　和歌の教育　音楽の教育
蹴鞠と小弓　最高の教育環境

第三章　春宮の時代……45
1　後醍醐天皇の登場……46
「一代の主」後醍醐天皇　「一代の主」の拒否
2　正中の変……49
後醍醐天皇の践祚　正中の変と事件処理
3　量仁親王の立坊……52
大覚寺統の内部争い　邦良親王の死去　量仁親王の立坊　元服
4　花園院の「誡太子書」……60
天皇のあるべき姿　「徳治」の勧め　花園院の予言の実現

第四章　天皇の時代……67
1　元弘の変と践祚……68
元弘の変勃発　神器なき践祚　康仁親王の立坊

2 即位後の光厳天皇……73
即位と大嘗会　玄象・牧馬の演奏
3 後伏見院政……75
元弘の変の後始末　廷臣ほかの人事異動　後伏見院の院評定
4 反幕府活動の活発化……78
不穏な空気　反幕府活動の本格化
5 六波羅滅亡……81
足利高氏の裏切り　六波羅攻撃　六波羅からの脱出
6 番場宿の悲劇……85
六波羅武士たちの自決　捕われの身

第五章　太上天皇の時代……91

1 廃位と太上天皇の尊号……92
光厳天皇の廃位　「太上天皇」の尊号　建武の新政
2 西園寺公宗の陰謀……96
『太平記』の記事　『匡遠記』の記事　持明院統上皇の関与
3 尊氏の叛旗……101

中先代の乱　尊氏の後醍醐天皇敬慕　上京と敗走
4　尊氏への院宣……104
『梅松論』の記事　院宣要請の日時　光厳院の思い
5　院政の開始……109
尊氏の入京と洛中洛外の攻防　光厳院の政務開始　光明天皇の践祚
後醍醐天皇の下山
第六章　治天の君の時代……117
1　南北朝の対立と後醍醐天皇の死……118
南朝の苦境　北朝の確立　後醍醐天皇の死　北朝の対応の混乱
天龍寺の建立　後醍醐天皇の鎮魂
2　光厳院の政治……128
『太平記』が描く公家社会の衰微　光厳院政下の政治機構
法令の整備と運営　朝儀の実施と中止
3　皇位継承方針の決断……135
后妃と皇子女　皇位継承についての置文　光厳院の意図
直仁親王の立坊

4 『風雅和歌集』の撰集……144
『光厳院御集』　永福門院の死　勅撰集の発企　事始・詠歌収集
撰集作業・題号・序　竟宴と完成

第七章　貞和五年・光厳院の目……155

1 『風雅集』巻第十七「雑下」の巻頭部……157
貞和五年という年　『風雅集』巻第十七「雑下」巻頭の述懐歌
2 治天の君の述懐……161
為政者の述懐詠　花園院の欠如　後醍醐院についての認識
3 伝奏と武家……164
資明と経顕　足利直義への信頼
4 摂関と天台座主……168
二つの権門　摂関の地位の低下　天台座主に対する二つの立場
延暦寺への不満
5 もう一人の為政者……174
「世」を思う直義　中世勅撰集の中の武家

第八章　幽囚の時代……177
1　観応の擾乱……178
直義と師直　直義と師直の対立抗争　直義の南朝への降参
直義の勝利　南朝との講和交渉　「吉野御事書案」
2　尊氏の背信……185
尊氏派と直義派の不和対立　尊氏の南朝への降参
直義の持明院統保護策　降参の受諾
3　正平の一統……191
北朝の消滅　政権接収の方針　三種の神器の接収
光明院と崇光天皇の処遇
4　南方への連行……195
南朝の一斉攻撃　八幡への御幸要請　北畠親房の意図　光厳院の選択
足利軍の逆襲と南朝の撤退　後光厳天皇の即位
5　賀名生の幽閉生活……203
光厳院の出家　『太平記』に描かれる賀名生の生活
6　天野山金剛寺の幽囚生活……206
天野山金剛寺の生活　花園院七回忌法華経要文和歌の詠進

光明院の帰京　金剛寺における両統の琵琶伝授　禅への帰依
第九章　禅僧の時代……215
1　金剛寺からの帰京……216
五年ぶりの帰京　近しい人々の死
2　持明院統の分裂……219
後光厳天皇との不和　琵琶の伝統の放棄　京極派和歌の放擲
琵琶と京極派和歌の行方　所領の継承　文書・記録類の継承
崇光院流と後光厳院流
3　後村上天皇との再会……227
『太平記』の山川斗藪行脚の記事　『太平記』記事に対する二つの見方
光厳院の述懐を事実と見る立場　虚構と見る立場
『太平記』の史実と虚構
4　光厳院の死……234
身辺の整理　常照寺に隠棲　光厳院の崩御　光厳院の遺戒
葬送と追号　「松柏自ずから塚上に生じ、風雲時に往来する」
光厳院の至った境地

史料一覧　245
参考文献　251
あとがき　257
光厳天皇略年譜　261
人名索引

図版写真一覧

光厳院肖像（常照皇寺蔵／写真の映美社撮影）……カバー写真、口絵1頁
光厳院木像（常照皇寺蔵／写真の映美社撮影）……口絵2頁
賀名生の里（奈良県五條市西吉野町賀名生）……口絵3頁
堀家住宅（賀名生皇居跡）（賀名生の里歴史民俗資料館提供）……口絵3頁
「般若心経　光厳天皇宸翰」（香川県立ミュージアム蔵）……口絵4頁
常照皇寺（京都市右京区京北井戸町丸山）……口絵4頁

皇室関係系図……xvi
畿内関係地図（高橋慎一朗編『史跡で読む日本の歴史6』所載地図を加工）……xvii
後伏見院「天子摂関御影」（宮内庁三の丸尚蔵館蔵）より……27
後伏見院宛て伏見院消息（正安三年九月一日）（宮内庁書陵部蔵）……27
持明院殿推定図……31
持明院殿跡（京都市上京区新町通上立売上る安楽小路町）……32
『花園天皇宸記』元応元年十月二十六日条（宮内庁書陵部蔵）……35
後醍醐天皇「天子摂関御影」（宮内庁三の丸尚蔵館蔵）より……47
「誡太子書」巻頭部分（宮内庁書陵部蔵）……61
平安京周辺地図……70

図版写真一覧

近江国関係地図……86
蓮華寺・六波羅武士墓石群（滋賀県米原市番場）……87
足利尊氏（安国寺蔵）……102
東寺・東大門（京都市南区九条町）……110
天龍寺（京都市右京区嵯峨天龍寺芒ノ馬場町）……125
光厳院后妃・皇子女系図……136
光厳天皇宸翰置文（鳩居堂蔵）……139
花園院（長福寺蔵）……143
『風雅和歌集』巻十七巻頭（宮内庁書陵部蔵）……153
足利家略系図……180
石清水八幡宮（京都府八幡市八幡高坊）……196
堀家住宅（賀名生皇居跡）（奈良県五條市西吉野町賀名生）……205
天野山金剛寺山門（大阪府河内長野市天野町）……207
食堂（金剛寺境内）……207
摩尼院門（金剛寺境内）……207
後光厳天皇「天子摂関御影」（宮内庁三の丸尚蔵館蔵）より……220
常照皇寺山門（京都市右京区京北井戸町丸山）……236
山国陵（常照皇寺境内）……242

皇室関係系図

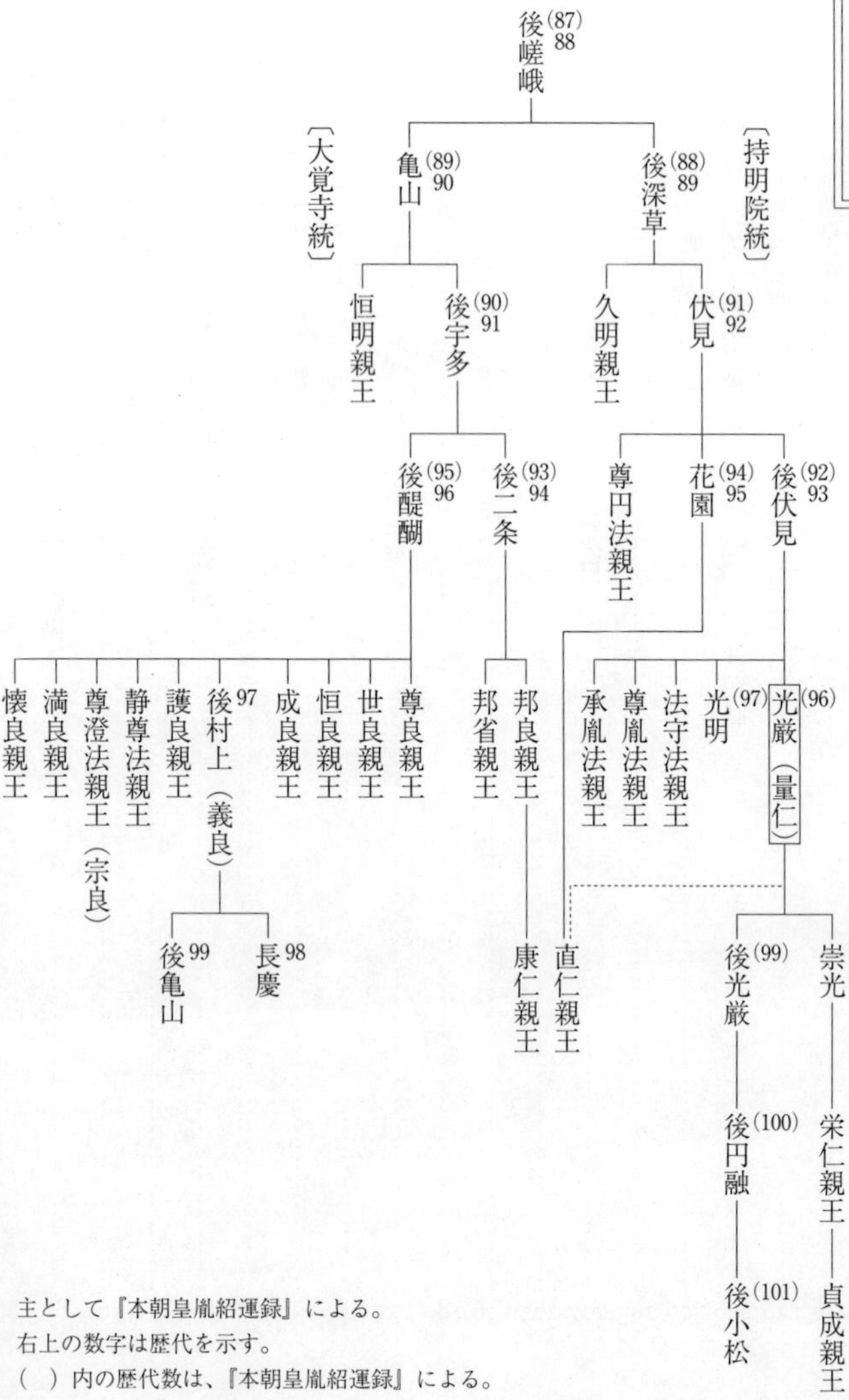

主として『本朝皇胤紹運録』による。
右上の数字は歴代を示す。
（　）内の歴代数は、『本朝皇胤紹運録』による。

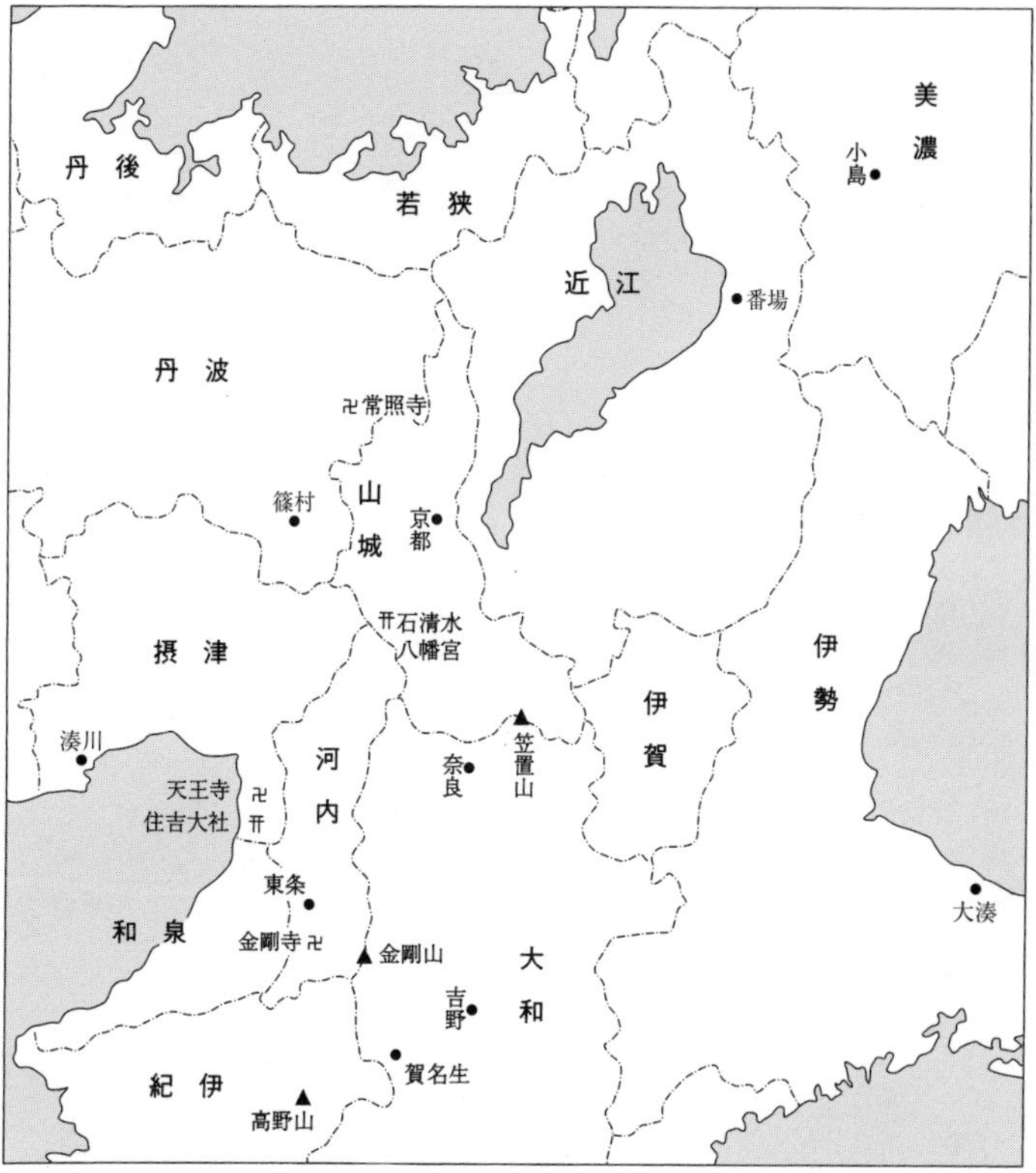

畿内関係地図（高橋慎一朗編『史跡で読む日本の歴史 6』所載地図を加工）

第一章　両統迭立

鎌倉時代後期は分裂と抗争の時代であった。その最たるものが皇統の分裂であり、大覚寺統《だいかくじとう》と持明院統《じみょういんとう》とに分かれて皇位を争った。その行き着いた先が後醍醐天皇の討幕であり、それは、さらに南朝と北朝の対立という日本全土を巻き込んだ大きな分裂と抗争を引き起こした。光厳天皇は、その一方の主人公として波乱に満ちた生涯を送ることになる。

1　両統迭立の経緯

後嵯峨院の「素意」

「大覚寺統」というのは、亀山《かめやま》天皇から後宇多《ごうだ》・後二条《ごにじょう》・後醍醐と続く皇統を言い、後宇多院が真言宗の寺院大覚寺において院政を執ったことから、その名がある。「持明院統」というのは、後深草《ごふかくさ》天皇から伏見《ふしみ》・後伏見《ごふしみ》・花園《はなぞの》と続く皇統を言い、伏見院以後この皇統の代々が持明院殿を仙洞御所《せんとう》としたことにちなむ。

皇統が二つに分裂した直接的な原因は、後嵯峨院《ごさが》が自らの後継者を明確に示さないまま亡くなったことにある。後嵯峨天皇は、仁治《にんじ》三年（一二四二）、四条《しじょう》天皇がわずか十二歳で急逝したのを承けて、皇位に即いた。京都の公家社会は順徳院《じゅんとく》の皇子忠成《ただなり》王の即位を期待していたが、幕府は、承久の乱に際して倒幕計画に関与しなかった土御門院《つちみかど》の皇子（後嵯峨天皇）を皇嗣《こうし》に指名したのである。当時、この皇子は公家社会においてはほとんど忘れ去られた存在であり、元服も遂げないまま、践祚《せんそ》の時すでに二十三歳に達していた。後嵯峨天皇は、在位四年の後、寛元《かんげん》四年（一二四六）、皇子の久仁《ひさひと》親王（後深草天皇）に譲位し、さらに正元《しょうげん》元年（一二五九）には後深草天皇を退位させ、その弟恒仁《つねひと》親王（亀山天皇）を践祚させた。後深草・亀山両天皇の代に院政を敷き、自身の在位中から通算三十年にわたって「治天の君」（公家政権の治世の担い手）として政務を執った。文永《ぶんえい》九年（一二七二）二月十七日崩御、五十三歳であった。後継者について自らの意思を公にしなかったのは、後嵯峨院自身が幕府の推挙によって即位したという事情があったからであろう。幕府の意向に配慮したものと思われる。

後継の候補者は後深草院と亀山天皇であった。幕府は後嵯峨院の本心が何処にあったかを、その中宮であり、後深草・亀山兄弟の母親であった大宮院《おおみやいん》に尋ねたところ、亀山天皇が継承することを望んでいたと回答したために、そのように定まった。さらに、その後の皇位の継承についても、亀山天皇の系統に限るというのが、後嵯峨院の意向であったとされた。幕府もそれを認めたから、後深草院側としては如何ともしがたいことであった。

このように亀山天皇の親政が決定したが、後嵯峨院の意思が明確に示されていたわけではなく、大宮院の言葉のみによって決まったことであったから、後深草院が実の母である大宮院を恨みに思い、心底納得したわけではなかったのも無理ないことであった。

ただし、後嵯峨院の「素意《そい》」は、やはり亀山天皇にあったと見て間違いないと思われる。後嵯峨院生前の文永五年（一二六八）八月二十五日に、亀山皇子の世仁親王《よひと》（後の後宇多天皇）が春宮《とうぐう》に立てられている。後深草皇子熙仁《ひろひと》親王は世仁親王よりも一歳年長であり、年下の世仁親王をまず立坊《りゅうぼう》（皇太子に立てること）させている点を見れば、亀山天皇の子孫に皇位を継承させようというのが後嵯峨院の意図だったことは明らかであろう。

文永十一年（一二七四）正月、亀山天皇は当時八歳の春宮世仁に譲位した。後宇多天皇である。亀山院は院政を開始した。

執権北条時宗の介入

一方、後深草院は自らの宿縁のつたなさを嘆いて、建治《けんじ》元年（一二七五）には太上天皇の尊号を返上するなど、出家の意向を公に示した。

こうした後深草院の動きに対して、鎌倉幕府の執権北条時宗《ときむね》は救いの手を差し伸べた。『増鏡《ますかがみ》』第九「草枕《くさまくら》」には次のようにある。

今の時宗朝臣もいとめでたき物にて、「本院のかく世を思《おぼ》し捨てんずる、いとかたじけなくあはれなる御ことなり。故院の御掟《おきて》は、やうこそあらめなれど、そこらの御このかみにて、させる御誤りもおはしまさざらん、いかでかたちまちに、名残なくは物し給ふべき。いとたひ〴〵しきわざなり」とて、新院へも奏し、かなたこなた宥《なだ》め申て、東御方《ひがしのおんかた》の若宮を坊にたてまつりぬ。

これによれば、故後嵯峨院の遺言にはそれなりの訳があるのだろうが、多くの兄弟の中の兄君で、格別の過失もおありではないのに、まったく皇位から外されておしまいになったのは気の毒なことであると言って、時宗は、亀山院にも奏上し、あちらこちらをとりなして、後深草院妃の東御方《ひがしのおんかた》（洞《とう》院実雄《いんさねお》女、愔子《いんし》）所生の若宮（煕仁親王）を春宮に立てた、とある。煕仁親王の立太子は建治元年十一月五日のことであった。

ここに、皇位をめぐる二つの皇統の争いの種が蒔かれたのである。

伏見・後伏見天皇の践祚

弘安《こうあん》十年（一二八七）十月、鎌倉幕府は亀山院政の停止を申し入れてきた。親政・院政通算十五年にわたる亀山院の治世は、ここに終わりを迎え、春宮煕仁が践祚し（伏見天皇）、新たに後深草院の院政が始まった。この皇統の交代について、『増鏡』第十「老のなみ」には「本院の待ち遠に思さるらんと、いとをしく推し量り奉るにや、例の東より奏する事あるべし」とあり、後深草院側の対幕府工作の成果かとも思われるが、詳細は不明。あるいは、この二年前の弘安八年に二十ヶ条の法令を発し、翌九年にはそれに伴う訴訟制度の改革を行うなど、亀山院が意欲的な政治を進めていたことが、幕府の警戒心を刺激したのかもしれない（本郷恵子『京・鎌倉ふたつの王権』）。

正応《しょうおう》二年（一二八九）四月、さらに鎌倉幕府は伏見天皇の皇子胤仁《たねひと》の立坊を申し入れてきた。後深草院流の天皇が二代続くことが約束されたのである。同年九月には将軍惟康《これやす》親王が鎌倉から送還され、代わって後深草皇子の久明《ひさあきら》親王が征夷大将軍として鎌倉に下った。後深草院は、京・鎌倉の最高権威を二つ共に手中に収めたことになる。ただし、それらはいずれも執権から与えられたものであった。これに満足した後深草院は翌正応三年二月に出家し、政務も辞した。その院政の期間はわずか二年余のことであった。

伏見天皇の親政が始まり、以後、永仁《えいにん》六年（一二九八）七月まで八年間続いた。しかし、その治世の後半、天皇は苦しい状況に立たされることとなった。永仁三年（一二九五）頃から鎌倉幕府に対して伏見天皇の治世の非を訴える動きが強まったのである。特に天皇の和歌の師であった京極為兼《ためかね》の重用に対する周囲からの批判は強く、為兼は政事介入と幕府への陰謀の疑いで永仁六年正月に六波羅に拘引され、佐渡に流された。伏見天皇も同年七月に春宮胤仁《たねひと》親王への譲位を余儀なくされた。

胤仁親王が践祚すると（後伏見天皇）、春宮には大覚寺統の後宇多皇子邦治《くにはる》親王が立てられた。後伏見天皇は、即位当時わずか十一歳に過ぎなかったから、伏見院が院政を執った。しかし、持明院統に不利な状況は変わらず、それも三年足らずで終わった。

後二条天皇の践祚

正安《しょうあん》三年（一三〇一）正月、鎌倉幕府は春宮邦治親王の践祚（後二条天皇）と、後宇多院の院政開始を申し入れてきた。同年八月、伏見天皇の第二皇子富仁《とみひと》親王を春宮とすることが鎌倉から申し入れられた。親王は五歳であった。持明院統の治世は強制的に終了させられたが、将来への希望は残された。伏見院は富仁親王を後伏見院の猶子《ゆうし》とし、将来後伏見院に皇子が誕生した場合は、その皇子を富仁親王の猶子とするように定めた。持明院統の分裂を避けるための措置であった。一方、この頃、大覚寺統においては分裂の芽が生じていた。亀山天皇はその晩年に生まれた恒明《つねあきら》親王を将来春宮とすることを望み、その旨を後宇多院と伏見院に遺言したのである。後宇多院と恒明親王は異母兄弟にあたり、この遺言が実現すれば、大覚寺統はさらに分裂することになったのである。ただし、現実には後宇多院がその遺言を無視したため、恒明親王が皇位に即くことはなかった。

花園天皇の践祚

徳治《とくじ》三年（一三〇八）八月、後二条天皇が急逝した。二十四歳の若さであった。後宇多院の治世は七年半で終わった。富仁親王が践祚し（花園天皇）、再び伏見院の院政が始まった。政権を失った後宇多院は、次を見据えてさっそく手を打った。尊治《たかはる》親王（後の後醍醐天皇）の立坊の了解を鎌倉に求めて、それに成功した。九月十日に立太子の節会が行われた。春宮尊治親王はすでに二十一歳で、花園天皇より九歳も年長であった。

花園天皇の在位は十年間に及んだ。正和《しょうわ》二年（一三一三）十月、伏見院は政務を後伏見院に譲り、出家した。寵臣京極為兼も出家した。永仁六年（一二九八）に佐渡に流された為兼は、乾元《けんげん》二年（一三〇三）に許されて帰京して、再び伏見院の寵を得ていた。為兼は出家後も権勢を振るい、後伏見院や関東申次《かんとうもうしつぎ》であった西園寺実兼《さねかね》と衝突したため、正和四年十二月、またもや六波羅に拘引され、今度は土佐へ流された。為兼の失脚が政局にも大きな影響を及ぼした。為兼の専横を許した伏見院は幕府に対して陳弁を余儀なくされた。

文保《ぶんぽう》元年（一三一七）に入ると、花園天皇の在位期間が十年に及んだことから、大覚寺統の皇位交代の対幕府工作が盛んになり、四月になって、京都に幕府の意向が伝えられてきた。それは、皇位継承をめぐる争いは両統で話し合って解決してほしいというものであり、幕府の提案は、春宮尊治親王の践祚後、後二条皇子の邦良《くによし》親王を春宮に立て、その次に後伏見皇子の量仁《かずひと》親王を立てるというものであった。大覚寺統に圧倒的に有利な提案であったから、持明院統は当然のことながら拒否し、両統の交渉は膠着状態に陥った。しかし、同年九月、伏見院が亡くなり、一気に形勢は大覚寺統有利に傾いた。翌年二月、花園天皇は尊治親王に譲位し（後醍醐天皇）、次いで、邦良親王が春宮に立った。嫡孫邦良親王の践祚を強く望んでいた後宇多院が、近い将来邦良親王を践祚させ、その際に後伏見皇子の量仁親王を立坊させることを約束し、後伏見院がそれを呑んだ結果であった。

文保二年（一三一八）二月、後醍醐天皇が即位した。ただし、後宇多院が院政を執った。元亨《げんこう》元年（一三二一）十二月になって後宇多院は院政を止め、後醍醐天皇の親政が始まった。

この直後、いわゆる「正中《しょうちゅう》の変」が起り、さらに七年後には「元弘《げんこう》の変」が勃発し、以後、激動の時代に入ってゆく。

「両統迭立」の時代

右に見てきたように、鎌倉時代後期には大覚寺統と持明院統からほぼ交互に天皇が立った。このことを「両統迭立《りょうとうてつりつ》」という。ただし、厳密に言うならば、亀山院から後宇多院へは大覚寺統同士、伏見院から後伏見院へは持明院統同士の皇位継承であるから、常に一代ごとに交代で皇位に即《つ》いたわけではない。

両統迭立期を、文永九年（一二七二）の後嵯峨院の崩御時から元弘三年（一三三三）の鎌倉幕府の滅亡時までとみるならば、それは、およそ六十一年間に及ぶ。その間の天皇は八代、治天の君は六人であった。大覚寺統の治世期間は、亀山院が親政期と院政期を合わせて十五年半、後宇多院が二度の院政期を合わせて十一年半、元弘の変までの後醍醐天皇の親政期間が九年と九ヶ月で、合計三十六年と九ヶ月程となる。一方、持明院統の治世期間は、後深草院が二年四ヶ月、伏見院が親政期と二度の院政期を合わせて十六年と一ヶ月程、後伏見院が二度の院政合わせて六年で、合計二十四年五ヶ月程となる。大覚寺統の治世の期間の方が十二年余長いことになる。

2　持明院統の立場と治世

幕府の方針

皇統についての幕府の立場は、大覚寺・持明院両統を存続させて、両統によって皇位継承を行うという方針で終始一貫していた。

まず、両統迭立のはじめ、時宗が後深草皇子を春宮に立てるように京都側に申し入れたのが、そもそも「御二流れにて、位にもおはしまさなむと」（『増鏡』第九「草枕」）思ったからであるとされている。『増鏡』の成立は南北朝期のことであるから、時宗の言が事実であったかどうかは議論の余地があるが、少なくとも南北朝期には、時宗の意図はそのように理解されていたと言えよう。

正安三年（一三〇一）一月に後伏見天皇が後二条天皇に譲位して、政権は大覚寺統に移っていたが、皇位継承に関して、この年の十一月に鎌倉幕府から京都に申入れがあった。吉田経長《つねなが》の日記『吉続記《きちぞくき》』同年十一月二十五日条には、関東からの書状に次のようにあったことが記されている。

両御流践祚、依違《いい》すべからず。遅速叡慮《えいりょ》にあるべし。

大覚寺・持明院両統において皇位が継承されるという慣例は違えるべきではなく、践祚の遅速すなわち何時皇位の交代を行うかは天皇のお考えによるべきである、というのである。「叡慮」とあるが、これは、在位の天皇の意向という意味ではなく、両統を合わせた朝廷全体の考えという意味に解するべきであろう。

また、文保元年（一三一七）のいわゆる「文保《ぶんぽう》の御和談《ごわだん》」の際にも、幕府は同様のことを申し入れてきた。次に示すのは、『花園天皇宸記《しんき》』元亨元年（一三二一）十月十三日条の記事で、御和談の四年後に花園院が記したものである。

凡そ文保元年親鑒《ちかあき》使節として上洛。両御流の皇統断絶すべからざるの上は、御和談有りて、使節の往返を止めらるべしと云々ここでも関東からの申入れは、両統は従来どおり存続して天皇を出すべきで、その時期・順序は両統の話し合いで決めることとし、幕府への使者派遣はとりやめてほしいというものであった。

これらによれば、大覚寺・持明院両統による皇位継承を継続してゆくことが幕府の基本的な方針だったことは明らかである。また、その皇位交代の時期・順序については、幕府は介入せず、朝廷内部で解決すべきであるとするのが原則であったように理解される。

幕府の二つの態度

しかし、前者についてはそのとおりであったと見てよいようだが、後者については、実際は必ずしもそのようになっていないと思われる。

たとえば弘安十年の後宇多天皇から伏見天皇への譲位は、幕府からの一方的な申入れであったとみられる。十月十二日に関東の使いが西園寺実兼邸を訪れ、譲位が申し入れられ、早くも二十一日に伏見天皇が践祚している。その間十七日には亀山院が関東に使いを出したりもしている。これらの動きを見ていると、この幕府の申入れは突然かつ一方的なものであったと思われるのである。

また、正安三年（一三〇一）の後伏見天皇から後二条天皇への譲位も、『継塵記《けいじんき》』（三条実任《さねとう》）や『実《さね》躬卿記《みきょうき》』（三条実躬《さねみ》）などの当時の公家の日記によれば、突然のことであったらしい。正月十八日に関東の使者が西園寺実兼邸を訪れて譲位の申入れがあり、その三日後の二十一日には早くも践祚の儀が行われている。当時の京都の公家たちの驚きは、前記の日記によく示されている。

このように、両統を存続させることは幕府の基本方針として一貫していたが、実際の皇位継承については、時に朝廷内部で解決することを求め、また別の時には突然一方的に介入するという具合に、その時々によって態度を変えたのである。

朝廷内部で解決することを求めるのは、その理由を想像するに難くない。文保の申入れにあるように、皇位継承に関する幕府への訴えがあまりに多く、その煩わしさに音《ね》を上げたものと思われる。両統の幕府工作の様子をよく示すとしてしばしば引かれるのが、『花園天皇宸記』正中二年（一三二五）正月十三日条の記事である。この記事そのものは、大覚寺統内における後醍醐天皇と春宮邦良親王の争いを嘆く内容であるが、その中に次のような記述がある。

近年両方の使者同時に馳せ向ふ、世競馬と号す。而して、今又一流の内已《すで》に此の事有り。嘆息すべし〳〵。

両方が京都から鎌倉へ使者を派遣して、少しでも早く自統に有利な訴えをしようと競ったことを、世人は「競馬《くらべうま》」と称したというのである。

それに対して、突然一方的に譲位を申し入れてくる事例については、その理由を明確にするのは難しい。片方の皇統の秘密の幕府工作が功を奏した場合もあると思われる。あるいは、すべての事例を、両統を意のままに操ろうとする幕府側の高度に政治的な行為とする見方も可能かもしれない。幕府内部に政治方針の異なる二つの勢力があって（親朝廷派と反朝廷派）、その確執がこうした状況をもたらしたのではないかとの指摘もあり（本郷和人『天皇の思想』）、これも一つの有力な見方となろう。

幕府のこの正反対に見える二つの態度は、しかし、実際の皇位継承の仕方に違いをもたらすものではなかった。朝廷内部における調整を求める幕府の姿勢が、形式的なものに過ぎなかったというのではない。たとえば「文保の御和談」は両統の交渉で譲位が決定したほとんど唯一の例であるが、その場合でも、当事者間だけでは話し合いは進展せず、後宇多院の意を汲んだ幕府が交渉の途中で持ち出してきた案を持明院統が呑むことによって、ようやく最終決着したのであった。積極的介入か、消極的な裁定かの違いはあるものの、最終的には幕府の意向によって皇位が決定することに違いはなかった。

時宗が両統の皇位継承を認めたとき、このような状況を見通していたのか、それとも、結果的にこのような状況となったに過ぎないのかは、よくわからない。しかし、両統を存続させるという幕府のこの方針は、両統が互いに牽制しあうために強力な公家政権が生まれにくく、しかも、幕府は裁定者として常に両者の上に立つことができるという、幕府にとってまことに好都合な状況をもたらしたのであった。

「正統長嫡」の主張

持明院統が、幕府に対して皇位継承者として自らの正統性を主張するとき、特に強調するのは次の二点であった。第一点は、自統こそが皇室の「正統長《しょうとうちょう》嫡《ちゃく》」であるということ。もう一点は、常に幕府の意向を尊重して行動してきたということである。

嘉暦《かりゃく》三年（一三二八）に作成された「後伏見上皇事書案《ことがきのあん》」という文書がある。これは、後醍醐天皇の在位が十一年に及ぶ一方で、春宮量仁親王が十六歳に至るもいまだ元服すらできないでいることを歎き、幕府が量仁親王の践祚に介入することを訴えるものである。この事書は、持明院統の主張の論理をよく示しており、その正統性については、次のように記している。

此の御方は、遠くは神武天皇、近くは後深草院以降、皇統の嫡嗣《ちゃくし》として、両上皇は久しく姑射《こや》の洞《とう》をト《ぼく》し、春宮はまた紹運《しょううん》の儲君《ちょくん》として、ともに長生殿《ちょうせいでん》にあり

持明院統は、遠くは初代天皇の神武天皇以来、近くは後深草院以降、代々長子が皇位を継承しており、春宮量仁親王もまた皇位に即くべき存在であると主張しているのである。

幕府追随主義　この文書には、持明院統が強調するもう一つの点、すなわち、持明院統は常に幕府の意向に沿って行動してきたことを訴える記事もある。たとえば次の一節。

この御方においては、後深草院以来末代の風儀《ふうぎ》、堅く守株《しゅしゅ》せらるゝの間、文保譲国の事、ひとへに関東の形勢により、その沙汰に及びをはんぬ

ここで述べているのは、持明院統においては、後深草院以来の近代の流儀を堅く守っているので、文保二年（一三一八）の花園天皇から後醍醐天皇への譲位（いわゆる「文保の御和談」）の際にも、ひとえに鎌倉幕府の意向に沿って対応した、ということである。次の一節には、幕府に対する持明院統の考えがさらに明確に現れている。

承久以後、関東天に代はりて、重事《じゅうじ》を計らひ申さるゝの条、縡冥慮《ことみょうりょ》より起こり、すでに公私の佳《か》例《れい》となる。末代に至りてこの儀を改めらるゝは天意に叶ふべからず。ほとんど武威を軽んぜらるゝに似たるか

幕府が天に代わって重大事を決定するのは神仏の思し召しから起こったことで、それはすでに公私にめでたい先例となっているから、今になってその流儀を変更しようとするのは、天の意思にかなわないことだろうし、幕府の威光を軽んずるものであろう、というのである。幕府の権勢を全面的に肯定する考え方と言えよう。

持明院統が承久《じょうきゅう》以降の幕府のやり方をこれほどまでに肯定しているのには、それなりの理由がある。当代の後醍醐天皇がまさにそれを否定するような動きを見せていたからである。同文書の最初の方に、後醍醐天皇の政治について次のように述べている。

当代、しかしながら、承久以往の古事を興行《こうぎょう》せらるゝの間、世を挙げて聖代と称すか。しかれども、近年風塵《ふうじん》動きやすく、干戈《かんか》やまず。都鄙《とひ》の物忩《ぶっそう》、寺社の魔滅《まめつ》、連綿として断絶せず。何ぞ必ずしも堯舜《ぎょうしゅん》無為《ぶい》の世と称せんや。

当代（後醍醐天皇）は、承久の乱以前の行事などを復興させているので、皆は聖代と称しているよ

うだが、近年兵乱が止まず、全国的に治安は悪く、寺社が魔道のために滅びることもずっと続いている、これをどうして聖代と言うことができようか、というのである。後鳥羽院の承久の乱を連想させるように、「承久以往之古事」とわざわざ述べているのは、後醍醐天皇に反幕府意識があることを匂わせているのであろう。そして、それが事実であったことは、その後の歴史が示している。そのような後醍醐天皇と対比的に自らを位置づけて、幕府の意を迎えようとしているのである。

以上見てきたように、持明院統は、後深草院が後嵯峨院の長子であったことをその正統性の根拠とし、鎌倉幕府の意向に忠実であることによって幕府の支持を得ることを皇位継承の戦略としていたと言えよう。

3　持明院統への評価

『梅松論』の持明院統否定

では、このような持明院統の主張・戦略を当時の人々はどのように認識していたのだろうか。

持明院統の正統性に明確な異議を唱える歴史書に『梅松論《ばいしょうろん》』がある。足利尊氏《たかうじ》による政権獲得の過程を物語り、その正当性を主張する作品で、作者は、尊氏と行動を共にした者であろうと推定されている。成立時期は観応《かんのう》二年（一三五一）かその直後との説が有力（小秋元段『太平記・梅松論の研究』）。南北朝期に入ってからの作ということになるが、おそらく作者は両統迭立期をも経験していたと思われるので、同時代人のものと言って差し支えなかろう。同書は、前記のとおり、武家政権の成立を語る歴史物語であるが、皇位継承の歴史にも多くの筆を費やしている。問題の後嵯峨院以後の皇統については、次のように述べている。

後嵯峨院崩御以後、此三代は御譲に任て御治世無二相違一処に、後深草院御子伏見院興仁一御子御流也。正応元年より永仁五年に至也。次に伏見院御子持明院、正安元年より同三年に至也。此二代は関東の計《はからい》横《よこしまなる》沙汰也。然間、二の御子亀山院の流御鬱憤あるによて、又其理に応ず。後宇多院御子後二条院御在位乾元元年より徳治二年に至也。又猶非義に立帰りて、一の御子の御流伏見院の御子萩原新院御在位、延慶元年より文保二年に至也。又、道理に帰して、後宇多院の二の御子後醍醐尊治二御子流也、元応元年辛末より元弘元年に至也。如レ此後嵯峨院御遺勅相違して御即位てんぺんせし事関東非理の沙汰、争天意に背かざるべき哉。

要するに、持明院統の皇位継承は鎌倉幕府の介入の結果であり、「非義」「非理」だと言うのである。『梅松論』作者の意図は、持明院統の非を主張するところにあるのではなく、鎌倉幕府の非を指弾して、尊氏の討幕を肯定的に描くところにあるのだが、結果的に、持明院統を「非義」の皇統と認識していたことは間違いない。

ただし、光厳天皇については、それまでの持明院統の天皇とは異なる描かれ方がされている。後醍醍醐天皇と決裂した足利尊氏が戦いに敗れ、九州に落ちてゆく途中で、光厳院の院宣を受けることを赤《あか》松円心《まつえんしん》が進言するのであるが、その中に、「所詮持明院殿は天子の正統、先代滅亡以後定て叡慮不快歟」という言葉がある。それ以前には大覚寺統を正統としながら、ここで突然「持明院殿は天子の正統」と矛盾したことを記しているのである。

　これは、『梅松論』作者の思想や構想を論ずる際にしばしば問題になるところである（福田景道「『梅松論』の皇位継承史構想」ほか）。今、この矛盾をどのようにとらえるかという問題に立ち入ることはしない。ただ、この矛盾した記事のあることが、かえって『梅松論』作者の持明院統についての根強い「非義」意識の存在を浮かび上がらせることだけは指摘しておきたい。後醍醐天皇方と戦う尊氏の正当性を保証するのが光厳院のこの院宣である以上、光厳院が「天子の正統」であるのは絶対的な条件となる。ならば、持明院統をその始発から正統的存在として描く方が筋は通るはずである。それにもかかわらず、そうではなく、伏見・後伏見・花園三代を「非義」としているのである。ここに、作者の持明院統に対する「本音」がうかがわれるように思われる。作者はどうしても持明院統を正統とは見なしがたかったのではないだろうか。

　このような見方が当時の大多数を占めていたかどうかはわからない。たとえばほぼ同時期に著された『増鏡』は、両統の正統性を同等に描いている。立場によって様々な見方が存在したであろうことは想像に難くない。しかし、持明院統と直接に対峙していた大覚寺統以外にも、その正統性に疑念を有していた人々が確かに存在したのである。『梅松論』は、それを端的に示している。

幕府の対持明院統態度

これまで再三述べてきたように、持明院統は幕府との関係を良好に保つことを絶対的な方針として、常に幕府の意向に沿った行動をとっており、幕府に対してもしばしばその点を主張している。また、そもそも両統迭立という状況が、一度は皇位継承の道が閉ざされかけた後深草院流に幕府が救済の手を差し伸べたことによって生まれたものである。このように見ると、幕府は持明院統に対して好意的になって不思議ではないと思われる。

しかし、実際にはそうではない。幕府は持明院統に対して厳しい態度をとることが少なくないのである。幕府は持明院統の政治姿勢や統治能力に不信感を抱いていたらしい。

そもそも幕府は、後嵯峨院が院政を開始した当初に「徳政《とくせい》」を実施することを要請し、これを承けて、院中に評定衆《ひょうじょうしゅう》が置かれ、それが最高議決機関となって院政が行われることとなった（橋本義彦「院評定制について」）。治天の君の恣意的な政治を排し、制度によって運営される院政の確立を求めたのである。

大覚寺統の代々は、それを承けて政治制度を整えることに力を注いだ。亀山院政下における雑訴沙汰の分離等の評定制の改革、後宇多院政の聴断制《ちょうだんせい》、後醍醐親政による記録所沙汰《きろくじょさた》の興行《こうぎょう》など、特に訴訟制度の改革に熱心であった。その積極的な改革姿勢は、公家政権の自立の自覚につながり、その行き着く先が後醍醐天皇の建武新政であったと言うこともできる（五味文彦「王法と仏法」）。

それに対して、持明院統においては「人による政治」という面が色濃く残った。もちろん持明院統の治世下でも院評定制は続いた。伏見天皇親政下においては訴訟制度の改革が行われ、訴訟の厳格な手続きが規定されるなどの改革も行われている。しかし、その一方で、一部の寵臣や女房の「口入《くにゅう》」によって政治が左右されることがしばしばあったのである。幕府の持明院統不信は、これらがもたらしたことであった。

この点については、小川剛生氏が京極為兼の二度にわたる流罪の事情を明らかにする中で詳細に論じている（「京極為兼と公家政権」）。以下、それに従って、幕府が持明院統の治世をどのように見ていたかをまとめておく。

京極為兼の専横

幕府は後深草院の治世の初めから、その統治能力に疑問を持っていたと見られる。院政開始直後の正応元年（一二八八）正月二十日、幕府は後深草院に申入れを行った。それは、摂政関白と諮《はか》り、議《ぎ》奏《そう》・評定衆を適切に任じ、昇進は適切に行い、僧侶・女房の政治への容喙《ようかい》は禁ずること等、七ヶ条にわたるものであった。亀山院政下では後嵯峨院に仕えた評定衆等が引き続き重用され、有能な人材によって政務が運営されたのに対して、長く政治に携わることがなく、初めて治天の君となった後深草院の下には人材が乏しく、その政務はぎこちないものであったと推測される。それを危惧しての申入れであったと思しい。

伏見院の治世は正応～正安年間（一二九〇～一三〇一）と延慶～正和年間（一三〇八～一三）の二度にわたるが、いずれにおいても、その寵臣京極為兼が幕府への「陰謀」ゆえに流刑となり、それが、持明院統政権を不利な立場に追い込むことにもなった。京極為兼は、いわゆる「京極派歌風」を主導した歌人である。俊成・定家以来の歌道家である御子《みこ》左《ひだり》家の流れを汲み、宗家の二条家に対抗して新たな歌風を打ちたて、十四番目の勅撰集『玉葉《ぎょくよう》和歌集』を編んだ、中世を代表する歌人の一人である。伏見院にはその春宮時代から和歌をもって仕えた。

為兼が罪を得た事情は、『花園天皇宸記』元弘二年（一三三二）三月二十四日条の記事から知ることができる。これは、為兼が他界した際に記されたものである。

> 蔵人頭となり、中納言に至る。和歌を以て候し、粗《ほぼ》政道の口入《くにゅう》に至る。仍て傍輩《ほうばい》の讒《ざん》有り、関東退けらるべきの由を申す。仍て見任《げんにん》を解却《げきゃく》し、籠居《ろうきょ》の後、重ねて讒口《ざんこう》有り、頗る陰謀の事に渉る。仍て武家佐渡国に配流す。（中略）入道大相国実兼公幼年より扶持し、大略家僕《かぼく》の如し。而して近年旧院の寵を以て、彼と相敵し、互に切歯、正和六年に至り遂に彼の讒に依り、関東重ねて土佐国に配す。

ここには、為兼流刑の事情が端的に記されている。つまり、一度目は、公的には何の資格もないにもかかわらず、政治に深く介入する為兼に反感を持つ傍輩が訴えることによって、二度目は、若年時からその庇護を受けてきたにもかかわらず、君寵《くんちょう》を頼んで政治的に対立するに至った関東申次の西園寺実兼が訴えることによって、幕府は為兼を流罪としたのである。

いずれの場合も、一番の問題は、為兼が評定衆や伝奏《てんそう》（治天の君に奏請を取り次ぐ職）などではなく、公的に政治に関与できる立場にはなかったにもかかわらず、政治に深く介入した点にある。為兼の行為が、幕府から「謀反」とみなされたのは、それが、伝奏と評定衆によって担われてゆくべき「制度化された院政」から逸脱するものであり、そのような院政を求める幕府の意思を無視するものと判断されたからであったと思われる。

伏見院は、こうした問題の本質を十分理解していなかったのではないかと疑われる。

伏見院の見識

次は、正和五年（一三一六）十月二日、為兼の二度目の「謀反」が疑われた時に、伏見院が弁明のために幕府に提出した文書である（「伏見院《ふしみいん》賜于関東《かんとうにたまう》御告文《おこうもん》」）。伏見院は次のように弁明する。

　愚身、建治に儲弐《ちょじ》に備え、弘安に践祚《せんそ》を遂ぐ、これみな東関の貴命に依る。生涯の先途《せんど》を極む。この芳恩を荷いながら、いかでか不義を存ずべけんや

これは、次のような意味になる。私は建治年間に春宮となり、弘安年間に践祚した。これはすべて鎌倉幕府の仰せ言によるものである。それによってこれ以上ない地位（天皇）に即くことができたのである。このありがたい恩を受けながら、どうして幕府に背くことがあろうか。

これを記した伏見院の気持ちに嘘はなかろう。本心から、幕府の意向に沿った行動をとってきたと院自身は考えているものと思われる。しかし、現実には、幕府の期待する政治と自らの実際の政治との間に食い違いが存在したのである。院はその点を十分に理解していなかったのではなかろうか。

持明院統は伝統的に院と近臣・女房との関係が近かったと見ることができる。その濃密な君臣関係

があったからこそ、京極派という特異な歌壇を形成して新風和歌を生み出し、また、『とはずがたり』や『竹むきが記』などの女房日記を残させたと言えよう。しかし、それは一方で、近臣や女房の政治への介入を許すことになったと見られる。幕府は、近臣に壟断《ろうだん》されやすく、自己管理能力に乏しい持明院統に対して強い不信感を抱いていたと思われるのである。

このように、持明院統の代々は、鎌倉幕府の意向に沿うことを最優先としながら、現実には政治について幕府の求めるところを実行することができず、かえって、幕府に不信感を抱かせていたと考えられるのである。

持明院統の性向

以上、持明院統の、長子の系譜であるがゆえに正統であるという主張と、常に幕府と協調して治世を行っているという主張について、他者の目にはそれらがどのように映っていたかを見てきた。いずれも、持明院統自身が考えているほど説得力のあるものではなかったと評せよう。

長子ゆえに皇位継承の優先権があるとの考え方は、「嫡々相承主義」と称することができようが、それに対して、治天の君の指名によって皇位を継承するのが正当であるとの考え方も存在し、それは「選定相続主義」と言うことができる。この二つの皇位相続方法は、それぞれに「理」のあることであり、皇位継承の歴史を見ても、必ずしもどちらか一方が絶対的な規範となっていたとは言えない（橋本義彦「『誡太子書』の皇統観」）。持明院統の主張は、そもそも相対的なものだったのである。しかも、持明院統が皇統として生き残ることができたのは幕府の介入によってであったという事情があり、幕府への批判がそのまま持明院統の正統性への疑念につながるという面もあった。持明院統自身は、そのような問題をほとんど自覚していなかったと思われる。

幕府との関係については、幕府の求める政治がいかなるものなのかを十分に理解できずにいたのではなかろうか。また、問題が生じた時も、自らの主観的な正しさを主張することしかできなかったように見える。持明院統の代々が幕府と協調しようとしたこと、しかも誠実にそれを実行しようとしたことは疑いない。しかし、政治的判断力に欠けるところがあり、結果的には幕府の信頼を得ることができていなかったと思われる。

第二章　量仁親王の誕生と修学

正和《しょうわ》二年（一三一三）七月九日、後伏見院に皇子が誕生した。翌月十七日、量仁《かずひと》親王と命名された。本書の主人公光厳天皇の誕生である。その教育は、叔父の花園院に委ねられた。本章においては、花園院の訓育を受けて成長していった、正和二年七月から正中《しょうちゅう》二年（一三二五）七月頃までの十二年間、誕生から十三歳頃までの幼児・少年期の量仁親王の姿を描く。

1　「一代の主」花園天皇

後伏見院の猶子花園天皇

量仁親王の母は、西園寺実兼男公衡《きんひら》女の寧子《ねいし》である。徳治《とくじ》元年（一三〇六）四月に後伏見院の宮に入って女御となった。時に後伏見院は十九歳、寧子は十五歳。伏見院の中宮永福門院《えいふくもんいん》は公衡の妹であったから、寧子はその姪となる。延慶《えんきょう》二年（一三〇九）正月九日に従三位に叙され、十三日に花園天皇の准母《じゅんぼ》として准三宮《じゅさんぐう》と広義門院《こうぎもんいん》の号が宣下された。

後伏見が十九歳にしてすでに「院」であり、広義門院が、後伏見院の弟である花園天皇の准母とされたのには、当然理由がある。正安《しょうあん》三年（一三〇一）正月、在位三年目であった後伏見天皇は、鎌倉幕府の申し入れによって突然位を降りなければならなくなった。代わって大覚寺統の後二条天皇が即位した。春宮には後伏見皇弟の富仁親王が立てられたが、後伏見天皇の猶子とされての立坊であった。後伏見天皇はまだ十五歳で、皇子はいなかったから、春宮を持明院統から立てようとすれば、そうするしかなかったのである。富仁親王はわずか五歳であった。

やむを得ないことではあったが、兄弟で皇位を継承することは、皇統が分裂する可能性を孕む。それを危惧した伏見院は、後伏見院に将来皇子が誕生した場合は、その皇子を富仁親王（後の花園天皇）の猶子として、その一流に皇位を継承させるように厳命した。富仁親王が立坊した直後の九月一日に、伏見院は後伏見院に次のような消息を送っている（書陵部蔵「伏見院御文類《ふしみいんおんふみるい》」）。

今度《このたび》立坊《りゅうぼう》の事、御猶子《ゆうし》の儀として、すでに其の望みを達し候《そうろう》上は、始終ひとへに御意に任せらるべく候、およそ両流相い分かつの条然るべからずの旨、関東も存ぜしめ候か、しかれども皇子未だ出来《しゅったい》せざるの間、其の仁無きについて御猶子の号によつて立坊すでにおはんぬ、皇子出生の時は嫡孫の儀として、向後《きょうこう》一流を継体するのほか、更に希望あるべからず候、春宮《とうぐう》もし謂ひをもつて先途《せんど》に達し、御子孫に対し相争ふの所存候は、ひとへに不義不孝の仁たるべく候、かくの如く申

後伏見院　「天子摂関御影」
（宮内庁三の丸尚蔵館蔵）より

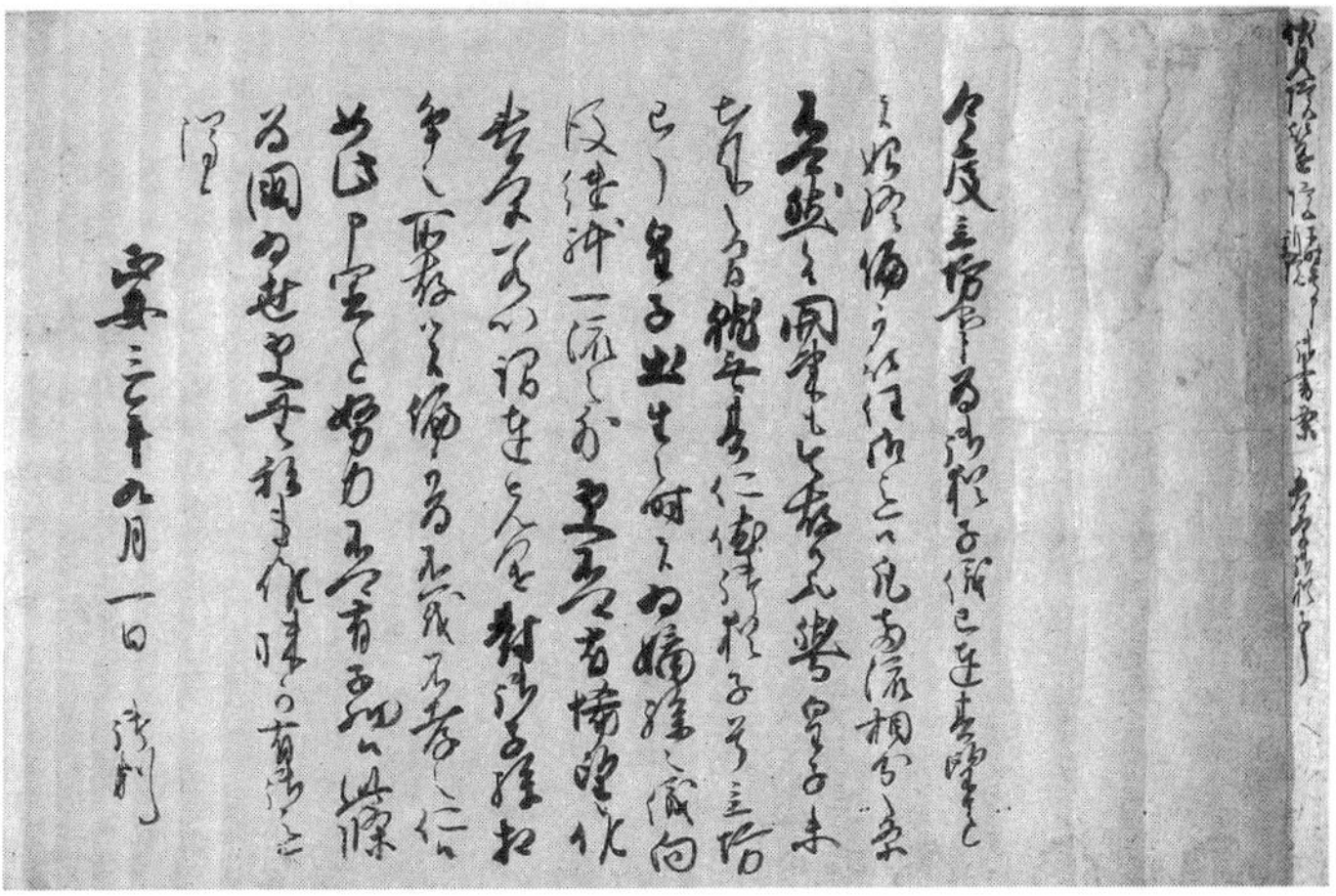

後伏見院宛て伏見院消息（正安３年９月１日）
（宮内庁書陵部蔵）

し置くの上、ゆめ子細あるべからず候、此の条国の為、世の為、更に私事無く候、殊に御意を得有るべく候

後伏見院には、皇子が生まれたら富仁親王の猶子とし、後伏見院からは嫡孫ということで一流の皇位を継がせることを約束し、富仁親王には、皇位に即いた後、後伏見院の子孫と皇位を争うようなことになったら、それは不義不孝の者とすると申し置いているのである。突如皇位から降ろされ、弟が春宮になることによって、不安定な立場に置かれることとなった後伏見院の危惧をなだめようとする、父伏見院の思いが込もった消息と言えよう。

二つの置文

伏見院は後々までこの方針を変えることはなかった。そのことは、正和《しょうわ》元年（一三一二）十二月に作成された置文《おきぶみ》（現在および将来にわたって守るべき事柄を定めた文書）と、文保《ぶんぽう》元年（一三一七）六月に作成された置文とに明らかである。

一通目の置文は、花園天皇が即位して五年目、後伏見院が二十五歳の時に作成されたもので、この当時、後伏見院にはまだ皇子は生まれていなかった。この置文（「伏見天皇宸筆正和元年置文」）は、持明院統の所領と和漢文書類をどのように相伝すべきかを定めたもので、その主要部分は、伏見院から後伏見院に譲られ、その後は、すべて花園天皇に譲られることとされた。花園天皇は後伏見院の弟ではあるが、猶子として「嫡嗣《ちゃくし》」となっているのだから、順次相続させるようにということであった。そして、この置文が書かれて七ヶ月後の正和二年（一三一三）七月九日に、量仁親王が誕生した。

二通目の置文（「伏見天皇宸筆文保元年置文」）は、伏見院が亡くなる三ヶ月前に作成されたものである。花園天皇は在位中であったが、いわゆる「文保の御和談」が進行中で、持明院統は不利な状況に追い込まれていた時期である。後伏見院三十歳、花園天皇二十一歳、量仁親王は五歳であった。この置文では、主な所領である長講堂領《ちょうこうどうりょう》については「新院御管領《ごかんれい》有るべし。後ニハ禁裏へ譲り進《まい》らせらるべし。御猶子に依って嫡孫たるゆゑ也。量仁親王禁裏御猶子として始終は継体たるべし」と、また、和漢文書についても「所在に任せて悉く新院に献ずるところ也。雑物等に至り一物も胎すべからず。後ニハ皆悉く内裏に進らせらるべき也。将来は量仁親王の管領、あえて違乱有るべからざるもの也」とある。すべてまず新院（後伏見院）が相続し、次いで、その猶子である内裏（花園天皇）が継承し、将来はその猶子として量仁親王が継ぐべきものと定められている。

花園院の覚悟

ただし、実際には花園天皇はこれらの所領・文書を継承することはなかった。花園天皇自身がそれを固辞したのである。前記文保元年の置文が作成された二ヶ月後、伏見院はさらに置文を作成した（「伏見天皇御手印置文《おていんおきぶみ》」）。それは、花園天皇に播磨国衙領《はりまこくがりょう》を譲るように後伏見院に命ずるものであった。すでに室町院領だけは花園天皇に直接譲られることが定められていたが、将来的に所領の大半は量仁親王が相続すると定めたため、それだけでは花園天皇の将来が不安であろうとの配慮による措置であった。しかし、結局、これについても花園天皇は受け取ろうとしなかった。後伏見院は、伏見院の意思に従い、花園院に長講堂領以下の所領を譲渡しようとした。そのことは、『花園天皇宸記』元亨《げんこう》二年（一三二二）四月九日から一五日にかけての一連の記事に詳しい。

しかし、花園院は思う所があるということで、最後まで固辞し続けた。後に、鎌倉幕府が滅び、後醍醐天皇が政権を回復した際に、持明院統の所領が安堵されたが、その時、長講堂領等は後伏見院の分と確認されたことが知られている（『園太暦《えんたいりゃく》』観応《かんのう》二年十一月二十六日条）。花園院は終生長講堂領等を継承しようとはせず、これらは、後伏見院から量仁親王（光厳天皇）に直接伝えられたのである。花園院は、自らを、後伏見院から光厳天皇へと継承されるべき皇統の「中継ぎ」であると規定し、その立場を堅く守ろうと覚悟していたものと思われる。

2　持明院殿の生活

持明院殿の同居生活

文保二年（一三一八）二月、花園天皇は後醍醐天皇に譲位した。富小路殿《とみのこうじどの》を皇居としていた花園院は、退位に伴い持明院殿《じみょういんどの》に住まうことになった。持明院殿は後伏見院の御所であったから、后の広義門院、皇子の量仁親王がおり、さらに父伏見院中宮で、後伏見・花園兄弟の義母であった永福門院も同居していた。その御所に花園院も相住みしたのである。

持明院殿は、現在の京都市上京区安楽小路町《あんらくこうじちょう》を含む一帯、よく知られている建造物で言うならば、同志社大学寒梅館から同大学新町キャンパス周辺に在った。西限が安楽小路町にある光照院門跡《こうしょういんもんぜき》の敷地の西境、東限が現在の室町通《むろまちどおり》と烏丸通《からすまどおり》の中間、北限が廬山寺通《ろざんじどおり》の延長線上、南限が上立売通《かみたちうりどおり》辺りと推定されている（川上貢『日本中世住宅の研究』）。東西・南北ともほぼ二町半の長さ、すなわち

持明院殿推定図（点線内）

方二町半の広さと考えられる。現在の単位で言うならば、三百十数メートル四方ということになろうか。かなり広大な敷地と言えよう。寝殿、東対代、北対、持仏堂、御堂（安楽光院《あんらくこういん》）等の棟があり、南庭には船を浮かべて周遊できるほどの大きな池があった（『花園天皇宸記』元亨三年十二月二十一日条）。寝殿は間仕切りされ、後伏見院、花園院、広義門院、量仁親王、永福門院等各々の居所にあてられ、時折、その相互の移転が行われた（『花園天皇宸記』元亨二年八月八日条ほか）。

　そもそも持明院殿は、嘉禄《かろく》二年（一二二六）に後高倉院《ごたかくらいん》后の北白河院《きたしらかわいん》のために造立されたもので、その建物が、この鎌倉時代末期まで使用され続けていたと推定されている。なお、南北朝時代に入っても使用さ

持明院殿跡
（京都市上京区新町通上立売上る安楽小路町）

れ続けたが、文和《ぶんな》二年（一三五三）二月四日、失火のために施設の大半を焼失してしまった。光厳院をはじめとする三上皇は、この時、観応《かんのう》の擾乱《じょうらん》により賀名生《あのう》に囚われていた。すなわち、光厳院が帰京した時、幼い頃から長い時を過ごした持明院殿は姿を消していたのである。

『花園天皇宸記』

この持明院殿における花園院や後伏見院など持明院統の人々の生活については、他にあまり例を見ないほどに、よく知られている。それは、花園院の自筆の日記が残っているからである。これまでにもしばしば引用してきた『花園天皇宸記』である。天皇在位中の延慶《えんきょう》三年（一三一〇）から元弘二年（一三三二）までの二十三年間の日次記《ひなみき》と、数種の別記《べっき》が現存している。途中断続的に数年単位あるいは数ヶ月単位で欠脱もしているのであるが、文保三年（一三一九）から正中二年（一三二五）までの分はまとまって残っており、特にこの間のことは詳細に知ることができる。この期間はまさに花園院が後伏見院らと相住みしていた時期で、後伏見院が三十二～三十八歳、広義門院が二十八～三十四歳、量仁親王が七～十三歳、永福門院が四十九～五十五歳、記主の花園院が二十三～二十九歳の時のこととなる。

量仁親王の成長の記録として、この『花園天皇宸記』以上のものは考えられない。単に持明院殿における生活を記しているからというだけではない。量仁親王の教育を受け持っていたのが、記主の花園院だからである。教育者自身による、一人の少年の七年にわたる教育の記録というのは、歴史的に見ても稀有な例ではないだろうか。以下、この『花園天皇宸記』（『宸記』と略す）によって、量仁親王の成長の跡を追ってゆく。

3 花園院の教育

訓育の依頼

花園院が持明院殿に同居を始めて間もない元応《げんおう》元年（一三一九）正月十九日、七歳になった量仁親王の読書始《とくしょはじめ》（幼少の者が初めて読書を行う儀式）が行われた。『宸記』に「今日在兼卿始めて書を授く。又家高始めて千字文《せんじもん》を授け奉るなり」とある。「在兼《ありかね》」は菅原在兼で、伏見・後伏見・後二条・花園・後醍醐天皇の侍読《じどく》（天皇・春宮に学問を教授する学者）を務め、「家高《いえたか》」はその孫（実子とも）で、やはり花園・後醍醐天皇の侍読を務めた学者である。この年、親王は学問を始める年齢に達したのである。

それから八ヶ月が経った同年九月、花園院は隠居を望んで持明院殿を出て、生母顕親門院《けんしんもんいん》の姉であり、自らの祖母でもあった玄輝門院《げんきもんいん》の邸衣笠殿《きぬがさどの》に移るということがあった。結局、隠居は後伏見院に制止されて、持明院殿に帰ったのであるが、同月六日付の裏書に自らの思いを詳しく書き残している。

院自身は、古代中国の周《しゅう》代初めに生きた隠遁者伯夷《はくい》に自らをなぞらえて、正理を求めるためには隠居するのが最善であると考えての行動であったと述べている。しかし、周囲の人々は、今隠居することは後伏見院に対する不満を示すものとなって世間の噂になり、後伏見院に背くことになるとして制止し、後伏見院は、父伏見院の言葉を引いて、次のように花園院を説得したのである。

親王の事以下扶持すべきの由の事、先皇の仰せなり。又叡慮相違無し。而して此くの如く隠居の思ひを企つること甚だ然るべからず。御意に背くと云々。

親王を教育してほしいというのは故伏見院の仰せであり、また自分も同じように考えている。それなのに、このように隠居を決心するなどというのはあってはならないことだというのである。花園院は、この後伏見院の説得を受け入れて、持明院殿に帰った。なお、隠居を決心したについては、学問に専念したいということ以外にも理由があった。同日の日記の中で、院は、所領狭小ゆえに、諸事節約せねばならず、奉公の者も減らさねばならないと、苦しい経済状態を嘆いている。これもまた、隠居を決心した大きな理由であった。

教育方針

花園院は明確な方針をもって量仁親王の教育を始めた。後伏見院から依頼のあった翌月、十月二十六日条の『宸記』にその考えを記している。

院の考える学問の目標は、儒教の経典を学び、道義を知ることにあった。それを実現するために、

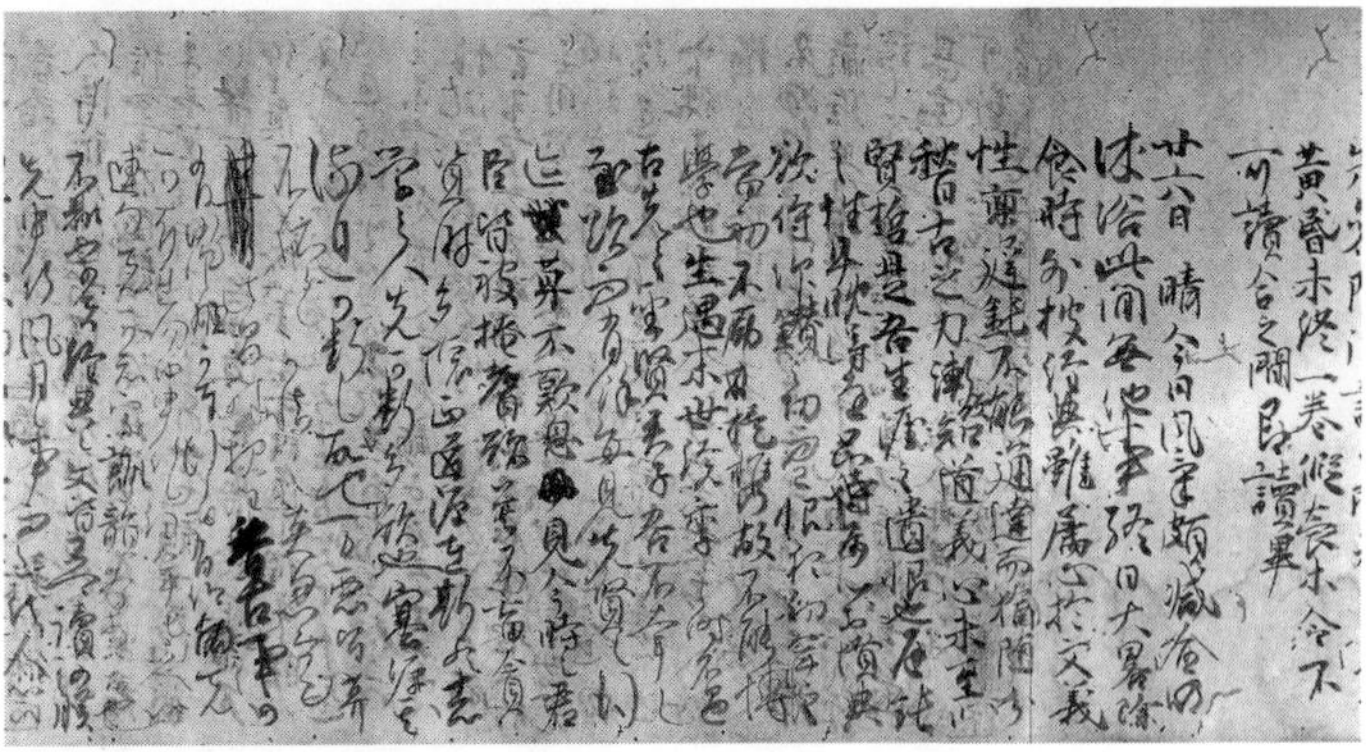

『花園天皇宸記』元応元年10月26日条（宮内庁書陵部蔵）

まず親王に連句を学ぶことを課した。連句とは、漢詩の一種で、数人が集まって句を連ねて作るものである。これをまず学ばせようとしたのは、連句によって漢字の訓《よ》みや韻・声を知ることができるからである。詩歌としての連句に親しむことが目的ではない。漢字を読めなければ経典を読むことなどまったくできないから、まず漢字を知るために連句を学ぶことを勧めるのである。次に、十五歳に及んだならば、漢文の文意を正しく読み取ることができるようにすることを第一とする。そして、それができるようになったならば、儒教の根本を教えよう。これが、院の教育方針であった。

なお、同日の『宸記』の裏書に、道を学ぶということについての感懐が記されている。孔子《こうし》の弟子顔回《がんかい》を聖賢《せいけん》として、主としてその生き方を論じているのであるが、中でも注目したいのは、もし顔回が悪政を正すために挙兵したとしたら、それをどのように評価すべきか論じている点である。院は次のように記している。「顔子もし六国の弊に遇《あ》ひ、一旦兵を挙ぐ、四海の内、普天の下、誰か響応せざらんや。もし此の事を成せば、道の福と謂《い》ふべきか。朕以て然らずとす。もし顔子兵を以て強ひて天下を取る、豈《あに》聖賢と為《な》さんや」。顔回が挙兵するならばおそらく多くの者がそれに応じて、天下を取ることはできるであろう、しかし、それを聖賢の業と評することはできないというのが、院の考えであった。これは、聖賢のあり方についての花園院の基本的な考え方であったと思われる。この五年後、元亨四年(一三二四)二月十三日の『宸記』では『宇治左府記』(藤原頼長《よりなが》の日記)を読んだ感想を記しているが、その中でも、保元の乱を引き起こした頼長に対して、その才学は高く評価しながらも、「挙兵是れ大事にして軽用すべからず」と強く批判している。理の有無を問わず、挙兵ということについて否定的であったと見てよかろう。こうした考え方は、その教えを受けた量仁親王(光厳天皇)にも大きな影響を及ぼしたものと思われる。この点は、南北朝の動乱期に入ってからの持明院統の人々の行動を考える上で留意しておきたいことである。

連句の練習

『宸記』に親王の連句に関する記事が現れるのは、親王八歳の元応二年(一三二〇)四月一日が最初である。「親王連句。俊光《としみつ》・在兼《ありかね》・隆有《たかあり》等の卿、公時《きんとき》・家高《いえたか》等の朝臣、邦雅《くにまさ》祗候申すと云々」とある。簡潔な記事で、これを初めての連句の催しと見てよいのか、実際にはこれ以前から始まっていたのかは判断しづらいところであるが、祗候した人々の名を列挙している例はこれ以後にはあまり見られないので、この時が初めてであった可能性は高い。いずれにしても、この頃から本格的な教育が始まったと思われる。この時に祗候した廷臣のうち、菅原《すがわら》在兼が当初の連句教育の中心人物であったが、この一年後に亡くなり、以後は、日野俊光《ひのとしみつ》・四条隆有《しじょうたかあり》・菅原家高等が常連となっている。言うまでもなく、菅原・日野は学問の家である。

連句の練習はこの後長く続けられる。元亨元年（一三二一）八月二十二日条や同二年六月四日条には「親王百日連句を始めらる」などの記事が見られる。また、元亨二年二月十五日条「親王の連句例の如し」などの記事もある。正中《しょうちゅう》二年（一三二五）まで、親王の連句についての記事は続いている。

元亨元年三月一日条には「今日親王方の文学番始む」とある。詳細は不明であるが、親王が九歳になり、学問の初歩を踏み出したと推定される。翌年正月二十九日条には、「親王の幼学を勧めんがため、連句二十韻。小生は各相伴ひ、読書せしむべきの由を仰す。（中略）少年の者等の結番、又長幼に限るべからず。相伴ふべきの由沙汰なり」とある。同年代の学友に交代で相手をさせて連句・読書を行うこととしたのである。

同年七月二十四日は庚申《こうしん》のため寝ずに夜を明かしたのであるが、この日に親王は初めて詩を作った。『宸記』に「親王始めて詩有り」とある。

正中二年閏正月十六日、十三歳になった親王のために学問所が置かれた。「今日より学問所の結番を置く。是れ親王稽古の料なり。予殊に沙汰を致すなり」とあり、これは花園院自ら命じてのことであった。花園院はこのしばらく前（元亨二年二月二十三日）から廷臣を集めて『尚書《しょうしょ》』の研究会を開催していたが、それを読み終えた後、正中元年（一三二四）三月からは『論語』の研究会を始めていた。正中二年九月六日の『宸記』には、「今日論語雍也《ようや》篇を談ず。具親《ともちか》卿、公時《きんとき》・行氏《ゆきうじ》・資明《すけあき》等の朝臣なり。公時講釈す。親王又座に在りて聞く」とあり、親王がそれに出席することのあったことが知られる。親王の学問の進展のほどが察せられる。

親王の学問はこのように順調に進展したと見られるが、それだけに院の期待も高まり、さらなる教育への意欲が湧いたものと思われる。正中元年十二月十三日条に夢の記事がある。夢の中で見た話で、仏師が語ったこととして次のようにある。「仏師語りて云ふ、量仁親王は性仁恵《じんけい》を稟《う》け、尤も貴むべき事なり。賢明を加ふれば弥《いよいよ》賢王たるべし云々」。親王は生まれつき民を思う心を備えており、学問に精進して賢明さを身に着けたならば、ますます賢王となることであろうと語ったというのである。量仁親王への期待と師としての責任感が、このような夢を見させたのであろうか。

和歌の教育

さて、親王への教育は儒学に関してのみ行われたのではなかった。和歌についてもまた周到に教育がなされた。元亨三年（一三二三）五月七日に、「今日より五十日歌を始めらる。毎日二首、百首題なり。院の御方・予・親王並に女房等少々。初学なり」との記事がある。親王十一歳の時のことである。前日には、百日連句を成し遂げての竟宴《きょうえん》が行われており、それに引き続いて、今度は毎日二首ずつ五十日間詠作するという和歌の修練が始まったのである。

和歌の教育には永福門院《えいふくもんいん》が深く関わっていたと推測される。たとえば正中元年（一三二四）十二月十一日に親王方において歌合があったが、『宸記』によれば、「夜に入り親王の方に於いて歌合有り。清雅《きよまさ》卿已下十余輩。衆議判《しゅうぎはん》。但し所決は女院の時宜《じぎ》に在るなり」とあり、永福門院主導の下に催されたことが知られる。歌人としての実力から考えても、永福門院がその指導にあたったと考えるのが自然であろう。

持明院統において詠まれた和歌は、いわゆる「京極派歌風」のそれである。これは、伏見天皇に近侍した京極為兼の創始した歌風で、自らの心を自由な詞で表現するという点に特徴を有する。中世における歌の詠み方の主流は、古今集以来の伝統によって磨かれてきた詞だけを用いて、題の「本意《ほんい》」（与えられた題の最もそれらしいあり方）を表現するというものであったから、「京極派歌風」は当時の一般的な評価によれば「異端」の存在であった。

中世の歌壇は、俊成《しゅんぜい》・定家《ていか》・為家《ためいえ》と続いた御子左家が支配的地位を築いたが、為家の子の代になって、二条・京極・冷泉の三家に分裂した。このうち二条家が嫡流で、その歴代当主が歌道宗匠として権威を持ち、代々の勅撰集撰者ともなった。前記の中世の主流の詠歌方法というのも、この二条家の主張するものである。そうした状況に不満を持ったのが庶流の京極為兼で、当時の常識に叛旗を翻すような独自の詠歌方法を打ち出したのである。その歌風は伏見天皇に認められて、その周辺に為兼に指導される歌人集団（京極派歌壇）が形成された。その構成員は、持明院統の皇族とその女房、それと少数の持明院統系の廷臣に限られていた。ただし、小さな歌人集団ではあったが、天皇を中心として形成されたものであったから、持明院統が政権を握った時には歌壇全体に大きな影響を与えることとなった。伏見院が二度目の治天の君の地位にあった正和元年（一三一二）には、為兼によって十四番目の勅撰集『玉葉和歌集』が撰集されるに至っている。しかし、その後、正和四年（一三一五）に為兼は失脚し、伏見院も文保元年（一三一七）に亡くなり、さらに政権も大覚寺統に移って、京極派歌壇は沈滞を余儀なくされた。そのような状況の中で、その歌人集団の指導者となったのが永福門院である。永福門院は、持明院殿において歌会《うたかい》や歌合《うたあわせ》を主催し、後伏見・花園両院をはじめ、その周辺の女房や廷臣たちに京極派和歌がいかなるものかを教え、京極派歌壇を支え続けたのである。そして、その努力は、後に『風雅和歌集』の撰集として実を結ぶことになる。

量仁親王の和歌修練も永福門院や後伏見・花園両院の指導を受けて、順調に進んだとみられる。『宸記』正中二年閏正月二十日条には、一題十首の和歌を蠟燭《ろうそく》三寸の間に詠出することが課せられて、後伏見・花園両院は早々に詠出し、親王も時間内に七首詠じたことが記されている。和歌を学び始めて二年足らず、十三歳の少年としては不足のない所であろう。

音楽の教育

音楽についても、儒学とほぼ時を同じくして、教育が始まっている。古来音楽の修得は帝王学の一つとして重視されてきたが、持明院統においては、後深草院以来特に琵琶が学ばれた。親王もまた琵琶を学んだ。

当時、天皇（春宮）が初めて楽器を習う時、しかるべき公卿で音楽に堪能な者がその師となるのが通例であった。鎌倉中期以降、琵琶に関しては、西園寺《さいおんじ》家の人々がそれを務めた。西園寺家は、鎌倉時代には関東申次になるとともに、代々の天皇に后を入れて外戚となり、政治的権勢を誇ったが、同時に、楽においても指導的地位に就いていた。特に公相《きんすけ》・実兼《さねかね》は、天皇の音楽の師として宮廷音楽の世界では絶大な権力を有した。公相は後深草・亀山両院の琵琶の師となり、実兼は伏見院の師であった。実兼の子息では三男の公顕《きんあき》と四男兼季《かねすえ》（今出川《いまでがわ》）が、父から琵琶の秘曲伝授を受け、楽統を継いだ。後伏見院の師となったのは公顕で、院は公顕からすべての秘曲を伝授された。持明院統歴代の天皇はすべて、西園寺家の人を琵琶の師とし、秘曲まで授かっている。しかし、公顕は元応三年（一三二一）に死去し、その跡は弟の兼季が継いだ（豊永聡美『中世の天皇と音楽』）。

元亨三年（一三二三）十一月二十九日、量仁親王の琵琶始《びわはじめ》が行われたが、師となったのは、この兼季であった。さらに十二月十九日に、同じく兼季を師として笛始《ふえはじめ》も執り行われた。ただし、琵琶については、これよりも四年も前に、父後伏見院から手ほどきを受けていたことが知られている。親王七歳の元応元年（一三一九）十一月十八日の『宸記』に「今日量仁親王内々に琵琶を弾ぜしむ。上皇教へしめ給ふ。永福門院の御方に於いて此の事有り。萬歳楽《まんざいらく》三句、後に五常楽《ごじょうらく》なり」との記事が見える。後伏見院は秘曲をすべて伝授されるほどの琵琶の名手であり、自ら手を取って教えたのである。

音楽教育も計画的に行われた。正中二年（一三二五）二月四日の『宸記』には、「今日親王管絃の会有り。是れ練習のため、毎旬《まいじゅん》此の事有るべきなり」とあり、親王の琵琶練習のために毎旬管絃の会が催されることになったとされている。

以上の、学問（漢学）・和歌・管弦は、中世において天皇が教養として身につけておかなければならない才芸とされたものである。順徳院《じゅんとくいん》著の『禁秘抄《きんぴしょう》』は禁中の故実作法を解説した書であるが、その「諸芸能」の条には、学問・管絃・和歌が学ぶべきものとして挙げられている。また、伏見宮貞成《ふしみのみやさだふさ》親王の『椿葉記《ちんようき》』は御子後花園《ごはなぞの》天皇に奏進した書であるが、その中で、楽道・学問・和歌に精進すべきことを教え諭している。量仁親王になされた教育は、当時最も正統的なものであったことが、これからも知られる。

蹴鞠と小弓

このほか、花園院の想定した教育体系に含まれるものではないが、親王が好んで行ったこととして、蹴鞠《けまり》と小弓《こゆみ》がある。いずれも体を動かすことである。蹴鞠については、元亨三年十月一日の『宸記』において、「天子の宜しく好むべきにあらず（中略）然り而して近代上は天子より下は庶人に達し、皆以てこれを好み事となす。是れ興有るの故か。但し已に治国の象有り。偏執して非となすべからざるか」と述べ、本来天子の芸ではないが、近年は天子も行うこととなったから、忌避するまでもないだろうと、それを行うことを認めている。正中二年頃の『宸記』に、親王がこれを行っているとの記事がしばしば見られる。小弓も正中二年頃に好んで行っている。同年七月二十七日条に「弓有り。此の間連日親王好む。但し昼の程は読書・琵琶等にて隙《ひま》無し。仍て晩に及び片時《へんじ》なり。大略両三度に過ぎざるなり。学を妨ぐるに及ばす。尤も然るべし」とある。これについても、読書や琵琶の練習の妨げにならない程度だから、まあ良かろうという態度である。このように、積極的に蹴鞠や小弓を奨励しているわけではないが、本来励むべき学問の妨げにならない程度であるかぎり、それらも認めている。

それにしても、十二歳になった元亨四年（十二月から正中元年）頃の親王の日々の生活は、儒学・和歌・琵琶の学習が本格化して、まことに忙しいものであった。前記の正中二年七月二十七日条の記事などは、それをよく示すものであろう。

このように、量仁親王に対する教育は、花園院の確固とした方針によって周到に企てられ、着実に実行されたのであった。この教育で特徴的なのは、それらを主導したのが家族であり、しかも、それが、当代において考え得る最高のものであったことである。

最高の教育環境

儒学は叔父の花園院に、和歌は祖母の永福門院に、琵琶は父の後伏見院に学んだのであるが、この三人はそれぞれに各分野において当代最高峰の存在であった。花園院が儒学に通じていたことは改めて言うまでもなかろう。前述のとおり、院は廷臣を集めて『尚書』や『論語』の研究会を行っていたが、時に院自身が解釈を示すこともあった（『宸記』元亨四年〈一三二四〉四月二日条）。学問の程がうかがわれよう。永福門院が、いわゆる京極派を代表する歌人であることもまた言うまでもないことで、『玉葉集』四九首、『風雅集』六九首を含めて、勅撰集入集歌数一五一首を誇る大歌人であった。後伏見院は、後に光厳天皇に直々に秘曲を伝授するが、それは、院自身が秘曲まで極めた存在であったことを意味する。院は当代有数の琵琶の名人であった。このような恵まれた環境の中で、親王は期待に違うことなく成長していったのである。

第三章　春宮の時代

文保二年（一三一八）二月、いわゆる「文保の御和談」によって、花園天皇は後醍醐天皇に譲位した。春宮には故後二条天皇の皇子邦良親王が立った。大覚寺統は天皇と春宮を二つとも手にしたのである。後宇多院が院政を止め、後醍醐天皇の親政が始まるとすぐに正中の変が起こったが、春宮や持明院統の期待に反して、天皇の地位は揺るがなかった。転機は意外な形で訪れた。春宮邦良親王が死去したのである。春宮の地位をめぐる激しい争いの末、ようやく量仁親王の立坊が実現した。本章においては、正中二年（一三二五）から元徳二年（一三三〇）までの五年間を中心として、立坊の経緯と春宮時代の量仁親王の姿を描く。親王の十三歳頃から十八歳頃までにあたる。

1　後醍醐天皇の登場

「一代の主」後醍醐天皇

後醍醐天皇は、後宇多院の第二皇子として生まれた。諱は尊治《たかはる》。母は、藤原忠継《ただつぐ》の女談天門院忠子《だんてんもんいんちゅうし》である。大覚寺統において後宇多院の後継は、嫡男の後二条天皇であった。しかし、その後二条天皇は、徳治三年（一三〇八）八月、二十四歳の若さで急逝した。持明院統の花園天皇が践祚し、政権は持明院統に移った。後宇多院は将来の政権奪還のために、何としても春宮を大覚寺統から立てる必要があった。そこで、第二皇子である尊治親王を春宮に立てた。ただし、後宇多院は、あくまでも後二条天皇とその子孫を嫡流と認めており、尊治親王の立坊は、将来後二条天皇の皇子が立坊・践祚できるようになるまでの「中継ぎ」と考えていた。時に後二条天皇皇子の邦《くに》良《よし》親王は九歳であり、当時の立坊の年齢として、特に幼すぎるということはない。たとえば持明院統の富仁親王が立坊したのは五歳の時のことである。したがって、なぜ邦良親王をすぐに立坊させず、「中継ぎ」として尊治親王を立てたのかというのは問題となるところである。『神皇正統記』は、邦良親王が「鶴膝《かくしつ》の御病」（脚の肉が落ちて、鶴のはぎのように細くなる病気）を患っており、健康面に不安を抱えていたためと説明している。あるいは、後宇多院には戦略的な意図があり、将来大覚寺統で天皇と皇太子を独占するための布石としたという見方もある（河内祥輔『天皇と中世の武家』「第一部　鎌倉幕府と天皇」）。後宇多院の意図には謎が残るが、いずれにしても、尊治親王は、邦良親王への橋渡しとして、「一代の主」（嘉暦三年「御事書《おんことがき》并《ならびに》目安案《めやすのあん》」）、すなわち一代限りの天皇という条件で皇太子に立てられたのである。

これは、持明院統の花園天皇の立場と似ている。持明院統においては、後伏見天皇が退位した時、いまだ皇子もいなかったため、弟の富仁親王（後の花園天皇）を春宮に立てざるを得なかった。その時、二人の父伏見院は、花園天皇を後伏見院の猶子とし、さらに、後伏見院に皇子が生まれた際には、その皇子を花園天皇の猶子として皇位継承させることを厳命した。花園院は、その言葉を忠実に守り、後伏見院から量仁親王への「中継ぎ」という立場を生涯崩すことはなかった。

後醍醐天皇　「天子摂関御影」（宮内庁三の丸尚蔵館蔵）より

「一代の主」の拒否

後醍醐天皇も、後二条天皇から邦良親王への「中継ぎ」という立場であることを、父後宇多院からきつく申し渡されていた。伏見院が置文を残したように、後宇多院も譲状を作成した（東山御文庫文書「後宇多上皇譲状案《ごうだじょうこうゆずりじょうのあん》」）。後二条天皇が亡くなった直後の徳治三年（一三〇八）閏八月三日のことである。それには、次のようにある。

右、寺院・御所・和漢文書等、一紙を残さず中務《なかつかさ》卿《きょう》尊治親王に譲与するところなり。後二条院長嫡

として相承すべきのところ、不慮に崩御す。（中略）よつて親王に処分するところなり。一期《いちご》の後、悉く邦良親王に譲与すべし

大覚寺統の正嫡はあくまでも後二条院の子孫であり、一旦は後醍醐天皇にすべてを譲るけれども、それは一代限りのことであって、その後は邦良親王にすべてを譲らなければならないということであった。

しかし、後醍醐天皇は、花園天皇と異なり、父の命に従わなかった。後醍醐天皇は、即位した後、春宮邦良親王方の譲位の求めを頑強に拒否し続けた。元亨四年（一三二四）六月二十五日、後宇多院が亡くなったその日、花園院は『宸記』に院に対する長文の批評を記した。その中に、「近年禁裏・竜楼不和。法皇の御旨、東宮に在り」との記事がある。「禁裏《きんり》」すなわち後醍醐天皇と、「竜楼《りゅうろう》」すなわち邦良親王との仲は険悪で、「法皇」すなわち後宇多院は東宮邦良親王が早く践祚することを望んでいたというのである。

後醍醐天皇が、花園天皇と異なり、父の命に従わなかったのは、その性格の問題もあると思われるが、また、践祚した時すでに三十一歳に達しており、確固たる自らの意思を有していたことも関わっているように思われる。十二歳で践祚し、二十一歳で譲位した花園天皇とは、事情が違っていたと言えよう。

2　正中の変

後醍醐天皇の践祚

後醍醐天皇は文保二年（一三一八）二月二十六日に践祚したが、それから三年十ヶ月間は後宇多院が院政を執った。天皇が自ら政治を行うようになったのは、元亨元年（一三二一）十二月のことである。しかし、後宇多院が院政を敷いていた頃から、既に後醍醐天皇は院と異なる政治路線を志向していたと見られる。後宇多院は幕府との協調路線を取っていた。後宇多院の幕府重視の考えは、次の「宸翰御遺告《しんかんごゆいごう》」（大覚寺蔵）に端的に示されている。

しかして鎮護国家の大本は、専ら武将長久に在り。何となれば中古以来、保元両主の争乱、寿永両家の征伐、生民《せいみん》軍旅に疲れ、皇統兵権に依る。しかして近曽《さいつころ》、神鑒《しんかん》合応じて、武威《ぶい》世を鎮む。是を以て君康《やす》らかにして民安《やす》らけく、天命自ずから正し。

保元の乱・源平の合戦以来、皇統は武家に依存しているから、鎮護国家の基本は幕府の繁栄にあるとし、近年は武家が世を鎮めているおかげで、君も民も安泰であると述べている。このような思想の下、院は幕府との協調路線をとっていたのである。

一方、後醍醐天皇は即位した当時から反幕府路線であった。そのことは、後醍醐天皇の乳父であった吉田定房《よしださだふさ》の手になるとされる、天皇の討幕計画を諫めた書（「吉田定房奏状」）の存在から明らかである。この「奏状」の成立年次は、初稿が元応二年（一三二〇）六月、改稿が翌元亨元年冬と推定されている（村井章介『日本の中世10　分裂する王権と社会』）。すなわち、後宇多院から政務を譲られる以前に、すでに後醍醐天皇周辺においては天皇に討幕の意思があることが知られ、危ぶまれていたことになる。

正中の変と事件処理

後宇多院が亡くなって三ヶ月も経たない元亨四年（一三二四）九月十九日、いわゆる「正中《しょうちゅう》の変」が勃発した。事が起きた九月はまだ「元亨四年」であるが、この年の十二月に「正中」と改元されたので、「正中の変」と称する。刻々と進行する事件の様子は『宸記』に記されており、迫真的な同時代の証言を得ることができる。

この日、多治見国長《たじみくになが》・土岐十郎《ときじゅうろう》が京の宿所において六波羅探題の武士に襲われて自害し、民部卿日野資朝《ひのすけとも》と少納言日野俊基《ひのとしもと》が六波羅に捕らわれた。資朝が勅旨であると称して、多治見・土岐らの武士を誘って幕府を滅ぼすことを計画し、それが密告により露見したのである。具体的な計画は、来る二十三日の北野の祭礼には喧嘩がつきものだから、六波羅の武士がそれを鎮めにゆくに違いない、その隙に探題を襲撃し、その後は延暦寺や興福寺の衆徒に命じて、京都の入口である宇治・勢田を固めようというものであった。資朝・俊基はこの計画のために近国の武士を多く誘い集めていたという。資朝たちは後醍醐天皇の命によって行動していたということであったから、事が露見して、天皇も苦境に陥った。

天皇は、同二十三日、万里小路宣房《までのこうじのぶふさ》を勅使として関東に遣わした。翌月二十二日、宣房が帰洛した。結局、後醍醐天皇の責任はまったく問われないということであった。宣房は直後の除目《じもく》で権大納言に昇進した。宣房については、花園院も使節を務めたことを忠節であるとして褒め、幕府もその忠節を称美したと『宸記』に記している。

後日、十一月十四日に、花園院は宣房が鎌倉下向の際に所持した勅書を目にしたが、それは院にとっては驚くべきものであった。それには、「関東は戎夷《じゅうい》なり。天下の管領然るべからず。率土《そつと》の民は皆皇恩を荷《う》く。聖主の謀叛《むほん》と称すべからず。但し陰謀の輩有り。法に任せ尋ね沙汰すべき」と記されていた。陳謝どころか弁明ですらなく、幕府の執政を否定するなど高圧的な態度を保ったまま、責任のすべてを資朝らに転嫁するものだったのである。

資朝と俊基は鎌倉に送られ、結局、資朝は佐渡に流され、俊基は罪に問われることなく帰洛した。

この事件に対する幕府の事後処理は、意外なほどに穏やかなものであったと言えよう。幕府としては、実害がまったくなかったのだから、穏便に事を収めようとしたのであろう。また、後醍醐天皇の積極的な政治姿勢を評価していたという一面もあったのかもしれない。これより四年後、嘉暦三年（一三二八）冬に、持明院統は、春宮量仁親王の践祚を求めて、幕府に事書を提出した（「後伏見上皇事書案」）。この文書については、すでに第一章において触れたことがあるが、ここで注目したいのは、その中の、「殆ど武威を軽んぜらるるに似たるか、而して頻りに聖賢の誉れを称せらるの間、恐れ申せらるの由その聞こえ有り」との記述である。「聖賢の誉れ」がある後醍醐天皇を、幕府は恐れ申しているというのである。幕府の中には後醍醐天皇の治世を高く評価して、天皇と協調してゆこうとする勢力の存在したことが推測される。しかし、その後の歴史をみるならば、この事件処理は、幕府の危機管理の失敗だったと言わざるを得ないであろう。

3　量仁親王の立坊

大覚寺統の内部争い

春宮邦良親王方は、これを機会に譲位を期待した。春宮方は幕府に対して、天皇に譲位を促すように盛んに働きかけた。持明院統は量仁親王の立坊を働きかけたが、それはつまり、邦良親王の践祚を早めるように働きかけることであった。正中二年正月十三日の『宸記』の記事は、この時期の天皇・春宮・持明院統三者の様子をよく伝えている。これは、「正中の変」の騒動から約三ヶ月後、資朝や俊基の処分がいまだ決まっていない頃の記事である。この日、花園院の許に、量仁親王の立坊を働きかけるために鎌倉に下っていた日野俊光《ひのとしみつ》が訪れ、幕府の意向を報告した。それは、先々と同じように、後醍醐天皇とよく話し合って決めてほしいというものであった。院はこれに対しては、「頗る所期無きか」と不満を述べている。また、この頃、天皇方の吉田定房と春宮方の六条有忠《ろくじょうありただ》が競って鎌倉に下向しようとしており、そのことを、花園院は次のように記している。

近日定房卿下向すべきの由風聞。これに就き春宮より又有忠卿鞭を挙ぐべしと云々。近年両方の使者同時に馳せ向ふ、世競馬と号す。而して今又一流の内已に此の事有り。嘆息すべし〳〵（中略）使節同時に馳せ向ふ、尤も不穏便か。但し当流の運、偏《ひとえ》に竜楼の驥尾《きび》に付くか。

大覚寺統の内部争いを見苦しいものであると嘆きながら、しかし、自統の望みを達するためには春宮方を応援せざるを得ないことを、やや自嘲を交えて述べている。

後伏見院は、文保の御和談で花園院が退位することが決定した頃から、量仁親王の一刻も早い立坊を、さらに、立坊後は即位を願って、伊勢神宮・石清水八幡宮などの諸社寺に告文《こうもん》・願文《がんもん》を奉じている。その数は現在確認されているだけでも十七通以上に及ぶ。次は、大覚寺統に政権が移って四年目の元亨元年（一三二一）十月四日に石清水八幡宮に奉納した仮名の願文の一節である（廬山寺蔵「宸筆御願文案」、一部漢字を宛てた）。

胤仁わが神のながれをうけて、あまつ日つぎいまにたへず、祖王の正嫡として天子の位を踏む、しかあるを、わづかに三とせがうちに罪なくして位をうばゝれき、運のつたなきをしりて、これを神にいのらず、年をおくりき、つら〳〵祖王先王におくれたてまつりしよりこのかたの身のうへを案ずるに、木を離れたるとりのごとし、水を失へるうをのごとし、こゝに傍人いよ〳〵力をえて、運をかたぶけんとす、これによりて量仁親王立坊理運にあたりて、いまにのぞみをとげず、知らずもし一流断絶その期いたるか、又しらず運の時いたらざるか、神明の照鑑にあらずば、たれかこれをわきまへん、今年はふるきを改めて、あたらしきをたつべき天運なり、このときにあたりて、運をひらかんとおもふ、

ここで神に祈願しているのは、次のようなことである。自分は、皇統の正嫡として皇位に即いたが、わずか三年でその位を奪われてしまった。それは自らに運がなかったのだと考えて、神に祈ることもなかった。しかし、後深草・伏見院が亡くなった後は、「傍人《ぼうじん》」すなわち大覚寺統がいよいよ力を得て、持明院統の運を傾けようとしている。そのため、量仁親王は春宮に立つべきめぐり合わせになっているのに、その望みを遂げられないでいる。今年は変革が多いとされる辛酉《しんゆう》の年であるので、これを機に運を開きたいと思う。

討幕計画が露見して後醍醐天皇が窮地に陥ったかに見えた元亨四年九月と十一月の告文も現存する。前者は、事件の二日後の九月二十一日に伊勢神宮に献じたものである。ただし、これに事件について直接触れるところはない。後者は、十一月七日に北野天神に奉ったもので、こちらには、「爰《ここ》に兵革聊《いささ》か起こりて、都鄙《とひ》静かならず、政務の時分にあらずといへども、治乱を天下に思ふ所なり」（伏見宮蔵「宸筆御告文案」）との表現があり、事件を承けて、今こそ本懐を達すべき時であると訴える内容となっている。

このように春宮邦良親王も持明院統も、事件を機会に後醍醐天皇の退位を目論んだのであるが、幕

府が天皇の責任を不問にした以上、大きな動きが起こることはなかった。後醍醐天皇の治世はそのまま続いた。

邦良親王の死去

転機は意外な形で訪れた。嘉暦《かりゃく》元年（一三二六）三月二十日、春宮邦良親王が死去したのである。享年二十七か。文保の御和談に従うならば、邦良親王の次の春宮は量仁親王のはずである。しかし、正確に言うと、約束は、邦良親王が即位した場合に春宮に立つということであったから、それとは条件が異なることになる。また、そもそも文保の御和談を主導し、邦良親王後の春宮に量仁親王を立てることを約束した後宇多院は既に亡くなっている。約束など、あって無きがごときものであった。実際、春宮選びは紛糾した。

候補者は四人いた。その立坊争いの様子をうかがわせる史料として、伝西園寺実衡《さねひら》筆「書状切」三葉がある。元来は書状（案文）であったが、分割されて「切（きれ＝古人の筆跡の断片）」として伝来したものである。原形の書状は、邦良親王没後、後伏見・花園両院によって草され、量仁親王の践祚・立坊を働きかけるために幕府に提出されたものと推測されている。これによって、恒明親王・尊良《たかよし》親王・邦省《くにみ》親王・量仁親王の四人が候補者であったことが知られる（森茂暁『鎌倉時代の朝幕関係』第一章第二節、石澤一志「伝西園寺実衡筆「書状切」について」）。

まず恒明親王。この親王は亀山院晩年の皇子で、母は昭訓門院《しょうくんもんいん》。亀山院の寵愛深く、院はその立太子を強く望み、その死に臨んで、自らの子の後宇多院と持明院統の伏見院から立坊の約束をとりつけた。ただし、後宇多院はその約束を履行しようとはしなかった。親王は、後宇多院流と対抗するために持明院統に近づき、徳治二年（一三〇七）頃には、持明院統もその立坊を応援することがあった（「恒明《つねあきら》親王《しんのう》立坊《りゅうぼう》事書案《ことがきのあん》」）。時に二十四歳。二人目は後醍醐天皇の第一皇子尊良親王。母は歌道宗匠の二条為世《ためよ》の女、為子《ためこ》。当時二十歳くらいか。三人目の邦省親王は、後二条天皇の第二皇子、すなわち亡くなった邦良親王の同母弟である。大覚寺統の嫡流である後二条天皇流に仕えた人々の支持を受けていたと思われる。『一代要記』によれば乾元《けんげん》元年（一三〇二）生まれであるから、これを信ずれば、当時二十五歳。そして、量仁親王。この時十四歳である。

それぞれ競って立坊を幕府に働きかけた。その様子は、嘉暦元年五月二十九日に石清水八幡宮に献ぜられた後伏見院の願文（伏見宮蔵「宸筆御願文案」）によってうかがうことができる。

ここに先坊《せんぼう》不慮の事は当流自然《じねん》の運也。しかして東風未だ吹挙を加へず。近日かたがた怖畏《ふい》多し。あるいは当代の権威を以て濫《みだ》りにこれを支えらる。あるいは先坊の遺跡と称して、頻りに競望《けいぼう》有るか。

前皇太子が亡くなったのは、当流にとっては思いもよらない幸運なことであった。しかし、幕府はなかなか量仁親王の立坊を認めてくれない。「当代」すなわち後醍醐天皇は在位の天皇としての権威を以て強引に自らの皇子を皇太子に立てようとしており、また、「先坊」すなわち邦良親王の弟宮であるからと言って邦省親王を推す向きもある。このように、訴えているのである。

その後、ようやく幕府は量仁親王を推挙してきて、七月二十四日に立太子の節会が行われた。『増鏡』第十四「春の別れ」には、「かねてだに催し仰せられし事なれば、東より人参りて、本院の一宮を定め申しつ」とあり、前々から約束があって、持明院統から催促したので、このように定まったと記されている。文保の御和談の際の約束が、ようやく現実のものとなったのである。

量仁親王の立坊

ただし、邦良親王が亡くなってから立太子まで四ヶ月かかり、その間、四人の候補者がその地位を激しく競ったということは、文保の御和談の際の約束の拘束力がそれほど強くはなかったことを示している。もちろんそれが立坊の大きな要因となったのは確かであろう。しかし、それ以外に、持明院統は量仁親王に候補者を一本化できたのに対して、大覚寺統は三勢力に分裂していたこと、また、「正中の変」を惹き起こした後醍醐天皇に対して幕府が警戒心を持っていたことなどの条件が重なって、ようやく実現したものと考えられる。前に述べたように、「正中の変」の際の天皇に対する幕府の対応から見て、幕府内部には後醍醐天皇と協調してゆこうとする勢力があったと推測されるのであるが、その一方で、それとは異なる考え方の勢力が存在したことも十分考えられる。『太平記』第二巻「長崎新左衛門尉異見事」には、長崎高資《ながさきたかすけ》が後醍醐天皇に対する穏やかな措置を悔いて強硬意見を述べる場面がある。これなどから考えると、幕府内部において天皇に対して警戒心を持つ人々がいたと見ることはそれほど不自然ではあるまい。春宮選びの際に、それが尊良親王に不利に働いた可能性は高い。

こうして量仁親王は皇太子となったが、その時点ですでに十四歳になっていたにもかかわらず、未だ元服を遂げていなかった。

元服

仮元服は、四年前の元亨二年（一三二二）四月十三日に後伏見院の御所においてなされていた。また、その翌三年十月二十一日には元服に関する沙汰があったが、この時は、十一歳の親王の元服の先例はないということで見送られて、翌月十七日に、九歳の弟景仁《かげひと》親王とともに着袴の儀のみが行われた。通常着袴は五歳くらいまでに行われることであって、この十一歳に及んでの着袴というのもほとんど先例がない。着袴の儀のあった日の『宸記』の記事には「先例多く三歳五歳なり。十一歳に及び更に先例無し。而して彼年々障り有りて今年に及ぶなり」とあり、詳細は不明であるが、何か事情があって、この年まで延びたらしい。

立坊後もなかなか元服の沙汰がなかった。春宮となっているので、その元服は内裏の晴の儀として行われなければならず、その決定権は、後醍醐天皇が有していた。前述の通り、嘉暦三年（一三二八）冬に、持明院統は、春宮の践祚を求めて、幕府に事書を提出した（「後伏見上皇事書案」）。その中に量仁親王の元服に関する主張も見える。ここで、改めてその箇所に注目しておきたい。

一、春宮御元服御年齢事
今年十六歳御晩達《ばんたつ》の至り、更に先規無し。醍醐天皇以来、十五歳已前《いぜん》皆御元服有る所なり。後嵯峨院御事は例と為すに足らず。践祚遅引《ちいん》に依りて未だ冠礼《かんれい》の御沙汰に及ばず。天齢已《すで》に成人を過ぎ給ふ。かたがた嘆き思しめさるの次第、関東尤《もっと》もこれを察し申さるべし。春宮御元服は内裏へ啓《もう》すべきの間、難儀たるの子細先々申され畢《おわんぬ》。践祚その期無くんば御進退如何《いか》ようたるべきか。

今年春宮は十六歳になったが、この年で元服していないというのは前例がなく、これも践祚が遅れているためであると述べた上で、春宮の元服については後醍醐天皇に申し上げて行わなければならないが、それが問題であることは先々申された通りだとある。これによれば、親王の元服には後醍醐天皇が障害となっていたらしい。

この事書の提出が功を奏したのか、春宮の践祚にまでは至らなかったが、元服はようやく翌年実現することとなった。

元徳《げんとく》元年（一三二九）十二月二十八日、元服の儀があった。すでに十七歳になっていた。内裏における晴の儀として行われたから、父後伏見院・叔父花園院は列席できない。前月から習礼《しゅうらい》（儀式の前にその礼式を予行すること）を繰り返して失態のないように備え、当日、両院は春宮を内裏に送り出した後、先回りしてその行列を見物し、帰院後は、列席した侍臣から式の様子を聞いている。また、関白二条道平《みちひら》が参上し、「今日の儀違失無し、作法はなはだ神妙」と、春宮の振る舞いが立派であったことを述べて、両院を安堵させている。これらについては『宸記』の別記に詳細に記されており、教育係である花園院の期待・不安・安堵の思いをよくうかがうことができる。

4　花園院の「誡太子書」

天皇のあるべき姿

その二ヶ月後の元徳二年二月、花園院は、成人した量仁親王のために、天皇のあるべき姿を教え諭す書を著した。有名な「誡太子書《かいたいしのしょ》」である。同書は、現実の情勢に対する院の深刻な危機感に基づいて書かれたもので、天皇のあるべき姿とともに、そのような天皇になるための指針をも記している。

まず、「君」というのは、人々を導くために、天が定めた存在であることを述べ、「苟《いやしく》も其の才無くんば、すなわちその位に処るべからず」とし、それゆえ君子は自らを慎まなくてはならないと原則論を記す。その上で、量仁親王その人に向かって、「しかるに、太子は宮人の手に長じ、未だ民の急を知らず」と、恵まれた環境に育った親王は民の実情を知らないことを指摘し、さらに、徳も功もないのに皇子として生まれたということだけを以て帝位に即こうと願うことを厳しく戒めて、「請《こ》うらくは太子自ら省みよ」と、自省を求めるのである。

次いで、本朝が一系の皇統によって治められることを無条件に肯定する次のような論を、「諂諛《てんゆ》の愚人（こびへつらう愚かな人）」の考えであるとして、強く批判する。

我が朝は皇胤一統にして、彼の外国の、徳を以て鼎《かなえ》を遷《うつ》し、勢に依りて鹿を逐《お》ふに同じからず。

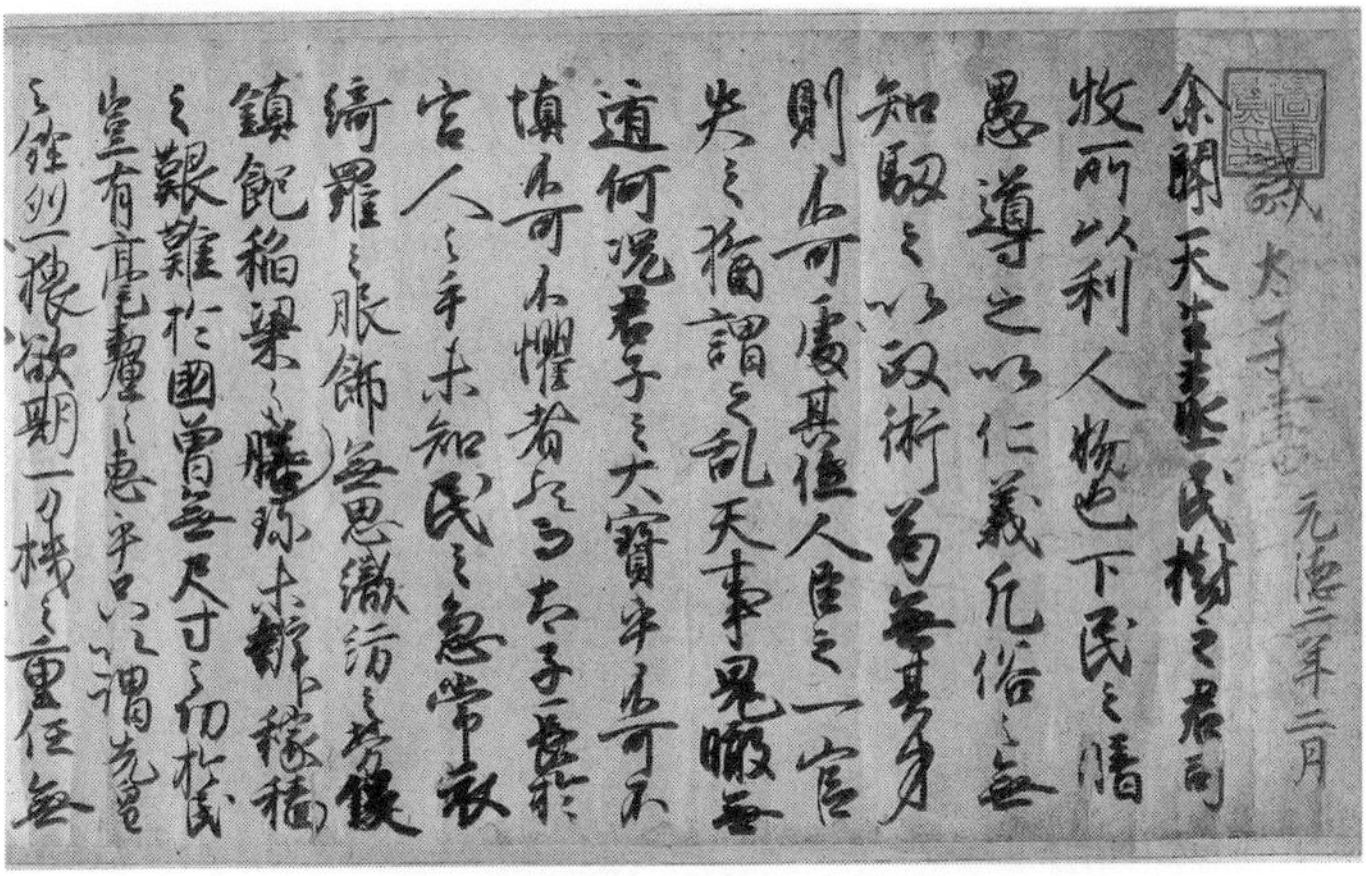

「誡太子書」巻頭部分（宮内庁書陵部蔵）

故に徳微なりとも雖も、隣国窺覦《きゆ》の危なく、政乱ると雖も、異姓簒奪《さんだつ》の恐れなし。是れ其れ宗廟《そうびょう》社稷《しゃしょく》の助、余国に卓躒《たくれき》すればなり。然れば則ち纔《わず》かに先代の余風を受けて、大悪の国を失ふなければ、則ち守文《しゅぶん》の良主、是に於て足りぬべし。何ぞ必ずしも徳の唐虞《とうぐ》に逮《およ》ばず、化の陸栗《りくりつ》に侔《ひと》しからざるを恨みんや。

我が朝は「皇胤一統」であるから、中国のような禅譲《ぜんじょう》や放伐《ほうばつ》の例はなく、天神地祇の助けのお陰で、少々徳は無くとも隣国から侵略されることはなく、乱れた政治を行っても王朝が変わることはない。したがって、大きな過ちさえ犯さなければ君子として十分である。このような考えを、花園院は「愚惟《おも》ふに、深く以て謬《あやま》りと為す」と厳しく否定する。そして、平時ならばそれでよいと思うかもしれないが、平時において乱はすでに胚胎しているのであり、平時においてこそ徳を積んで乱世とならないように備えなければならないと諭して、そこから眼前の情勢について、次のような認識を示す。

今時未だ大乱に及ばずと雖も、乱の勢ひ萌《きざ》して已《すで》に久し。一朝一夕の漸《ぜん》には非ず。聖主位に在らば則ち無為に帰すべし、賢王国に当たらば則ち乱無からん。もし主、賢聖に非ざれば、則ち乱、恐らくは唯だ数年の後に起こらん。而して一旦乱に及ばば、則ち縦《たと》へ賢哲の英主と雖も、期月《きげつ》にして治むべからず、必ずや数年を待たん。何ぞ況《いわん》や、庸主《ようしゅ》此の運に鐘《あた》らば、則ち国は日に衰え、政は日に乱れ、勢必ずや土崩瓦解《どほうがかい》に至らん。

現在はまだ大乱に至ってはいないが、しばらく前から乱世の萌しは存する。それでも、聖主が皇位に在るのならば何事かが起こってもすぐに解決するだろうし、賢王が皇位に在るのならばそもそも乱も起こらないだろう。しかしもし王が聖賢ならざる場合には、数年のうちに乱が起こり、一旦乱に及んだならば、たとえ賢哲の英主であっても、それを治めるのには数年の年月がかかるであろう。いわんや凡庸な王がその時に逢ったならば、この世は根底から崩れてしまうにちがいない。このように、花園院は警告を発するのである。そして、「恐らくは唯だ太子登極《とうきょく》の日、此の衰乱の時運《じうん》に当たらんか」と予言する。

それでは、それにどのように対処すべきか。院は、その問に対して、「内に哲明の叡聡《えいそう》有り、外に通方の神策《しんさく》有るに非ざれば、則ち乱国に立つことを得ざらん。是れ朕《ちん》強ひて学を勧むる所以なり」と答える。つまり、乱世の可能性のある中で天皇として立派に世を治めるためには、学問に励むしかないと言うのである。しかも、その学問は、当代流行の宋学や、知識として学ぶ儒学であってはならない。それは「徳義」を身につけるための学問でなくてはならないとする。学問によって「徳」を身につけた者だけが聖賢の帝となって仁政を行うことができるというのである。その信念は、本書結末に近い部分で次のように記されている。

若《も》し学功立ち、徳義成らば、ただに帝業を当年に盛んにし、また即ち美名を末葉に胎《のこ》すのみに匪《あら》ず、上は大孝を累祖《るいそ》に致し、下は厚徳を百姓《ひゃくせい》に加へん。

「徳治」の勧め

すぐれた帝の条件は「徳」を備えていることであるという考え方は、鎌倉時代後期の知識人の間ではそれほど特異なものではなく、むしろ一般的であったと言ってよい。また、古来一系の皇統であることを必ずしも肯定的にとらえない見方も同時代に存する。たとえば、後嵯峨院に提出した徳大寺実基《とくだいじさねもと》の「政道奏状」は、「徳」を有する人を「君子」というのだと主張する比較的早い例であろう。本記とほぼ同時代に成った北畠親房《きたばたけちかふさ》の『神皇正統記』は、幼少の後村上《ごむらかみ》天皇に向けて「君徳」を養うことを教え諭した書であるとするのが、近年の考え方である（岡野友彦『北畠親房』ほか）。『太平記』

の序文冒頭に記されているのも、この思想に外ならない。また、後醍醐天皇の討幕計画を諌めた吉田定房の「奏状」には、万世一系であるからこそ日本の皇統は危機的状況にあると述べる箇所がある。いずれも、この花園院の訓誡に通ずる思想である。

このように、「誡太子書」は同時代の思想的潮流の上に存するものではあった。しかし、深い学識に裏付けられた文章の格調の高さと、執筆者が皇統につらなる上皇であること、そして何より、現実の政治状況を的確にとらえて将来への警告を発していたという点において、比類なき文章であったと言えよう。

花園院の予言の実現

花園院の予測は見事に的中した。翌元弘元年（一三三一）に「元弘の変」が勃発し、それに伴って量仁親王の践祚が実現した。「恐らくは唯だ太子登極の日、此の衰乱の時運に当たらんか」との予言のとおりであった。また、一旦乱に及んだならば、たとえ賢哲の英主であっても短時日に平和を取り戻すことは困難であろうとの予測も、まさにそのとおりであった。

一方、乱世に陥らないためにと量仁親王に与えられた訓誡は、現実の前には必ずしも役に立たなかったように見える。いったんは帝位に即いた量仁親王（光厳天皇）のその後の運命を見るならば、徳を身につけるべく努力したことが、その帝位を確かなものにしたとはとうてい言えない。そもそも乱世とは伝統的な価値観が大きく転換する時代である。「徳」が伝統的な規範と近しいものである以上、それによって乱世に立ち向かうことは、ほとんど無意味なことであった。前記徳大寺実基の「政道奏状」には、『貞観政要《じょうがんせいよう》』を引いて、「乱代はただその才を取りてその行を顧みず」との記事がある。しかし、たとえその「才」ある者が立ち向かったとしても、乱世を収束させることは困難であろう。歴史の転換期にあたっては、いかなる能力を以てしても、その強大な流れに抗することは不可能だと思われる。思想のみが無力だと言うのではない。強力な武力であったとしても、それは同じことである。そのことは、これ以後の南北朝の動乱の歴史が端的に示している。歴史の流れというのは、それほどに人知を超えたものだということなのであろう。

光厳院自身は、北朝の治天の君となって政治を執るようになった一時期、徳を身につけるべく努力したことが報われたと思ったことがあったかもしれない。花園院は、光厳院の治世の期間に亡くなっているから、自らの訓誡の成果を目の当たりにすることができたと満足して最期を迎えることができたようにも思われる。しかし、その直後、再び歴史の渦は光厳院を巻き込み、院は「徳」の無力さを味わわなくてはならなくなるのである。

第四章　天皇の時代

「元弘の変」が勃発し、その混乱の中で量仁親王は践祚した。即位式は、後醍醐天皇が隠岐に流された直後に行われ、大嘗会も盛大に催された。しかし、その頃から各地の反幕府活動が活発化し、年が明けて事態は急激に動いた。反幕軍の攻撃の前に六波羅探題は陥落し、天皇・上皇たちは鎌倉武士に伴われて東国に落ちてゆくが、その途中、近江国番場において武士たちは全滅した。本章においては、目まぐるしいまでに局面が変化する、この元弘元年（一三三一）八月から正慶二年（一三三三）五月までの二年足らずの歴史を、主として持明院統の皇族たちの側から描く。光厳天皇の十九歳から二十一歳までのことである。

1　元弘の変と践祚

元弘元年四月、後醍醐天皇が討幕を企てていることを、吉田定房が六波羅《ろくはら》探題に密告した。幕府はただちに追討使を上洛させ、日野俊基、文観《もんかん》、円観《えんかん》等を捕縛した(『鎌倉年代記』)。天皇の乳父で股肱の臣とも言うべき定房の「裏切り」については古来議論のあるところであるが、彼の忠誠は後醍醐天皇個人よりも皇統に向けられていたのであって、討幕計画が皇統の断絶をもたらすことを危惧しての行動であったとする見方（村井章介『南北朝の動乱』）は説得力を有する。

元弘の変勃発

八月二十四日夜、後醍醐天皇は内裏を秘かに脱出した。二十五日明け方には、万里小路宣房ら後醍醐天皇方の公家たちが捕縛されて六波羅探題に連行された（『増鏡』）。「元弘の変」の始まりである。さらに、後伏見・花園両院と春宮は六波羅探題の近くにということで、持明院殿から六条殿に移った。二十七日には数百騎の武士に警護されて六波羅北方に移った（『光明寺残篇』）。後醍醐天皇は、事前の計画では比叡山に行幸することとなっていたが、事が顕れてそれも不可能になり、結局、山城《やましろ》国相楽《そうらく》郡の笠置寺《かさぎでら》という山寺に入った。

九月に入って、六波羅勢は、全国から招集した大軍で笠置を包囲して攻撃を加えた。河内《かわち》で楠木正《くすのきまさ》成《しげ》が挙兵するなど、天皇に味方する者もあったが、多勢に無勢で、九月二十八日に笠置は落ちた。後醍醐天皇は山中を三日間さまよった末、三十日に捕らわれ、十月四日の暁に入京した。花園院は『宸記』元弘元年十月別記に、天皇が捕らわれた時の様子を、「乱髪にして小袖一、帷《かたびら》一を着せしめ給ふと云々」と記し、「王家の恥何事か如《し》かんや」と非難している。冠や烏帽子もつけず、ほとんど下着だけの格好というのは、当時の身分ある者としては、この上ない惨めな姿である。

神器なき践祚

九月二十日、それはまだ六波羅勢が笠置を包囲していた最中であるが、量仁親王は践祚した。十八日に鎌倉から秋田《あきた》城《じょうの》介《すけ》安達高景《あだちたかかげ》と二階堂貞藤《にかいどうさだふじ》が幕府の使者として上京し、関東申次の西園寺公宗《きんむね》に量仁親王の践祚を申し入れた。二十日、親王は六波羅から土御門《つちみかど》東洞院殿《ひがしのとういんどの》（「正親町殿《おおぎまちどの》」とも称す）に行啓し、践祚。後伏見・花園両院は常盤井殿《ときわいどの》に御幸し、ここを仙洞御所とした（『増鏡』ほか）。後醍醐天皇が剣璽《けんじ》を携えて笠置に籠っていたから、先帝が不在で剣璽もないままの践祚ということになる。安徳《あんとく》天皇が三種の神器を帯同して平家一門と共に西下した際に、後白河院の院宣（譲国詔《じょうこくのみことのり》）によって後鳥羽天皇が践祚した先例に倣って、後伏見院の詔を以て践祚が行われた（『践祚部類抄《せんそぶるいしょう》』）。剣は「昼の御座《ひのおまし》の御剣《ごけん》」を代用した（『竹向きが記』）。なお、『竹向きが記』というのは、後伏見院に仕えた女房日野名子《めいし》の仮名日記である。名子は後伏見院の側近の一人である日野資名《すけな》の女で、関東申次の西園寺公宗の妻となった女性。日記には、元徳元年（一三二九）～元弘三年（一三三三）、建武《けんむ》四年（一三三七）～貞和《じょうわ》五年（一三四九）の間の持明院統の宮廷に関する記事が多く、いわば持明院統を内側から描いた記録として貴重である。

三種の神器が揃わない中で践祚した光厳天皇にとって、宝剣と神璽を取り戻すことは最優先事項で

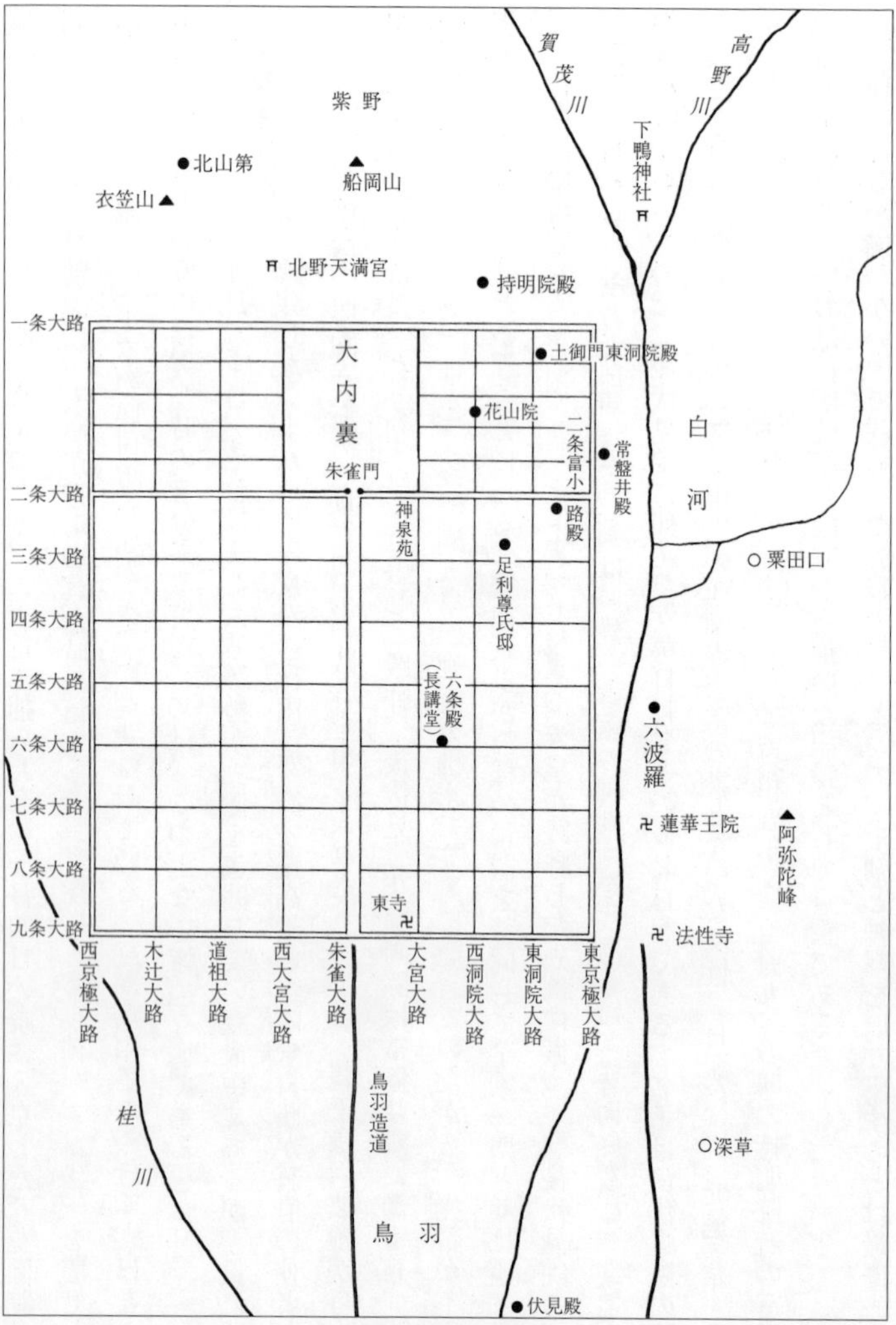
賀茂川
高野川
紫野
北山第
船岡山
衣笠山
下鴨神社
北野天満宮
持明院殿
一条大路
大内裏
土御門東洞院殿
花山院
二条富小路殿
常盤井殿
白河
朱雀門
二条大路
神泉苑
三条大路
足利尊氏邸
粟田口
四条大路
五条大路
六条殿（長講堂）
六条大路
六波羅
七条大路
蓮華王院
阿弥陀峰
八条大路
東寺
九条大路
法性寺
西京極大路
木辻大路
道祖大路
西大宮大路
朱雀大路
大宮大路
西洞院大路
東洞院大路
東京極大路
桂川
鳥羽造道
深草
鳥羽
伏見殿

平安京周辺地図

あった。先帝後醍醐を捕らえた直後から、後伏見院は、剣璽の引き渡しを重ねて求めている。しかし、先帝は手放すことを渋っていた。『宸記』別記十月四日条には「今日剣璽を渡し奉るべきの由を武家に仰せらる。猶御悋惜《りんしゃく》有るの間、難治《なんじ》の由を申す」とある。しかし、結局、翌五日には引き渡すことを承諾した。

六日、六波羅から皇居へ剣璽が渡った。平家滅亡後に神璽《しんじ》・神鏡《しんきょう》が入洛した際の先例に倣って、上卿《しょうけい》・参議等が六波羅に赴き、剣璽を検知した。宝剣の石突《いしづき》が落ち、神璽の筥《はこ》の緘緒《おどしひも》が少し切れている程度で、「其の体相違無く、更に破損無し」ということであった。神璽は、後醍醐天皇が首に掛けて戦場から山中をさまよっていたということで、触穢《しょくえ》の疑いがあり、賢所《かしこどころ》に直接入れることが憚られ、その受け入れ方について、花園院と関白鷹司冬教《たかつかさふゆのり》との間で相談がなされた。神璽は、内侍二人が御帳の間の左右において請け取り、典侍《ないしのすけ》（日野名子）がそれを夜の御殿《おとど》に置いた。典侍らのこの所作は、通常の践祚譲位の際に先帝から新帝に剣璽を渡す「剣璽渡御《けんじとぎょ》の儀」と同様であったということで、花園院は『宸記』に満足の意を示している。

この翌々日、武家から依頼されて、西園寺公宗が先帝後醍醐の本人確認を行った。武家には天皇の姿を見たことがある者はいなかったのである。『宸記』別記の八日条には、先帝が、すべては「天魔の所為《しょい》」であるから、寛大な処置で許してくれるように武家に取り次いでほしいと公宗に訴えたことを記し、「歎息すべき事なり」と結んでいる。十日には公宗の弟公重《きんしげ》が尊良《たかよし》親王の、翌十一日には兼《けん》運《うん》僧都が尊澄《そんちょう》法親王（後に還俗して「宗良《むねよし》親王」）の本人確認を行っている。両親王は、事前に討幕計画を知ってはいなかったこと、「天魔の所為」であるから寛大に許してほしいこと等を頻りに訴えたという。

十三日、光厳天皇は二条富小路内裏《にじょうとみのこうじだいり》に遷幸した。この二条富小路内裏は、花園院の在位最後の年（文保元年、一三一七）に鎌倉幕府の費用献上によって完成した里内裏で、花園院の後は後醍醐天皇の皇居となっていた。

康仁親王の立坊

同じ日、故邦良《くによし》親王妃の土御門《つちみかど》内親王（後宇多院皇女禖子《ばいし》）から、立坊に関して話を進めるべく申し入れがあった。邦良親王没後、尼となった土御門内親王が母親代わりに育てていた皇子があり、この皇子の立坊が、これ以前に、後伏見・花園院側から打診されたものと推測される。十五日には、二条富小路内裏に残されていた大覚寺統の万里小路《までのこうじ》御文庫の文書を、土御門内親王方に渡した。邦良親王の遺族を、大覚寺統の正統的な継承者と認めての扱いである。二十日には関東の使者二人（安達高景・二階堂貞藤）に三ヶ条の事書を渡したが、その第三条は、立坊について土御門内親王に沙汰するように申し入れたという報告であった。故邦良親王の皇子の立坊は、そもそもは幕府の要望だったのであろう。二十五日、故邦良親王の皇子の立親王宣下があり、名は「康仁《やすひと》」と定められた。「康」の字は花園院が自ら選んだものである。同日、土御門内親王禖子には「崇明門院《すうめいもんいん》」の女院号が宣下された。翌十一月八日、立太子の節会が行われた。時に親王十二歳であった。大覚寺統の故邦良親王の皇子を春宮に立てるということは、従来の「両統迭立」の原則を崩さないということである。それは幕府の意向であったと思われるが、花園院もこの点に関しては特に不満を漏らしていない。旧来の慣習を重んじる持明院統の姿勢の現れと言うべきか。

2　即位後の光厳天皇

元弘二年（一三三二）、光厳天皇は二十歳になった。践祚後はじめての正月は華やかであった。『増鏡』第十六「久米のさら山」には、「新しき御代の年の初めは、思ひなしさへ花やかなり。上も若うきよらにおはしませば、よろづめでたく、ももしきの内、何事も変わらず」とある。『宸記』正月朔日条にも、仙洞の正月の行事の華やかな様子が詳述されるとともに、禁裏についても、「四方拝《しほうはい》酉の剋に及ぶ。又節会《せちえ》小朝拝《こちょうはい》例の如し。（中略）立楽《たちがく》・舞《まい》の興行《こうぎょう》近年の如しと云々」と、例年どおりの儀式が滞りなく行われたことが記されている。二日には節分《せつぶん》の方違《かたたがえ》のために、西園寺家の北山第《きたやまてい》へ行幸、後伏見・花園両院も御幸があった。当時、北山第は天皇の祖母永福門院の御所ともなっており、女院は心を尽くして歓待した（『宸記』、『竹向きが記』）。

即位と大嘗会

即位式は三月二十二日に挙行された。後伏見・花園両院は、一つ車で太政官庁の門外から式の進行を見届けた。

四月二十八日には代始めの改元を行い、「元弘二年」は「正慶《しょうきょう》元年」と改められた。年号の詮議の際に、後伏見院から意見が求められ、花園院は「正慶」を推した。この日、大嘗会《だいじょうえ》のための国郡卜定《こくぐんぼくじょう》（神饌を奉る悠紀《ゆき》・主基《すき》の国を亀卜《きぼく》によって定めること）もあった。

大嘗会は十一月十三日に催行された。それに先立ち、十月二十八日には御禊《ごけい》（大嘗会の前月に天皇が賀茂川の河原で禊をする儀式）の行幸があった。十一月二日からは習礼《しゅうらい》や拍子合《ひょうしあわせ》（御神楽《みかぐら》・御遊《ぎょゆう》の予行）が続けられた。十三日、大嘗祭当日は、時おり雨が降ったが、儀式はすべて無事に終わった。花園院は、『宸記』に「大祀《たいし》無為無事の条、天下の大慶、一流の安堵なり。大慶何事かこれに如かんや」と喜びと安堵の言葉を残している。いずれの儀式の際にも、後伏見院と花園院は一つ車でよそながら見守っていたことが、これもやはり『宸記』の記事によって知られる。

玄象・牧馬の演奏

天皇は春宮時代から日記を記していたらしいが（『光厳天皇遺芳』）、現存するのは元弘二年（正慶元年）のごく一部のみである。その中に、五・六月記がある。それは「玄象牧馬事《げんじょうぼくばのこと》」と題され、「累代楽器」として代々の天皇に伝えられた琵琶の名器「玄象」と「牧馬」を、後伏見院の命により弾いた記録である。これら宮中秘蔵の琵琶は、本来、秘曲伝受を終えていない者が弾くことは許されないのであるが、この時は、特例として後伏見院が許しを与えたのである。前に述べたように、後伏見院は秘曲を伝授された当代有数の琵琶の名手であり、幼い頃から量仁親王にその手ほどきをしていた。そのような院にとって、天皇家累代の重宝たる玄象と牧馬を弾じさせることは、親王に自らが天皇になったことを自覚させることであるとともに、自身にとっても政権獲得を実感する特別な意味のあることであったと思われる。

3　後伏見院政

在位の君は光厳天皇であったが、実際の政務を執ったのは、その父後伏見院であった。

元弘の変の後始末

量仁親王の践祚、後伏見院の院政開始、春宮の決定などの治世の枠組みの構築と、「元弘の変」の後始末という、二つの大きな問題が存在したから、後伏見院は、鎌倉幕府と頻繁に連絡を取り合いながら、それに対処していった。すでに触れたところであるが、元弘元年十月二十日には、「変」への対処のために上洛していた東使《とうし》に、践祚・政務・立坊の三点に関する事書を渡している。同年十一月二十五日に東使が再び上洛し、二十八日に事書を三通持参した。一通は践祚への賀詞、一通は斎宮の事で、もう一通が後醍醐天皇以下の事件関係者の名簿であった。幕府は、後醍醐天皇以下の処分について、後伏見院の「聖断たるべきの由」を申し入れてきたが、院は「関東の計らひたるべきの由」を返答した。これについての幕府の考えは、翌十二月二十七日に伝えられた。後醍醐天皇は隠岐《おき》へ、尊良親王は土佐《とさ》へ、尊澄法親王は讃岐《さぬき》に配流するというものであり、その他の廷臣・僧侶については追って知らせるということであった。また、この時、配流の際には後醍醐天皇に出家を要請すべきかとの話もあった（『宸記』）。このように、年内はほぼ一ヶ月に一度ずつ幕府の使者が上洛している。往復の日数を考慮するならば、ほとんど間を置かず情報の交換がなされていたということになる。

元弘二年三月七日、後醍醐天皇は六波羅を出発して配所へ向かった。供奉したのは藤原行房《ゆきふさ》・千種忠顕《ただあき》の二人と、内侍三位《ないしのさんみ》（阿野廉子《あのれんし》）ら女房三人のみである（『増鏡』ほか）。武士数百騎が前後左右を囲んでの出発であり、出雲《いずも》国まで行って、そこから船で隠岐へ渡った。前年十二月二十七日の東使の話にあったように、配流にあたって幕府は天皇に出家を要求したが、天皇はそれを最後まで強く拒絶したという（『吉口伝《きっくでん》』）。この逸話は、天皇が再起を諦めていなかったことを示していよう。翌八日には、尊良親王が土佐に、尊澄法親王が讃岐に流された。

廷臣ほかの人事異動

政権が大覚寺統から持明院統に変わったというだけでなく、後醍醐朝において政治の中枢にいた人々の多くが断罪されたから、当然廷臣の大幅な人事異動があった。元弘元年十月五日、剣璽渡御の前日に早くも除目（官人の任命）があった。翌年六月までに様々な叙位・除目があり、それらは十度を超える。関白・大臣に異動はなく、大納言から参議までが大きく変わった。持明院統に近い廷臣たちが日の目を見ることになったが、中でも、参議に任ぜられた勧修寺経顕《かじゅうじつねあき》・平宗経《たいらのむねつね》・四条隆蔭《しじょうたかかげ》は典型的な持明院統系の廷臣で、後年の光厳院政下においても政務の中核を担うこととなる。

後に光厳天皇と深く関わることとなる足利尊氏《あしかがたかうじ》（この当時はまだ「高氏《たかうじ》」）の名前も、除目に関連して、この時期の『宸記』に出てくる。元弘二年六月八日条に、「今夕小除目（中略）源高氏従五位上に叙す。是れ関東申すの故なり。此の事に依り、今日除目を行はるゝなり。急ぎ申すの故なり」とある。これは、その半月前、五月二十二日に、今度の事件に関わって功績のあった武士への除目があったが、高氏はそれに漏れたために、幕府が特に申し入れをしてきたものであった。これにはさらに伏線があり、前年十一月、事件のために上洛してきた主だった武士が関東に下向する際に馬を賜るということがあったが、その時にも高氏は、その中に漏れていた。『宸記』十一月五日条には、「陸奥守《むつのかみ》貞直《さだなお》、明暁下向の由、西園寺大納言を以て申し入る。仍て御馬を引かる。足利高氏先日下向には御馬を給はらず。一門にあらざるの上、暇を申さゞるの故なり」とある。わざわざ高氏の名前を挙げてはいるが、持明院統政権が、高氏に対して何か含む所があったというわけではあるまい。ただし、持明院統政権のこのような扱いに対して、高氏が好意を抱くはずがなかったのもまた間違いないことと思われる。

後伏見院の院評定

後伏見院政は、従来と同様に、院評定を中心にして行われた。評定衆については、候補者を幕府に提示して、元弘元年十二月二十八日に許可の返事をもらっている。また、その際に吉田定房を登用するように勧告されてもいる。

翌年二月二日、初めて院の御前評定があった。関白鷹司冬教・前右大臣今出川兼季《いまでがわかねすえ》・葉室長隆《はむろながたか》・西園寺公宗・葉室長光《ながみつ》が出席した。日野資名《すけな》が服仮《ぶっか》で欠席し、吉田定房が病欠であったが、定房については、評定に出席するつもりがないのだとの噂もあった。定房は後醍醐天皇の側近中の側近であったから、周囲からそのような目で見られるのも無理はないし、本人が出仕をためらったのも当然のことであった。ただし、後日、定房は出席するようになった。この日、文殿《ふどの》（外記等により訴訟の審理・勘申がなされた機関）も始められた。二月二十一日には雑訴《ざっそ》の法（民事裁判）や評定の越訴《おっそ》・庭中《ていちゅう》（再審請求・直訴）等の式日《しきじつ》（職務に当てられた定日）が定められた。院評定は、一の日が式日とされていたが、二月十一日には病と称して多くの人が欠席して中止となるなど、必ずしも評定が熱心に行われたとは言い難い。そのような事情ゆえであろうか、四月二十日の院評定に花園院が出席して、出仕の評定衆に対して政道を補佐するように苦言を呈するということもあった（『宸記』）。また、五月十二日には庭中・雑訴の沙汰があり、これには光厳天皇が内々に出御している。このように、小さな問題はいくらかあったが、従来と同様に院政の政治機構は整えられ、着実に後伏見院政は進み始めたかに見えた。

4 反幕府活動の活発化

不穏な空気　ところが、正慶元年（元弘二年、一三三二）十一月、大嘗会が催行された頃から、不穏な空気が漂い始めた。三月に後醍醐天皇が隠岐に流されて、反幕府活動は終息するかに見えたが、六月頃から後醍醐天皇皇子の大塔宮護良親王《おおとうのみやもりよし》が熊野に令旨を下すなど活動を活発化させ、さらに伊勢国においても「凶徒《きょうと》」と地頭・守護代との合戦などがあった（『宸記』六月六日・同二十六日条）。笠置の攻防の後しばらく姿を消していた楠木正成《くすのきまさしげ》も、河内で再び挙兵した。近隣諸国において、反幕府勢力は再び蠢きだしたのである。正成の活動は京都の人を不安に陥れた。

年が明けて、天皇は二十一歳になった。正月早々から反幕府活動は本格化し、事態は急速に動き出した。楠木正成は正月五日頃から河内国で六波羅方と合戦し、二十日頃には天王寺まで進出した。その後、金剛山《こんごう》に城郭（赤坂《あかさか》・千早城《ちはや》）を構え、全国から招集された幕府の大軍を引きつけていた。護良親王は吉野に挙兵するとともに、全国の武士・寺社に討幕を促す令旨を発していた。二月には護良親王の令旨《りょうじ》を受けた赤松円心《あかまつえんしん》が播磨《はりま》国で挙兵した。

不穏な空気は後伏見院周辺にも及んできた。『竹向きが記』に「その二十日の朝、世の中とかく苦々《にがにが》しう聞えて、大納言殿も御前に参る。誰も取る物も取りあへず急ぎ参れるに、常盤井殿の門のほとり打ち囲みて守護し奉りて、車も入りわづらふ様なり」との記事がある。正月二十日の朝の騒ぎが具体的にどのようなことであったかは不明であるが、院周辺の人々の穏やかならざる様子がよくわかる。

反幕府活動の本格化

このような状況の中、危機感を持った六波羅探題は、天皇の関東行幸も考えた。『後光明照院関白記《ごこうみょうしょういんかんぱくき》（道平公記《みちひらこうき》）』正慶二年（一三三三）正月二十一日条に次のような記事がある。

世上以ての外物忩《ほかぶっそう》、或いは関東に行幸有るべく、面々用意す、或いは又山上に行幸有るべしと云々。夜に入りて雅春《まさはる》卿雅朝《まさとも》朝臣を相伴なひ来て談じて云はく、関東に行幸大略治定す、供奉《ぐぶ》の体如何《ていいかん》、予の計らひに随ふべしと云々。予思案を廻らして、装束事布衣《ほい》宜しとすべきか。其れ謂はば遠所の行幸、野の行幸か、其の時冠布衣着し、近衛将装束か。又非常の行幸布衣もちろん也。

関東への行幸、あるいは比叡山への行幸が検討されていたらしいことが知られる。この記事で興味深いのは、そのような時に、公家たちは、供奉のための装束を何にしたらよいか心配をしていることである。彼らの頭の働きかたがよく分かる逸話と言えよう。なお、実際には、この時点における関東行幸はなかった。

金剛山がなかなか攻略できない中で、西国では後醍醐天皇に味方して新たに兵を挙げる者も出てきた。そのような状況を危惧した花園院は、弟の尊円《そんえん》入道親王にしばしば祈願を依頼している。次は、そのような消息の一つで、閏二月二十四日のものである（京都国立博物館蔵「花園天皇宸翰消息」）。

金剛山の事、近日左右《さゆう》有るべきの由、武家申せしむといへども、其の後又無音《ぶいん》、不審極まり無く候。西国の悪党等又同時に蜂起の条、驚き思ひ給ひ候。近日方々合戦始まるべく候か。殊に御祈念有るべく候也。

この消息が書かれたのと同じ日、すなわち閏二月二十四日、後醍醐天皇が隠岐を脱出した。天皇は伯耆《ほうき》国の名和長年《なわながとし》に迎えられ、船上山《せんじょうさん》に立て籠った。

京都にもその情報はもたらされた。ただし、どれくらいの武士が味方しているのか、合戦が実際にあったのかどうかなど、正確なところはわからず、様々な噂が飛び交っていた。花園院は、三月九日に尊円入道親王に次のような消息を送っている（尊経閣文庫蔵「花園上皇書状」）。焦燥感の伝わってくるような文面である。

先帝の御事種々の説等なほ風聞候、伯州大山寺《はくしゅうだいせんじ》傍に已に城郭を構え、千騎ばかり御共武士等候の由聞え候。また二三百騎には過ぎずの由も風聞候。隠岐の守護追い来り合戦候けるとも申し候。かたがた以て不審万端候。

5　六波羅滅亡

足利高氏の裏切り

三月十二日、赤松円心が畿内隣国の軍勢を糾合して京都に突入してきた。この時は六波羅軍が奮戦して撃退した。この騒ぎのため、光厳天皇と後伏見・花園両院は、六波羅北方へ移った。『後光明照院関白記（道平公記）』によれば、内侍所（神鏡）も伴ってのことであった。天皇や院は用心のためにそのまま六波羅に滞在し、春宮康仁親王も同月二十六日に合流した（『増鏡』第十七「月草の花」）。

この後、赤松軍は繰り返し京都侵入を試みるが、そのたびに六波羅軍に撃退されて、戦況は膠着状態に陥った。六波羅探題は鎌倉に援軍を求めた。

幕府は、名越尾張守高家《なごえおわりのかみたかいえ》と足利高氏を大将として大軍を上洛させた。『梅松論』によれば、四月二十七日、名越高家は山陽道播磨備前《はりまびぜん》を経て、足利高氏は山陰道丹波丹後《たんばたんご》を経て、後醍醐天皇の立て籠る船上山に向かうために出京した。名越高家の軍は、久我縄手《こがなわて》において待ち構えていた後醍醐天皇方と合戦となった。名越軍は当初優勢に戦っていたが、大将高家が射殺されて総崩れとなり、敗走した。足利高氏は、名越軍の合戦を知りながら、それに構わず、そのまま丹波国篠村《しのむら》に入り陣を敷いた。『梅松論』や『太平記』によれば、この時、すでに高氏は後醍醐天皇から密かに勅命を受けて、寝返ることを決意していたという。この日、高氏は旗幟《きし》を鮮明にした。裏切りを知った持明院統方の人々は驚き嘆いた。『竹向きが記』に、次のような記事がある。

東国の夷《えびす》ども近づくと聞ゆれば、皆人色《いろ》を直す程に、梓弓のよそに引き違《たが》へぬるあやなさは、浅ましともいみじとも言はん方なし。

東国から援軍の武士がやってきたというので、皆生き返った思いをしていたというのに、急に寝返って敵方についてしまった理不尽さは、あきれたともひどいとも言いようがない。このように日野名子は高氏に対する恨みを書き残している。

六波羅攻撃

五月七日の朝、後醍醐天皇方の足利高氏・赤松円心・千種忠顕らが大軍をもって六波羅攻撃を開始した。丸一日六波羅軍も防戦に努めたが、敵わず、城郭化した六波羅に撤退した。赤松の攻撃のあった三月十二日以来、光厳天皇たちは六波羅に避難していたが、ここにも矢が降り注ぐようになった。『増鏡』第十七「月草の花」では、天皇たちの様子が次のように描かれている。

御門《みかど》・春宮《とうぐう》・院のうへ・宮たちなど、まして一人さかしきもおはしまさず。糸竹のしらべをのみ聞こしめしならいたる御心どもに、めづらかにうとましければ、ただあきれ給へり。武士ども半ばを分けて、金剛山へ向ひたれば、さならぬ残り、都にある限りは戦ひをなす。今を限りの軍《いくさ》なれば、手をつくしての丶しる程、まねびやらんかたなし。雨のあしよりもしげく走りちがふ矢にあたりて、目の前に死を受くる者かずを知らず。一日一夜いりもみとよみあかすに、六波羅、残る手なく防ぎつれど、終に陣のうち破れて、今はかくと見えたり。

光厳天皇をはじめとする皇族たちは、ただただ呆然としている。六波羅方は、武士の半分を楠木正成の立てこもる金剛山攻めに向かわせていたので、都に残っている者すべてが戦っている。今を最後の戦いと、あらゆる手を尽くして騒ぎ立てている様子は、言いようもない。雨脚よりも繁く飛び交う矢に当って、眼前に死ぬものは数知れない。一昼夜激しくもみ合いわめき明かし、六波羅方はすべての手段を尽くして防いだが、とうとう陣の内が破られて、今はこれまでと見えた。

この『増鏡』の描写は迫真的である。同書の成立は南北朝時代前期と推定されているから、作者は、この六波羅攻撃と同時代に生きていたと考えられる。六波羅に居合わせたのか、それとも、外から見ていたのかはわからないが、六波羅攻撃を身近に体験したことは間違いあるまい。それが、この描写を真に迫るものとしていると思われる。

六波羅からの脱出

敗北が決定的になる中で、六波羅北方の北条仲時《なかとき》と同南方の時益《ときます》は、天皇・上皇を奉じて関東に向けて脱出することを決意した。『梅松論』によれば、自分たちが都で討ち死にすることは本望であるけれども、天皇がいらっしゃる場で討ち死にするのは畏れ多いことであるとして、いったん天皇・上皇を洛外にお連れして、関東からの援軍を待つか、金剛山を包囲している味方の大軍と連絡を取るかして合戦するならば、再び洛中に攻め入ることもできると考えてのことであったという。

洛中洛外の各地に火の手が上がり、とうとう六波羅にも火がかかった。『増鏡』には、陥落する六波羅から脱出する天皇・上皇等の様子が次のように描かれている。

こゝにも火かゝりて、いとあさましければ、いみじう固めたりつる後ろの陣をからうじて破りて、それよりまぬがれ出でさせ給御心ちども、夢路をたどるやうなり。内の上も、いとあやしき御姿にことさらやつし奉る、いとまが〱しく、両院、御手をとりかはすといふばかりにて、人に助けられつゝ出でさせ給。上達部・大臣たちは、袴のそばとりて、冠などの落ち行も知らず、空を歩む心ちして、あるは川原を西へ東へさま〲散り〲になり給ふ。

天皇もひどく粗末な姿にわざわざやつし、後伏見・花園両院は手を取り交わさんばかりの様子で、人に助けられつつようやく脱出したのである。六波羅で天皇・上皇に供奉していた大臣・公卿らは散り散りに逃げていった。脱出は七日夜半のことであった。

6　番場宿の悲劇

六波羅武士たちの自決　一行は、六波羅から苦集滅道《くずめじ》（久々目路とも、清水寺《きよみずでら》の南、清閑寺《せいかんじ》の山麓を通る。東国への出口）を経て、東を目指した。山科《やましな》の四宮河原《しのみやかわら》を過ぎて、夜明け前に逢坂《おうさか》の関の手前に着いた。ここに至るまでに落武者をねらう野伏《のぶし》が次から次へと襲ってきて、南方六波羅探題の時益は、途中で首を射抜かれて即死した。しばし休みをとっている時、どこから射たとも知れない流矢が光厳天皇の左肘に当たった。この流矢のことは、『太平記』以外の史料には見えず、真偽の程は定かではないが、事実であったとしてもおかしくはない。『太平記』第九巻「六波羅落事」はその時の様子を次のように記している。

関の此方《こなた》も闇《くら》ければ、杉の木陰に駒とめて、暫くやすらはせ給ふ処に、何《いず》くより射《いる》ともしらず、流矢《ながれや》主上の御肱《おんひじ》に立《たち》にけり。陶山備中守《すやまびっちゅうのかみ》いそぎ馬より下り矢を抜て疵《きず》をすうに、流るゝ血雪の御膚《はだえ》を染て、見たてまつるに目もあてられず、忝《かたじけなく》も万乗の主いやしき匹夫《ひっぷ》の矢さきにいためら

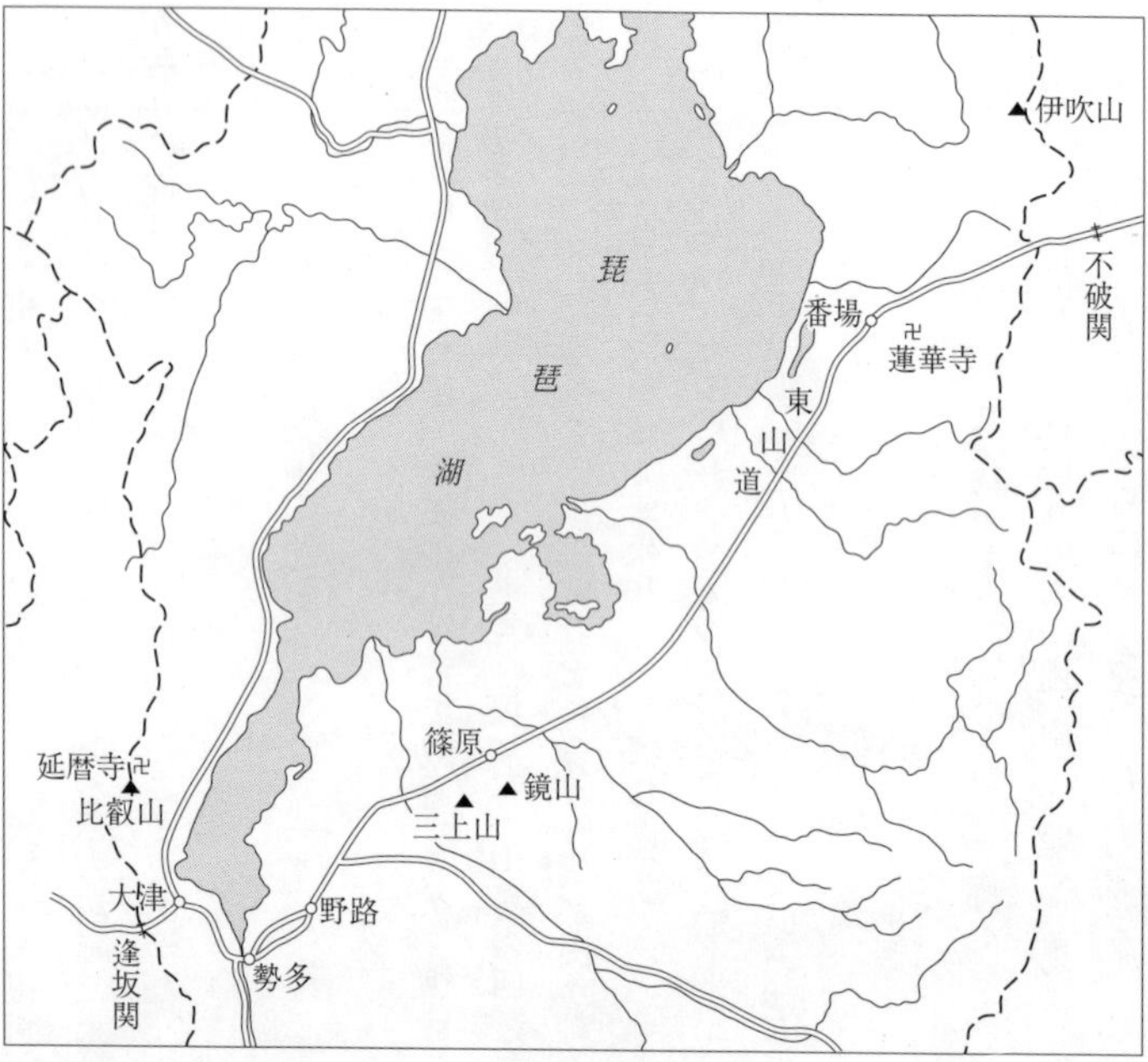

近江国関係地図

れて、神竜忽《たちまち》に釣者《ちょうしゃ》の網にかゝれる事、あさましかりし世中也。

八日も野伏どもが襲ってきたが、どうにか切り抜けて、一行は近江国篠原宿《しのはらのしゅく》に着いた。

翌九日早朝、篠原宿を発って伊《い》吹《ぶき》山にかかった。先陣が番場《ばんば》の峠にさしかかると、数千の敵が矢先を揃えて待ち構えていた。これは、亀山天皇の五宮（五辻宮《いつつじのみや》・守良《もりよし》親王）を奉じた「近江・美濃・伊賀・伊勢ノ悪党人」（『梅松論』）であった。五宮は出家して伊吹山麓に住していたが、令旨《りょうじ》を発して近隣の「悪党」を召し集めて一行を待ち構えていたのである（平泉澄「史上に湮滅せし五辻宮」）。先陣がいったんは戦ったが、人馬共に疲れ、矢種も尽きた。進むことも退くこともできなくなった六波羅勢は、麓の辻堂（当時「一向堂《いっこうどう》」と称す。後の蓮華寺《れんげじ》）に入り、ここで全員が自刃して果てた。

『梅松論』によれば、武士一同は仲時に向かって、「恐れながら仙洞を害し奉り、各討死自害すべき」と、天皇・上皇を害し、一同自害すべきことを主張したという。天皇・上皇を害するというのは、生きたまま主が敵に奪われるのを恥とする武士の考え方によるものである。それに対して、仲時は、「我等命を生きて君を敵にうばはれむこそ恥なるべけれ。命を捨て後は死骸に瑕《か》瑾《きん》有べからず（自分たちが生きていながら、敵に君を奪われるならば恥となるだろうが、命を捨てた後はどのようになろうと我等の恥とはならない）」と述べて、上皇・天皇はそのままにして、真っ先に自害した。ここまで付き随ってきた武士は、それを見て、全員が自害して果てた。『太平記』第九巻「番馬自害事」には、その様子をみた天皇・上皇の様子を「主上・上皇は此死人共の有様を御覧ずるに、御肝心も御身にそはず只あきれてぞ御座ありける」と記している。ただ呆然と見守るしかなかったのである。

蓮華寺・六波羅武士墓石群（滋賀県米原市番場）

この時、自害した武士は四三〇名余にのぼる。蓮華寺は、時宗の僧一向俊聖《いっこうしゅんじょう》が弘安六年（一二八三）頃開いた寺院で、当時は一堂宇があるに過ぎなかった。住持三代同阿良向《どうありょうこう》は、これら自害した六波羅武士のために四十八日の常行三昧念仏《じょうぎょうざんまいねんぶつ》を修し、過去帳「陸波羅南北過去帳《ろくはらなんぼくかこちょう》」を作成した。これには、仲時以下一八九名の氏名と阿弥号が記されている。なお、同過去帳は、現在、国指定の重要文化財となっている。また、今も、本堂の横を少し登った所には、六波羅武士の二八〇基余りの墓石が立ち並んでいる。

捕われの身

北条仲時以下が自害した後、光厳天皇たちは五宮の軍勢に捕われて、その日は長光寺へ入った。この時、光厳天皇は自ら、三種の神器、玄象《げんじょう》・下濃《すそご》といった累代の宝物、二間《ふたま》の本尊などすべてを五宮へ渡した（『太平記』）。元弘の変の際に後醍醐天皇が剣璽をなかなか渡そうとしなかったのとは対照的である。なお、内侍所（神鏡）については、六波羅を落ちる際に女官が持ち出して、西園寺公宗の北山第に安置したとする文献もある（『皇年代略記』）。天皇たちは、翌十日、伊吹山太平護国寺《たいへいごこくじ》に移され、以後しばらくここに滞在した（『皇年代略記』）。『増鏡』によれば、最後まで天皇・両上皇に供奉したのは、大納言坊城俊実《ぼうじょうとしざね》・大納言日野資名《ひのすけな》・中納言勧修寺経顕《かじゅうじつねあき》・中納言冷泉頼定《れいぜいよりさだ》・六条有光《ろくじょうありみつ》・日野資明《すけあき》・四条隆蔭《たかかげ》などで、このうち俊実・資名・頼定はそのまま蓮華寺で出家した。

天皇たちは五月二十八日に帰洛し、持明院殿へ入った。近江からの帰途、供奉したのは勧修寺経顕と六条有光だけであり、他の者は網代輿《あじろのこし》に乗せられ、後醍醐天皇方の武士に囲まれての帰洛であった。

帰洛後一ヶ月ほど経った六月二十六日、後伏見院が出家した。『増鏡』には、「一院よりも、帰り入らせ給ふ御門《みかど》に御文をたてまつり給ひて、『面々に御出家あるべし』などまで申されけれども、思ひよらぬよしを、かたく申されけるとかやぞ聞こえし」とある。後伏見院は、光厳天皇にも出家するように勧めたが、天皇は堅くそれを断ったというのである。隠岐に流される際に幕府から出家を強制されながら、最後まで拒み通した後醍醐天皇のことが思い起こされる話である。光厳天皇にも心に期するところがあったのであろう。これまで、光厳天皇は父後伏見院や叔父花園院に手厚く庇護され、その教えに従って行動してきたと言ってよかろう。その天皇が、今初めて父に逆らい、自らの意思を明確に示したのである。

第五章　太上天皇の時代

鎌倉幕府の滅亡とともに、後醍醐天皇が皇位に復し、光厳天皇は廃された。後醍醐天皇のいわゆる「建武《けんむ》の新政」が始まるが、それは、わずか二年余で瓦解した。倒幕の立役者の一人足利尊氏が叛旗を翻したことによる。尊氏は、一度は敗れ、九州まで落ちてゆくが、光厳院の院宣を得て、再び上洛を果たす。本章においては、この元弘三年（一三三三）五月から延元元年（一三三六）十二月までの激動の三年半の歴史を追いつつ、その歴史の転換点において重要な役割を果たした光厳院の姿を描く。院の二十一歳から二十四歳までにあたる。

1　廃位と太上天皇の尊号

光厳天皇の廃位

鎌倉幕府は、新田義貞《にったよしさだ》に率いられた東国の反幕府勢力によって滅ぼされた。正慶二年（元弘三年、一三三三）五月上旬に上野国《こうずけ》に挙兵した新田軍は鎌倉に迫るにつれて大兵力となり、高氏の嫡男義詮《よしあきら》を擁す足利軍などとともに、五月十八日に鎌倉に攻め込んだ。激しい攻防戦が繰り広げられたが、二十二日、北条氏一族とその被官等八百七十余名は東勝寺《とうしょうじ》において自刃して果てた。幕府の九州における拠点である鎮西探題《ちんぜい》も、九州の反幕府勢力の攻撃を受けて、同月二十五日に陥落した。五月七日の足利高氏の六波羅攻撃から、わずか二十日足らずで、鎌倉幕府はあっけなく全滅したのである。

幕府滅亡に先立つ五月十七日、伯耆国《ほうき》船上山《せんじょうさん》の後醍醐天皇から、光厳天皇在位中の叙位《じょい》・除目《じもく》をすべて取り消すという詔命《しょうめい》が京都へ送られた（『公卿補任《くぎょうぶにん》』）。同月二十三日、天皇は船上山を発った。帰洛の途中、二十五日、後醍醐天皇は、光厳天皇の皇位を廃することを詔した。「正慶」の元号も廃して、「正慶《しょうきょう》二年」は「元弘《げんこう》三年」に復した。

六月四日、天皇は東寺《とうじ》に着いた。内裏へ入る儀式は、重祚《ちょうそ》（再度の践祚）の形式ではなく、遠い行幸《みゆき》からの還御《かんぎょ》という形式にすることとなり、翌五日、東寺から行幸の形をとって、二条富小路殿の内裏へ入った。

中宮禧子《きし》は、前年「礼成門院《れいせいもんいん》」との女院号を受け、さらに出家もしていたが、後醍醐天皇はそれを認めず、中宮として再び内裏に召した（『増鏡』）。

春宮の康仁親王は廃された。邦良親王妃の崇明門院《すうめいもんいん》も女院号を廃されて、「土御門内親王」に戻された（『本朝皇胤紹運録《ほんちょうこういんじょううんろく》』）。

以上の行為は、すべてを、光厳天皇が践祚した元弘元年九月以前に戻すことを意味する。すなわち、一年九ヶ月の在位の間に行った、天皇としての政治的行為のすべてを、「無かったこと」にしたのである。言い換えれば、「光厳天皇」の存在そのものを全否定したのである。

「太上天皇」の尊号

持明院統の所領等はすべて安堵《あんど》された。洞院公賢《とういんきんかた》の『園太暦《えんたいりゃく》』観応《かんのう》二年（一三五一）十一月二十六日条に、元弘三年六月七日付の後醍醐天皇の綸旨《りんじ》が引用されており、それによって、入京直後の六月七日に安堵されたことが知られる。世の中のあり方すべてを元弘元年九月以前の状態に戻すという以上、持明院統の所領もその当時と同様に認めるのは当然と言えば当然である。しかし、これは、単に以前の姿をそのまま認めたということではなかった。改めて綸旨によって安堵したという点が重要である。たとえ天皇家の所領といえども、その所有の決定権は自らに存することを、後醍醐天皇はこの安堵によって示したのであり、以前のような、対等に権利を主張しあえるような立場にはないことを持明院統側に知らしめたのである。

十二月に入って、後醍醐天皇は持明院統との融和策をとってきた。同月七日、後伏見院皇女の珣子《じゅんし》内親王を中宮に冊立《さくりつ》した。同内親王は光厳院の同腹の妹で、後に新室町院《しんむろまちいん》と称される人である。それまでの中宮である後京極院《ごきょうごくいん》（光厳天皇在位中は「礼成門院」と称された人）は前々月に亡くなっていた。

同十日には、光厳院に太上天皇の尊号を贈った。通常「太上天皇《だじょうてんのう》」という称は退位した天皇に対して贈られるものであるが、この場合は「皇太子」としての量仁親王（光厳院）に贈られたのであった。詔書《しょうしょ》には、光厳院が「皇太子」と記され、「謙譲《けんじょう》は道に合い、恵沢《けいたく》は普《あまね》く及」んで立派であるから、特別に「太上天皇」の尊号を奉るとある（『皇年代略記《こうねんだいりゃっき》』首書）。元弘元年九月以前、光厳院（当時は量仁親王）は後醍醐天皇の皇太子であった。したがって、すべてを元弘元年九月以前に戻すというのであれば、光厳院は紛れもなく皇太子である。しかし、もちろんそれは後醍醐天皇の本意ではない。そこで、体よく光厳院を皇太子の地位から下ろすために「太上天皇」の尊号を贈ったのである。これには、小一条院《こいちじょういん》という先例があった。小一条院は、三条《さんじょう》天皇の第一皇子で、後一条天皇の皇太子であったが、藤原道長《みちなが》が娘の彰子《しょうし》所生の敦良《あつなが》親王（後の後朱雀《ごすざく》天皇）を皇太子に立てようと様々に圧迫を加えたために、皇太子を辞したという人物である。皇太子を辞した後、小一条院の院号を贈られ、太上天皇に准えられた。これが、皇太子を退かせ、その代わりに太上天皇の尊号を贈る先例であった。また、道長は末娘の寛子《かんし》を小一条院の御匣殿《みくしげどの》とした。それに倣ったのであろう、後醍醐天皇は、この月、後京極院を母とする懽子内親王《かんしないしんのう》を光厳院の宮に入れた。後に宣政門院《せんせいもんいん》と称される人である。建武二年（一三三五）十一月と同四年十一月に皇女を産んでいる。

光厳院は、翌年（建武元年）正月二十九日には御幸始めを行うなどしており、一応太上天皇としての待遇は受けていたと推測される。

後醍醐天皇は、元弘四年（正月二十九日に「建武」と改元）正月二十三日に恒良《つねよし》親王を皇太子に立てた。母は阿野廉子。時に十歳（『増鏡』第十六「久米のさら山」の記事から推定）、あるいは十三歳（元弘日記裏書）。自らの皇子を皇太子に立てるという後醍醐天皇の宿願は、ここにようやく成就したのである。

建武の新政

後醍醐天皇の親政が改めて始まった。目指したのは天皇絶対の独裁政治である。公家や武家の旧来のあり方は一切無視し、院政は敷かず、幕府は認めず、摂政・関白も置かれなかった。『梅松論』に見える「古の興廃《こうはい》を改め、今の例は古の新儀《しんぎ》なり。朕《ちん》が新儀は未来の先例たるべし」という有名な言葉は、まさに後醍醐天皇の政治理念を示したものである。後醍醐天皇は、天皇の命令文書である綸旨《りんじ》を絶対的な効力を持つものとして、これによって訴訟・申請のすべてを裁断しようとした。しかし、それはまったく非現実的なことであって、殺到する訴訟・申請を天皇一人でさばききれるものではなかった。政務を開始して三ヶ月後の九月には、早くもその方針は修正を余儀なくされて、所領関係の訴訟を担当する雑訴決断所《ざっそけつだんしょ》が設置された。後醍醐天皇の急進的な政策はたびたび修正を余儀なくされたが、新たな改革策も次々と打ち出された。

成立直後の建武政権における最大の波乱要因は、いずれも討幕の功労者であった護良《もりよし》親王と足利高氏との対立であった。後醍醐天皇は、どのような形であれ、武士が独自の権力を有することを認めようとしなかったが、この両者については、我が子よりもむしろ高氏を重用した。元弘三年六月五日の入京直後、高氏は内の昇殿を許され、鎮守府将軍《ちんじゅふしょうぐん》に任じられた。さらに八月五日には従三位となり、同時に後醍醐天皇の諱「尊治」の一字を賜って「尊氏」と名乗ることを許された（『公卿補任』）。建武元年（一三三四）十月には、とうとう護良親王は謀叛の罪で捕縛され、翌月、尊氏の手により鎌倉に送られ、幽閉された。

2 西園寺公宗の陰謀

『太平記』の記事

建武政権崩壊のきっかけとなったのは、建武二年（一三三五）七月に関東に起こった北条高時《たかとき》の遺子時行《ときゆき》の反乱、いわゆる「中先代《なかせんだい》の乱」である。その一ヶ月前、都において天皇暗殺計画が露見するという事件が起こった。この二つの出来事については、当時から関連するものとの見方があった。そして、天皇暗殺計画については、持明院統の人々の関与が疑われたのである。

この事件の経緯について最も詳しく、かつ、中先代の乱との関連を明確に物語っているのは『太平記』第十三巻「北山殿御隠謀事」である。それによれば、事件は次のようなものであった。関東申次として代々鎌倉幕府と結びつきが強かった西園寺家の当主公宗は、建武政権下においては不遇であった。北条高時の弟時興《ときおき》をかくまっていたが、その時興の勧めにより、再び北条氏に天下の権を執らせ、自らは朝廷の執政となることを企てた。畿内・関東・北国で北条氏の残党が挙兵する手はずを整えた後、自らは、北山の自邸に仕掛けのある湯殿を新築し、そこに天皇を迎えて暗殺するという計略をめぐらした。しかし、行幸前夜、これは謀略であるとの夢告が天皇にあり、行幸を逡巡しているところに、公宗の弟公重《きんしげ》から、暗殺計画があるとの密告があった。天皇はすぐさま公宗とその家司三善文衡《みよしぶんひら》らを捕らえた。文衡は拷問の末にすべてを白状し、首を刎ねられた。公宗は出雲国に流されることとなったが、北山第を出発する際に名和長年によって首を刎ねられた。北山第は、恩賞として公重が賜った。

『匡遠記』の記事

『太平記』には持明院統の上皇の関与は記されていないが、それを伝える記録もある。小槻匡遠《おづきのただとお》の日記『匡遠記《ただとおき》』である。匡遠は、記録所や雑訴決断所に務めた実務下級公家である。その日記の建武二年六月二十二日条に次のような記事がある。

今日西園寺大納言公宗卿、日野中納言入道資名卿父子三人、召し置かると云々、各武士相向かうと云々、以外《もってのほか》の事歟。また建仁寺前において陰謀の輩を召し捕りおわんぬ、正成《まさしげ》・師直《もろなお》相向かうと云々。所々において猶多く召し捕ると云々。

この日、公宗と日野資名・氏光《うじみつ》父子の三人が武士によって召し捕られ、また建仁寺の前でも陰謀に加担する者たちが楠木正成・高師直によって召し捕られ、さらに所々で関係する者が召し捕られたというのである。続いて、罪名を勘申するよう命じた同月二十六日付の宣旨を載せており、それには次のようにある。

権大納言藤原朝臣公宗、左近衛権中将藤原朝臣俊季《としすえ》、左衛門佐藤原朝臣氏光、文衡法師、散位中原朝臣清景《きよかげ》等、太上天皇の旨を奉じ、国家を危うくせんと謀る、よろしく明法博士《みょうぼうはかせ》等に仰せて、所当の罪名を勘申せしむ。

この宣旨で注目すべきは、「太上天皇の旨を奉じ」としている点である。後醍醐天皇は、この謀叛を「太上天皇」の命じたことと判断していることになる。「太上天皇」に該当するのは後伏見・花園・光厳の三上皇が考えられるが、三上皇のそれぞれの立場から推して、この場合は後伏見院を指すと見てよかろう。

さらに注目したいのは、公宗等逮捕の三日前の十九日条の記事である。短い記事であるが、次のようにある。

一昨夜十七日武士多く持明院殿に馳せ集まり、院を京極殿に移し奉らると云々。子細不審、尤も尋ね記すべし。後に聞く、帥殿《そちどの》・千□《ちぐさ》（種）宰相中将《さいしょうちゅうじょう》等之に参る。

これによれば、突如十七日に二条師基《にじょうもろもと》・千種忠顕《ちぐさただあき》の率いる武士が持明院殿に集まって、上皇たちを京極殿《きょうごくどの》に遷したとある。京極殿の正確な位置は不明であるが、いずれにしろ東京極大路《ひがしきょうごくおおじ》に面した邸宅であろうから、富小路《とみのこうじ》内裏に隣接しているはずである。すなわち、後醍醐天皇は、持明院統の三上皇を目の届く場所に確保したのである。この護送が秘密裏に行われたらしいことは、匡遠が知ったのが二日後で、しかもその時になっても、事情がわからないと記していることから知られる。もしこれが二十二日の公宗たちの逮捕と関係があるとすれば、後醍醐天皇側はすでに五日前には「陰謀」の情報を摑んでいたことになる。二十二日の逮捕が複数の場所で一斉に行われた点から見ても、その可能性は高い。

『公卿補任』によれば、八月二日に公宗は誅殺された。一緒に逮捕された者のうち、日野氏光も同日誅殺されたらしい。『尊卑分脈《そんぴぶんみゃく》』に「中先代の陰謀の時、公宗卿の命に依り院宣を書く、仍って元弘三八二に誅されおわんぬ」(「元弘三年」は誤り)とある。これによれば、氏光が院宣を書いたことになるが、「公宗の命に依り」とあるのみで、それが、実際に後伏見院の命があってのことなのか、院の命であると称して公宗が書くことを命じたということなのかまではわからない。氏光の父資名は殺されなかった。資名はもともと後伏見院の院執権で、院の側近中の側近である。六波羅陥落の際にも後伏見院等と行動を共にして、番場宿の蓮華寺で出家している。出家しているということで罪を免れたのか、取り調べの結果、陰謀に加担していないと判断されたのか、詳細は不明。ただし、資名父子が捕縛された点から考えて、当初は後伏見院の関与が強く疑われたことは間違いなさそうである。

持明院統上皇の関与

さて、以上のように伝えられている事件なのだが、真相はどのようなものだったのだろうか。『太平記』に記されている仕掛けのある湯殿や夢告といったことは、常識的に考えて信じがたく、これらは、『太平記』作者の劇的な脚色と見るべきだろう。

諸史料を照らし合せて考えてみると、この事件は、西園寺公宗が後伏見院の命であると称して、北条氏の残党と結んで謀叛を企てたが、弟の公重の密告により陰謀は露見して、誅殺されたというものであったと見られる。

問題は、後伏見院の関与の有無である。後伏見院は関与していたのか。あるいは、後伏見院の関与しないところで企てられたことであったのか。ただ、実際に陰謀に関与していたかどうかという問題は別にして、結果的に持明院統の上皇たちが身の危険を感じざるを得ないような状況に追い込まれたことだけは確かである。

事件後、持明院統の三上皇の責任が問われたという形跡はない。その点からすると、当初は関与が疑われたが、後にその疑いが晴れたかに思われる。ただし、事件発覚後すぐに関東で北条時行の反乱が起こり、それに連鎖して足利尊氏の離反があり、さらにそれ以後、事態は急速に流動化して、建武政権の崩壊に至るので、三上皇の処分を行っている暇が無くなってしまったということであったのかもしれない。

事件の四ヶ月後、十一月二十二日に花園院が出家した。三十九歳であった。尊氏が叛旗を翻し、それに対して京都から新田義貞を向かわせた頃のことである。この出家については、公宗の陰謀事件の影響を考えてよいのではなかろうか。確かに花園院は道心が篤く、前々から出家の意思はあった。譲位直後の元応《げんおう》元年（一三一九）正月二十日、まだ二十三歳になったばかりであるにもかかわらず、院は、はやくも『宸記』に「出家の志年を逐ひて深しと雖も、徒らに世事に引かる」と記しているほどである。しかし、その後、実際に出家することはなかった。前に述べたことであるが、二年前の元弘三年（一三三三）六月、鎌倉幕府滅亡直後に、後伏見院が自ら出家するとともに、花園・光厳両院にも出家を勧めるということがあった。その時も花園院は後伏見院の言葉に従わなかった。それが、この時に至って出家したのである。事件との関わりを考えるのが自然ではなかろうか。謀叛を疑われて、恭順の意を示そうとしたものか、そのような事件に巻き込まれて、あまりの理不尽さに俗世を捨てるしかないと考えたのか、院の思いを推し量ることはむずかしい。しかし、この事件が出家の直接的な契機となったことは、まず間違いないと思われる。

3　尊氏の叛旗

中先代の乱

前節でも述べたが、公宗の陰謀が露見して一ヶ月後、七月に信濃で北条高時の遺子時行が挙兵した。これを「中先代の乱」と言う。北条氏を「先代」、足利尊氏を「後代（当代）」として、その間にあたる時行を「中先代」と称したのである。時行軍は、足利軍を次々に撃破して、七月二十五日に鎌倉へ入った。当時鎌倉は、成良《なりよし》親王を奉じて尊氏の弟直義《ただよし》が守っていたが、直義は幽閉中の護良《もりよし》親王を殺し、尊氏の嫡子義詮《よしあきら》と成良親王を伴って鎌倉を脱出して、足利氏の領国三河へ逃げた。

鎌倉陥落を聞いた尊氏は、後醍醐天皇に時行討伐のために関東に下ることの許しを求めた。この時、

足利尊氏（安国寺蔵）

「征夷大将軍《せいいたいしょうぐん》」の称を望んだが、それは許されなかった。尊氏は京都を八月二日に出発した。直義と合流した尊氏軍は時行軍を圧倒して進軍し、早くも八月十九日には鎌倉を奪回した。

　後醍醐天皇は、八月三十日、尊氏に従二位を授け、さらに勅使を下して、その軍功を賞しつつ、武士への恩賞は朝廷が行うゆえ早々に上洛するように促した。尊氏はそれに従おうとしたが、弟の直義が強く上洛を止めた。

　十一月、直義は新田義貞を討つと称して、諸国に兵を募り、同月十八日に尊氏は義貞追討の奏状を奉った。天皇はそれを認めず、十九日、かえって尊氏・直義追討のために義貞を鎌倉に向かわせた。当初尊氏は勅命に歯向かうことはできないとして、戦おうとしなかったが、直義が危機に陥るに及んでようやく出陣した。

尊氏の後醍醐天皇敬慕

　ここで、尊氏の後醍醐天皇に対する態度と、光厳院に対する態度の違いについて少しふれておきたい。尊氏は、後醍醐天皇に対して特別な敬意と親愛の念を有していたように思われる。前に、護良親王と尊氏の対立に際して、後醍醐天皇は我が子よりもむしろ尊氏を重用したことを述べたが、天皇と尊氏は互いに親近感を有していたと見られる。一方、光厳院に対して、尊氏はそのような思いは薄かったと思われる。この建武二年の衝突以後、後醍醐天皇と尊氏は政治的・軍事的に対立し続けるのであるが、その中でも様々な場面において、尊氏は天皇に対して敬慕の念を示しているように見える。それに対して、この後、光厳院とは相互に助け合うことになるのであるが、尊氏が光厳院に対して個人的な親近感を持っていたことを実感させるような明確な事例は見当たらない。

尊氏の後醍醐天皇尊重の姿勢は、新田義貞を討手に差し向けられたこの時の尊氏の行動によく表れている。『梅松論』によれば、天皇から帰洛するよう命ぜられたにもかかわらず、それに従わなかった時、勅使に対して、「われ龍顔《りようがん》に昵近《じっきん》して、勅命をうけ、恩言といひ叡慮といひ、いつの世いつの時か君の芳恩をわすれ奉るべきや、今度の事条々御本懐にあらず」と、勅命に服さないのは本意ではないと述べ、追討軍が迫るや、数人の者だけを連れて浄光明寺《じょうこうみょうじ》に籠ってしまうのである。さらに追討軍と戦う直義が危機に陥った時には、「若頭殿《もしかみどの》（直義）命を落《おとさ》るゝ事あらば、我又存命無益《むやく》也」と、直義への並々ならぬ深い愛情を口にして、その救援に向かうのであるが、一方で「たゞし違勅の事心中に於て発起に非ず」と、天皇への忠誠心に変わりはないことを訴えるのである。

上京と敗走

十二月十一日、箱根・竹下《たけのした》に新田軍を破った足利軍は京都に向かった。建武三年（一三三六）正月九日、足利軍は、京方が陣を敷いた山崎・大渡《おおわたり》において激戦の末これを破った。十日、後醍醐天皇は三種の神器を携えて比叡山東坂本に逃れ、翌十一日、尊氏は京都に入った。

この尊氏の背後を、遙か陸奥から足利軍を追ってきた北畠顕家《きたばたけあきいえ》軍が衝いた。十三日、義良《のりよし》親王を奉じた顕家は近江に入り、翌十四日には東坂本の行在所《あんざいしょ》に参った。十六日以後、顕家は新田義貞・楠木正成らと連携して、各所で足利軍と戦い、二十七日、ついに尊氏を洛中から丹波へ追い落とした。三十日夜、後醍醐天皇は京都に還幸した。二月三日、尊氏は丹波を出て兵庫《ひょうご》に至り、兵庫でも敗れ、同月十二日、船で九州に落ちていった。

4　尊氏への院宣

この尊氏西下の時に、光厳院の運命に大きな転機が訪れた。尊氏に、「凶徒《きょうと》」すなわち新田義貞を討つようにとの院宣を下して、彼と手を結んだのである。このことは、『保暦間記《ほうりゃくかんき》』や『太平記』等の史書にも記されているが、院宣が下された事情・場所・日付等の細部に関して、『梅松論』の記事が最も信憑性が高いので、以下、同書によって述べてゆく。

『梅松論』の記事

『梅松論』は、これを、赤松円心の進言により、尊氏が光厳院に要請して、下されたものとする。建武三年二月十一日の夜中、船で九州に落ちて行く前夜、兵庫において、円心は尊氏に、九州で態勢を立て直すべきことを説いた後、次のように進言した。

官軍は錦の旗を先立《さきだつ》、御方是に対向《たいこう》のはたなき故に一向朝敵に似たり。所詮《しょせん》持明院殿は天子の正統、先代《せんだい》滅亡以後定て叡慮快からざる歟。急に院宣を申し下されて、錦の御旗を先立らるべき也。

新田軍は錦の御旗を立てて「官軍」として戦うのに対して、足利軍は「朝敵」とされているために苦戦しているのである。持明院殿も正統の天子であるが、「先代」（鎌倉幕府）滅亡後は不遇な立場にあり、必ずや不満に思っているに違いないから、院宣をいただいて、足利軍もその錦の御旗を先立て戦うべきである。このような主張であった。この進言は実行に移された。

尊氏は十二日に兵庫を出発し、室津《むろつ》を経て十五日頃に備後《びんご》の鞆《とも》に着いた。そこに院宣が届いた。

備後の鞆に御着岸の時、三宝院僧正賢俊于時日野律師勅使として持明院より院宣下さる。文章常のごとし。天下の事計り申さるべき趣也。これに依りて諸人いさみの色を顕す。今は朝敵の儀あるべからずとて、錦の御旗を諸国の御方にあぐるべきよし、国々大将に仰せ遣さる処也。

院宣をもたらしたのは、醍醐寺三宝院《だいごじさんぽういん》の賢俊《けんしゅん》僧正であった。賢俊は、持明院統の伏見・後伏見院に側近として仕えた日野俊光《としみつ》の子で、これまでにもしばしば言及したことのある日野資名《すけな》や資明《すけあき》の兄弟である。尊氏とは元弘三年（一三三三）以前から面識があったらしい（森茂暁『太平記の群像』）。持明院統と深い縁があり、かつ尊氏とも面識があったという意味で、この場合の使者として最適の人物であった。院宣を受けた足利方の人々は、今後はもう朝敵とは呼ばれないということで、勇み合ったとある。

『梅松論』の記述は、『太平記』や『保暦間記』と比べると、事実をよく伝えていると思われるが、これにも不自然な点がないではない。赤松円心の進言から院宣の到着までの日数である。円心が進言したのが二月十一日の夜、鞆の浦に院宣が届くのが同月十五日前後ということになっているが、これは、兵庫から使者が都の持明院殿へ行き、光厳院が決意し、賢俊が院の使者として備後の鞆にやってくる日数としてはあまりに短すぎるのではなかろうか。

院宣要請の日時

二月十五日に院宣が尊氏の手元に届いたというのは、事実として間違いないようである。九州へ落ちて行く尊氏は、その途中、中四国・九州の武士に多くの軍勢催促状等を発している。それらの中で光厳院の命を受けたと称しているのは、建武三年二月十五日付の「大友《おおとも》千代松《ちよまつ》宛書状」（大友文書）が最初で、次のようにある。

新院の御気色によりて、御辺を相憑《たのみ》て鎮西に発向候也、忠節他にことに候之間、兄弟におきては、猶子の儀にてあるべく候　謹言

二月十五日　　　　尊氏御判

大友千代松殿

二日後の二月十七日付の「安芸《あき》木工助《むくのすけ》宛軍勢催促状」（肥後三池文書）には「院宣」という語も見える。

これらの例から見て、おそらくは二月十五日、遅くとも十七日までには尊氏は院宣を手にしていたと考えられる。受け取った場所は、備後の鞆であったと見て良かろう。

そうすると、はじめて院宣の要請が話題となったのが二月十一日であったというのが、日程的に不自然だということになる。実際には、もう少し前に、院宣をもらうための行動は始まっていたのではないだろうか。

光厳院の思い

それにしても、光厳院はどのような考えをもって、尊氏の要請に応えて院宣を下したのであろうか。尊氏は、鎌倉幕府や持明院統を裏切って、六波羅探題を滅ぼし、光厳院たちを現在の苦しい状況に追い込んだ張本人である。その尊氏と手を組むことには、相当な葛藤があったと想像される。

この時の光厳院の心情を推測する手がかりとなるのは、延元元年《えんげん》（一三三六）三月、伊勢・石清水・春日の三社に奉納した『般若心経《はんにゃしんぎょう》』（香川県立ミュージアム蔵）の奥書である（口絵四頁）。それには、願旨《がんし》が次のように記されている。なお、延元元年三月というのは、「建武三年」が二月二十九日に「延元元年」に改元されているから、尊氏に秘かに院宣を下した一ヶ月後のことである。

（一）延元々年三月十四日、伊勢大神宮に奉納せんがため、これを書写す。忽ちに一字三礼の功徳によつて、速やかに二世無辺の願望を成さん。

（二）延元々年三月二十五日、八幡大菩薩に奉納せんがため、これを書写す。願はくは一巻書写の功徳をもつて、三界流転の衆生を救わしめん。

（三）延元々年三月二十九日、春日社に奉納せんがため、これを書写す。願はくは四所明神の利益によつて、速やかに三界衆生の願望を満たさん。

これらのうち特に注目したいのは、石清水八幡宮と春日社に奉納した分の「三界流転《さんがいるてん》の衆生《しゅじょう》を救わしめん」「三界衆生の願望を満たさん」との記述である。このように、自らの安穏・幸福を願うのではなく、人々の願望の成就をまず祈願するのは「天子」の行為である。すなわち、ここで光厳院は、みずからは「天子」であるとの思いをもって般若心経を奉納していると思われるのである。

この般若心経の奥書を見るかぎり、延元元年三月の時点で、光厳院は自らが治天の君となることを強く決意していたものと推測される。院が尊氏に院宣を与えたのは、それを実現させるためであったと考えてよかろう。ただし、それは、いわゆる権力欲とは程遠いものであった。院が願っていたのは、人々の願望を成就させることであった。後醍醐天皇が惹き起こした乱は一向に収まる気配を見せず、乱が乱を呼んで拡大してゆくばかりである。かつて花園院が「誡太子書」で、「一旦乱に及ばば、則ち縦《たと》へ賢哲の英主と雖も、期月《きげつ》にして治むべからず、必ずや数年を待たん。何ぞ況や、庸主《ようしゅ》此の運に鐘《あた》らば、則ち国は日に衰え、政は日に乱れ、勢必ずや土崩瓦解《どほうがかい》に至らん」と予言したのはこの状況であった。民の安穏、国の安泰を最優先に願うべき天子は、「土崩瓦解」の乱世を収束させなければならない。そのような使命感ゆえに、自らが治天の君の地位に就くことを望んだものと考える。自分たちを裏切った尊氏と手を結ぶことができたのも、その動機が、私的な思いではなく、乱世を収束させなければならないという公的な思いであったからこそではなかろうか。

このすぐ後、四月六日に父の後伏見院が亡くなった。四十九歳であった。その少し前、二月二十五日には、母広義門院《こうぎもん》が髪を下ろした。前述のとおり、前年十一月二十二日には、叔父花園院が出家している。光厳院は、いよいよ持明院統の主として独り立ちしなければならなくなったのである。この時、院は二十四歳であった。

5 院政の開始

尊氏の入京と洛中洛外の攻防

延元元年（一三三六）三月二日、足利尊氏は筑前《ちくぜん》国多々良浜《たたらはま》で菊池《きくち》軍と戦って勝利した。四月三日、九州の軍勢を率いて博多を出発し、東上した。海路と陸路から進んだ足利軍は、五月二十五日、摂津《せっつ》国湊川《みなとがわ》で迎え撃つ楠木正成・新田義貞軍と戦い、勝利。正成は自害し、新田軍は京都に退却した。

同月二十七日、後醍醐天皇は三種の神器を携えて再び東坂本に逃れた。これは、半年前の正月、尊氏が鎌倉から攻め上ってきた時に、東坂本に避難したのに倣ってのことであった。

この時、後醍醐天皇は、持明院統の花園院、光厳院、豊仁《とよひと》親王等もすべて比叡山に伴って行こうとした。しかし、光厳院は病気と称して洛中にとどまった。『太平記』第十六巻「義貞朝臣以下敗軍等帰洛重山門臨幸持明院殿八幡東寺御坐」によれば、次のような次第であった。太田判官全職《たけもと》という者が警護して比叡山に向かっていたが、北白川辺りで、院は急に病気になったと言って、輿を留めて、わざと時を過ごした。そうしているうちに、足利軍が洛中に乱入してきたので、全職は供奉の者に急ぎ院を比叡山へお連れするように申し置き、自らは花園院と豊仁親王だけを連れて東坂本へ向かった。一方、尊氏は持明院殿へ武士を遣ったが、すでに比叡山へ向かったということであったので、それを追って尋ね探していたところ、運良く出会うことができた。尊氏のはからいにより、院は、日野資名等わずかな者とともに六条殿《ろくじょうどの》長講堂《ちょうこうどう》へ入り、ここを御所とした。この『太平記』記事はあまりに劇的すぎるようでもあるが、『皇年代略記』にもほぼ同様の記事があるので、おそらく信用してよいものと思われる。

東寺・東大門（京都市南区九条町）

洛中は合戦が続いていたので、六月三日になって、尊氏は、光厳院・花園院・豊仁親王を洛外の石《いわ》清水八幡宮《しみずはちまんぐう》に迎えた。さらに、同月十四日、尊氏は光厳院らを奉じて東寺に入り、陣を築き、灌頂《かんじょう》堂《どう》を御所とした。

六月五日から二十日まで、足利直義が比叡山を攻めたが、攻めきれず、いったん洛中に退却した。

その後、後醍醐天皇方も繰り返し洛中に攻め入ったが、そのたびに撃退された。特に六月三十日の攻撃は激しく、一時は東寺近くにまで迫ったが、これも撃退された。八月二十八日には、後醍醐天皇の緋の袴を引き裂いて笠印とし、攻め入ったが、足利方の奮戦によってやはり撃退され、これ以後、洛中における合戦はなくなった。当初、後醍醐天皇方は京都に入る道のほとんどすべてを塞いで、物資の運送を断ったために、足利軍と京都の人々は飢えに苦しむ状況に追い込まれた。しかし、九月中旬以降は、逆に足利方が、北陸・東国から近江を経て比叡山に通ずる補給路を断って、比叡山側が窮することになり、これが大勢を決する要因の一つとなった。

光厳院の政務開始

八幡に滞在中の六月七日、光厳院は水無瀬宮《みなせぐう》の後鳥羽院御影堂《みえいどう》に次のような願文を納めている（『後鳥羽院御霊託記《ごとばいんごれいたくき》』）。

　右、今度の運命無為に願望成就せば、先々の御願の条々未だ果て遂げざる事等も急速に遵行せしむべき也。よつて立願くだんの如し。
　　延元元年六月七日　太上天皇々々

承久《じょうきゅう》の乱に敗れ、隠岐島で亡くなった後鳥羽院は、怨霊となって公武に祟るとして畏れられた。後嵯峨院《ごさがいん》はその孫にあたり、その供養を丁重に行ったが、その子孫のうち、持明院統の人々が特にそれを畏れ尊んだことが知られている（徳永誓子「後鳥羽院怨霊と後嵯峨皇統」）。後醍醐天皇と対決することを公にした今、自らのこの行動は、自分自身さらには持明院統の存亡を賭けたものとなった。そのような時であるからこそ、自らの皇統の祖であり、怨霊として畏れられるとともに、祀る者を強力に加護してくれる後鳥羽院の御霊に願望の成就を祈願したものと思われる。決意の程が知られる。

光厳院は、八幡へ入った日から、実質的に治天の君としての政務を執り始めた。六月三日、八幡へ入ったその当日、三宝院賢俊を権僧正に任じ、醍醐寺座主《だいごじざす》に補す旨の院宣を下した（『醍醐寺座主次《だいごじざすし》第《だい》』）。賢俊は、九州に落ちて行く尊氏に光厳院の院宣を伝えた僧であり、九州から尊氏に従って上京したばかりで、それへの院宣というのは、特例と見るべきかもしれない。しかし、同月二十一日には高野山金剛峯寺《こうやさんこんごうぶじ》に旧領を安堵して、天下安全の祈禱を命じたり（「宝簡集《ほうかんしゅう》」第十四〈高野山文書〉）、七月十六日には法印権少僧都定暁《ていぎょう》を東大寺別当に補したりもしている（『東大寺別当次第《とうだいじべっとうしだい》』）。僧職の補任や寺社領の安堵などは、まさに治天の君の政務であり、この六月頃から実質的な光厳院政は始まったと見てよいであろう。

公卿・殿上人の多くは、後醍醐天皇に供奉して比叡山に上った。正月に避難した時には、すぐに勝利して帰洛することができたので、今回もそうなるであろうと楽観視してのことであった。洛中にとどまっていたのは、持明院統にごく近しいわずかな者だけであったが、それらの公卿・殿上人は東寺に参向した。

光明天皇の践祚

六月十四日、光厳院は東寺へ入るとともに、年号を「建武《けんむ》」に復した（『公卿補任』）。

八月十五日、光厳院同腹の弟の豊仁《とよひと》親王が、二条良基《にじょうよしもと》の押小路烏丸《おしのこうじからすまる》殿で院の猶子として元服し、次いで践祚した。光明《こうみょう》天皇である。時に十六歳。後醍醐天皇方との合戦はまだ終息していなかったが、尊氏の奏請があってのことであった。三種の神器は後醍醐天皇が比叡山に携えて行っていたから、神器なくして践祚した寿永《じゅえい》の後鳥羽天皇、元弘の光厳天皇の例に倣って、院宣をもってその儀を行った。

光明天皇が「在位の君」となり、光厳院が「治天の君」として政務を執るという政治体制となったのであるが、光厳院が名実ともに治天の君となるについては、公家や武家の間に異論のあったことも伝えられている。『太平記』第十九巻冒頭の「光厳院殿重祚御事」の記事である。異論というのは、光厳天皇の在位三年のうちに鎌倉幕府が滅んだことを、不吉な先例として問題視するものであった。それに対して、尊氏は、九州へ落ちた時に新田討伐の院宣を下してくれたのも、また、今度東寺へ潜幸して我々足利方に正当性を与えてくれたのもこの上皇なのだから、是非その恩に報いたいと、皆を説得したとある。そのような事情で治天の君となったから、世の道理をわきまえない田舎人などは、「あはれ此持明院殿ほど大果報の人こそをはしまざりけれ、軍の一度もし給はで、将軍より王位を給はらせ給ひたり（ああこの持明院殿ほどたいそう幸せな人はいらっしゃらないだろう。戦を一度もなさらないで、将軍から王位を賜りなさった）」と噂しあったともある。そもそも、この「光厳院殿重祚御事」という章は、光厳院が重祚したという、事実とは異なることが記されており、諸本の異同もあって、従来議論の多いところである。したがって、この尊氏や田舎人の言葉も事実に基づくものかどうかは疑わしく、『太平記』作者がそれらの人の口を借りて自らの考えを述べたものである可能性も高い。しかし、そうだとすれば、それはそれで、光厳院に対する見方の一つということになる。比較的近い時代の「光厳院」観として留意しておきたい。

後醍醐天皇の下山

十月に入って、勝敗の趨勢が明らかになる頃、尊氏は後醍醐天皇に密使を送って帰洛の交渉を始めた。十月十日、それに応えて、後醍醐天皇は比叡山より還幸し、花山院《かざんいん》に入った。

交渉内容についての確実な史料はないが、『太平記』第十七巻「自山門還幸事」以下には次のように描かれている。尊氏は後醍醐天皇に対して、天皇に背くことになったのは新田義貞等のせいであり、天皇に対して反逆する意図はまったくないこと、還幸してくれるなら、供奉した廷臣や降参する武士の責任は問わないこと、政務は朝廷に任せるつもりであることなどを述べ、起請文まで奉った。そのため、後醍醐天皇はこれを受けて、誰にも相談せず、すぐさま還幸することを決意した。帰洛直前にそれを知った新田義貞は激怒するが、後醍醐天皇は、これは時間稼ぎのための偽りの和睦にすぎないと釈明し、将来の再起のために、春宮の恒良《つねよし》親王に皇位を譲るから一緒に北国へ下るように命じた。

この『太平記』の記事のうち、恒良親王に譲位したという点については、それを裏付ける史料の存在も指摘されており（森茂暁『太平記の群像』）、事実と考えられる。とすれば、それ以外の記事についても、一定の事実を伝えている可能性は高いと思われる。この時、北国には尊良《たかよし》親王も一緒に下った。

十一月二日、花山院の後醍醐天皇から東寺の光明天皇に剣璽が渡された。内侍所（神鏡）は、東寺内に新造した別殿に納められた。また、同日、後醍醐天皇に太上天皇の尊号が贈られた。

ところで、この時渡された神器については、南朝方は一貫してこれを偽器と主張しており、後世、北朝と南朝との正統性が議論される際にも、重要な論点となる。しかし、本書においては、この三種の神器が偽器であったか否かについては、これ以上問題とはしない。この三種の神器の真偽と南北朝の正統性の問題については、かねて村田正志が詳細に論じているところであり（『増補南北朝史論』第一章・第二節「南朝正統の歴史的批判」）、これをもって北朝の正統性を否定することには無理があるとの見解が示されている。今は、それに従っておきたいと思う。

十一月十四日、後醍醐天皇皇子の成良《なりよし》親王を光明天皇の皇太子に立てた。時に十一歳。母は阿野廉子。持明院統が、鎌倉時代以来の両統迭立のルールを愚直に守ろうとしていると見ることができよう。『神皇正統記』には、「（後醍醐天皇の）御心をやすめ奉らんためにや、成良親王を東宮にすゑたてまつる」とあり、持明院統からの融和策ととらえている。あるいは、こうした両統迭立の順守が、比叡山からの下山の条件の一つであった可能性も指摘されている（佐藤進一『南北朝の動乱』）。また、この親王は、三年前、建武の新政時、直義が鎌倉に下った時に奉じていた皇子であり、この立坊は尊氏の望んだことであったとも思われる。『保暦間記』が「御子成良親王は本より尊氏養ひ進せたりければ、東宮に奉立けり」と指摘しているのは、まさにそのような見方に立つものである。

十二月十日、光明天皇は内大臣一条経通《いちじょうつねみち》の一条室町《いちじょうむろまち》第に移り、ここを皇居とし、光厳院は持明院殿に帰った。

十二月二十一日、後醍醐天皇は花山院を抜け出し、吉野に潜幸した。足利直義は翌日すぐに捜索するように命じている（保田文書）。ところが、『梅松論』によれば、尊氏は次のように述べて、悠然としていたという。「花山院に幽閉しておくと警護がたいへんであるし、元弘の変の時のように遠国へ移すわけにもいかず、困っていた。今回自ら出奔してくれたのはかえってありがたいことだ。きっと畿内のどこかにおいでであろう。お考えに従って行動されるだろうが、情勢は自ずと落ち着くべきところに落ち着くだろうから、それでよい。運は天が定めるもので、人間の浅知恵でどうこうなるものではない」。前に、尊氏は後醍醐天皇に対して敬慕の念を抱いていて、時にそれが行動に現れることを指摘したが、この場面における態度もその一つと言ってよかろう。

吉野に赴いた後醍醐天皇は、自らの皇位と年号「延元《えんげん》」の回復を宣言した。ここに、京都の朝廷（北朝）と吉野の朝廷（南朝）が対立する「南北朝時代」の幕が開いたのである。

第六章　治天の君の時代

足利尊氏に擁立されて、光厳院は治天の君の地位に就いた。後醍醐天皇は吉野に朝廷を立てるが、三年足らずで崩御し、南朝方は政治的・軍事的に劣勢となる。光厳院は政治機構や法令を整備し、幕府と連携しつつ、比較的安定した政治を十年余にわたり執り続けた。皇位は弟の光明天皇、次いで光厳皇子の崇光天皇と継承され、崇光天皇の皇太子には花園皇子の直仁親王が立てられたが、これは光厳院が強く望んだことであり、そこには大きな秘密があった。また、政治的安定を得た中で、光厳院は花園院と相談しつつ、持明院統の念願であった勅撰和歌集の撰集を実現した。本章においては、治天の君として君臨した建武《けんむ》四年（一三三七）から貞和《じょうわ》五年（一三四九）までの約十三年間、二十五歳から三十七歳までの光厳院の姿を描く。

1　南北朝の対立と後醍醐天皇の死

南朝の苦境

建武三年（延元元年、一三三六）、後醍醐天皇が比叡山から還幸する際に、新田義貞《にったよしさだ》は春宮恒良《つねよし》親王と尊良《たかよし》親王とを奉じて越前《えちぜん》に下り、金崎《かねがさき》城に立て籠った。翌四年三月六日、足利軍の攻撃の前に城は陥落した。義貞はその直前に城を脱出していたが、義貞の子義顕《よしあき》と尊良親王は自害、恒良親王は捕らえられて京都に戻された。

同年八月、奥州の北畠顕家《あきいえ》は義良《のりよし》親王を奉じて、結城宗広《ゆうきむねひろ》らと共に京都を目指した。前年末、吉野に潜幸した後醍醐天皇から、また、この年正月には父親房《ちかふさ》から再上洛を求められていたが、奥州は南朝方に不利な状況にあり、この時期になってようやく出発できたのである。翌建武五年（延元三年、一三三八）正月、美濃《みの》国青野原《あおのがはら》で足利軍と戦って勝利したが、そのまま上洛することはせず、南に方向を変え伊勢《いせ》から吉野《よしの》へ向かった。その後、大和《やまと》・河内《かわち》を転戦し、京都を衝こうとしたが、五月二十二日、和泉《いずみ》国堺《さかい》にて戦死した。

金崎城から逃れた新田義貞は越前国で戦っていたが、顕家敗死の二ヶ月後、閏七月二日、同国藤島《ふじしま》城を攻撃する味方の支援に向かう途中で矢に当たり、自害した。

北畠顕家と新田義貞を相次いで失った南朝方は、吉野から指令を発するという従来の中央集権的な方式から、地方に軍事拠点を構築し、そこから京都を目指す戦略へと方針を転換した。拠点の一つは奥州で、顕家の弟顕信《あきのぶ》が、父親房と共に義良親王を奉じて下向することとなった。宗良《むねよし》親王（天台座主尊澄《そんちょう》法親王がこの頃還俗）は遠江《とおとうみ》に下ることとなった。延元《えんげん》三年（建武五年）九月初め、義良・宗良親王ら一行は伊勢大湊《おおみなと》から東国へ向けて船出した。ところが、途中で暴風に遭遇し、宗良親王と親房は当初の目的地である遠江と常陸《ひたち》に着くことができたが、義良親王・顕信らは伊勢へ吹き戻された。ただし、義良親王は吉野に帰って、後に皇位を継承することとなり、『神皇正統記《じんのうしょうとうき》』などは、これを神意であったととらえている。東国へ向けて船出したのと同じ九月、西国にも拠点を構築すべく、懐《かね》良《よし》親王が征西《せいせい》将軍に任じられて九州に向かった。懐良親王は、この時十歳。

北朝の確立

後醍醐天皇が京都から脱出して、吉野において皇位に復したことを宣言したのに伴って、光明天皇の春宮に立てられていた成良親王は、それを廃された。時に十一歳。『太平記』第十九巻「春宮並将軍宮御隠事」によれば、越前金崎城陥落の際に捕らえられた恒良親王と共に、延元三年四月に「鴆毒《ちんどく》」で殺されたとされるが、『師守記《もろもりき》』康永《こうえい》三年（一三四四）一月六日条の記事には、近衛基嗣《このえもとつぐ》に預けられていたが、この日に亡くなったとあり、毒殺されたというのは疑わしい（森茂暁『皇子たちの南北朝』）。

建武四年（延元二年、一三三七）十二月二十八日、太政官庁にて光明天皇の即位式が挙行された。建武三年（延元元年）八月の践祚後、一年以上経って、ようやく実現したものであるが、この時はまだ北畠顕家が再上洛を目指していた頃で、軍事的にも状況は流動的であり、即位式が遅れたのも無理のないことであった。式には非公式に光厳院の御幸もあり、会昌門《かいしょうもん》外に車を立てて見物した（『光明院《こうみょういん》御即位記《ごそくいき》』)。

翌建武五年(延元三年)八月十一日、尊氏を征夷大将軍に補し、直義を左兵衛督《さひょうえのかみ》に任じた。この年の五月に北畠顕家を、閏七月には新田義貞を討って、軍事的な優位が確立したのを承けてのことであった。同年八月十三日、光厳院の皇子益仁《ますひと》(後に興仁《おきひと》と改名)が春宮に立てられた。母は三条公秀《さんじょうきんひで》女の秀子《しゅうし》。時に五歳であった。同月二十八日、代始の改元があり、「建武五年」は「暦応《りゃくおう》元年」となった。同年十一月十九日、大嘗会が行われ、これを以て光明天皇の皇位継承に関する儀式は完了した。この年の末には、京都における朝廷はその形をほぼ整えたと言ってよかろう。

暦応二年(一三三九)五月十九日、光厳院の琵琶《びわ》灌頂《かんじょう》(最秘曲である「啄木《たくぼく》」を伝受すること)が行われた。師は地下《じげ》の琵琶西流《にしりゅう》宗家の藤原孝重《たかしげ》であった。「啄木」以外の秘曲については、これ以前の元弘三年(一三三三)九月に「楊真操《ようしんそう》」を、建武二年(一三三五)五月に「石上流泉《せきじょうりゅうせん》」「上原石上流泉《じょうげんせきじょうりゅうせん》」を後伏見院から伝受していた。この後伏見院からの秘曲伝受は、建武新政期、すなわち持明院統としては失意の時期に行われたものであったが、今回は、治天の君の座に在っての伝受であった。なお、後伏見院は三年前の建武三年に亡くなっていたために師とすることが叶わず、その点は、光厳院としても悔やまれる所であったかもしれない。六月二十七日、持明院殿において、光厳院初度の晴《はれの》御会《ごかい》が催された。作文《さくもん》(漢詩作)と和歌と御遊《ぎょゆう》(管絃)の三席で、正和《しょうわ》の後伏見院の佳例に倣ったものであった。

このように、北朝においては、暦応二年になると様々な行事も催され、安定した日々を取り戻していった。

後醍醐天皇の死

一方、吉野においては、同年八月十六日、後醍醐天皇が崩じた。五十二歳であった。その前日、義良親王に皇位を譲った。後村上《ごむらかみ》天皇である。時に十二歳。

後醍醐天皇の臨終の様子を『太平記』第二十一巻「先帝崩御事」は、次のように伝えている。

「妄執《もうしゅう》共成べきは、朝敵を亡して、四海をして太平ならしめんと思ふ事而已《のみ》。朕《ちん》が早逝之後は、第八之宮、天子之位に即《つけ》奉りて、忠臣賢世《けんせい》事をはかり、義貞・義助が忠孝を賞して子孫不義之行《おこない》無くば、股肱《ここう》の臣として天下を鎮撫《ちんぶ》せしむべく、是を思ひき。故に、玉骨《ぎょくこつ》は縦南山《たとひなんざん》の苔に埋《うずも》るといへども、魂魄《こんぱく》は常に北闕《ほくけつ》の天を臨まんと思ふ、若《もし》命を背き義を軽んぜば、君も継体《けいたい》の君にあらず、臣も忠烈の臣にあらず」と委細《いさい》に綸言《りんげん》を残されて、左之御手には法花経之五巻を持たせ給ひ、右の御手には御剣を按《あん》じて、八月十六日丑刻に、御年五十二にして、遂に崩御成にけり。

（「ただ死後永遠の妄念ともなりそうなのは、朝敵を滅ぼして、天下を太平にしようと思うことだけである。朕の死後は、第八宮を皇位にお即けして、賢臣忠臣で事を謀り、新田義貞・脇屋義助の忠孝を賞して、その子孫に不義の行為がなければ、それらを股肱の臣として、天下を鎮めるのがよい。このことを思うからこそ、我が遺骨はたとい吉野山の苔に埋もれても、わが魂魄は常に北方の皇居の空を望んでいようと思う。もしこの命令に背き、忠義を軽んずるならば、君も皇位を継承する君ではなく、臣も忠節の臣下ではない」と、詳しくお言葉を遺されて、左の御手には法花経を持ち、右の御手には御剣をお執りになって、延元三年八月十六日午前二時頃に、御年五十二歳にして、とうとう崩御なさったのである。)

敵をことごとく滅ぼして天下を平定するという望みを義良親王以下の南朝の人々に託し、それを見届けるために、自らの魂魄は京都の皇居を見続けようと遺言したのである。臨終に際して法花経と剣を手にしていたことの意味については様々に議論があるが、その執念の深さを表した姿であると見る点は共通している。

後村上天皇の皇位継承について種々の儀礼は一切行われず、ただ三種の神器の授受がなされただけであった。それは、吉野にいる以上、仕方のないことであった。

北朝の対応の混乱　後醍醐天皇の死は在京の人々にも大きな衝撃を与えた。その情報がもたらされたのは八月十九日である。ただし、当時の公家の日記には、「巷説《こうせつ》有るの間、なほ信用に足らず」(『中院一品記《なかのいんいっぽんき》』)などとあり、この時には未確認情報であった。その後、二十八日になって、崩御が正式に確認された(『中院一品記』・『師守記』ほか)。

後醍醐天皇の崩御に対する北朝の当初の対応は、崇徳院以下の「遠所《えんじょ》」で亡くなった天皇に対するのと同様のものであった。すなわち、通常の天皇の崩御の際に実施される「廃朝《はいちょう》」(天皇が政務に臨まないこと)や「固関警護《こげんけいご》」(天皇の崩御等の非常時に逢坂・鈴鹿・不破の三関を警護させること)等は一切省略されたのである。この方針は、北朝内部で検討された結果であった。光厳院は、十九日に後醍醐天皇の崩御を知って、すぐに伝奏《てんそう》である勧修寺経顕《かじゅうじつねあき》を大外記《だいげき》の中原師茂《なかはらもろしげ》の許に遣って、先例を尋ねさせた。『師守記』同日条には、次のようにある。

晩に及びて、按察中納言経顕卿奉行して御教書《みぎょうしょ》有り。是、崇徳《すとく》・安徳《あんとく》・後鳥羽《ごとば》・土御門《つちみかど》・順徳《じゅんとく》院、遠所にて崩御の時、廃朝以下の有無、何様なるやの由、尋ね申さる。件の度々、廃朝無く併せて事を省略するの由、御請文《うけぶみ》を進ぜられ了んぬ。

これによれば、光厳院とその周辺においては、後醍醐天皇を、崇徳以下の配流された天皇と同様に考えていたことが明らかである。中原師茂は、求めに応じて崇徳院等の例を回答した。それに基づいて、廃朝も固関警護も実施しないこととなったのである。

ところが、この方針は武家によって覆された。同月二十八日、幕府は政務を七日間停止することを決め、公家にも同様の措置を要求してきた。『中院一品記』には次のようにある。

伝え聞く、讃岐院・隠岐院の時、雑訴を止められずと云々。仍りて、今度止められず、即ちその儀を用ふべきの由、大理資明《だいりすけあき》卿奉行して相触れらる。かつ又武家に仰せらると云々。而して此の御事治定の後、武家においては存ずるの旨有りて、雑訴を止めらるの由申すと云々。これに依りて公家七ケ日停止せらると云々。

朝廷としては崇徳院や後鳥羽院の例に倣って、政務を止めないと決定して、検非違使別当《けびいしべっとう》で院の伝奏でもあった日野資明《ひのすけあき》がそれを公表し、幕府にも伝えたが、幕府では政務を停止し、公家にも同調するように求め、その結果、朝廷も同様の措置を取ることとなったというのである。九月八日、廃朝五ヶ日と固関警護が宣下された。また、光明天皇は錫紵《しゃくじょ》（二等親以内の親族の喪に服する時に着る天皇の喪服）を著した。これは、形式的には後醍醐天皇が光明天皇の外祖父になるからである。すなわち、光明天皇は光厳院の猶子となっており、光厳院の妃である宣政門院《せんせいもんいん》（懽子《かんし》内親王）が、形の上では光明天皇の母となることから、女院の父である後醍醐天皇は光明天皇の外祖父となるのである（『玉英記《ぎょくえいき》抄《しょう》』）。このような幕府の申し入れは、朝廷の決定を一方的に変更させるものであったから、公家側においては不満が強かった。しかし、廃朝等を実施しないという朝廷の当初の方針に対しては、そもそも後醍醐天皇は配流されたわけではなく、それを崇徳院・後鳥羽院と同一視することについて公家内部においても異論が存在していたから、結果的に幕府の措置で良かったとする意見も少なくなかった（『中院一品記』、『玉英記抄』）。

天龍寺の建立

武家側が、これほどに廃朝等にこだわったのは、後醍醐天皇を、崇徳院や後鳥羽院の例と同一視することを避けようとしたからであった。周知のように、政治的敗者として配流の地で亡くなった崇徳院や後鳥羽院は、怨霊となって政敵に祟り、世に災いをもたらしたと信じられていた。後醍醐天皇をその「怨霊の系譜」に繋げることを何としても防ぎたかったものと思われる。もちろん、それは、後醍醐天皇が怨霊と化す可能性が高いと考えていたからに外ならない

（北爪幸夫「後醍醐の死に対する幕府及び北朝の対応」）。後醍醐天皇崩御の知らせを受けた尊氏・直義兄弟がその死を悼むと同時に、またその怨霊を甚だしく恐れたことを、『天龍寺造営記録《てんりゅうじぞうえいきろく》』は次のように伝えている。

諸人周章す。柳営《りゅうえい》（尊氏）武衛《ぶえい》（直義）両将軍哀傷《あいしょう》恐怖甚だ深きなり。仍て七々御忌《しちしちのぎょき》慇懃《いんぎん》なり。かつは恩に報じ徳を謝せんがために、かつは怨霊納受せんがためなり。

尊氏・直義兄弟は、後醍醐天皇の菩提を弔うために、光厳院に寺院建立を奏請し、院もそれを許した。すなわち、天龍寺《てんりゅうじ》の建立である。後醍醐天皇の死後四十九日にあたる暦応二年十月五日、光厳院は夢窓疎石《むそうそせき》に次のような院宣を下した（『天龍寺重書目録《じゅうしょもくろく》』）。

一、亀山殿《かめやまどの》事、後醍醐院御菩提に資せられんがため、仙居《せんきょ》を以て仏閣に改む、早く開山として管領《かんれい》を致され、殊に仏法の弘通《ぐつう》を専らせしめ、先院の証果《しょうか》を祈り奉るべし、てへれば、

天龍寺（京都市右京区嵯峨天龍寺芒ノ馬場町）

院宣かくの如し、よって執達くだんの如し
暦応二年十月五日　　按察使経顕奉
謹上　夢窓国師方丈

後嵯峨《ごさが》・亀山《かめやま》院の御所であった亀山殿を寺院に改め、夢窓疎石を開山とし、後醍醐天皇の菩提を弔うことを命ずるというものである。さらに、同月十三日、寺号を「霊亀山暦応資聖禅寺《れいきざんりゃくおうしせいぜんじ》」とする院宣を下した。その後、暦応四年（一三四一）七月二十二日には、寺号の「暦応」を「天龍」に改め、「霊亀山天龍資聖禅寺《れいきざんてんりゅうしせいぜんじ》」とする院宣があった。これは、金竜・銀竜がこの地に下りてくるという直義の二度の夢想による（『天龍寺造営記録』）。落慶法要は、後醍醐天皇の七回忌にあたる康永《こうえい》四年（一三四五）八月二十九日に、尊氏・直義兄弟が出席して営まれた。当初、光厳院・光明天皇の臨幸《りんこう》も予定されていたが、天龍寺が勅願寺の扱いとなることに対する比叡山延暦寺《ひえいざんえんりゃくじ》の強硬な反発があり、臨幸は翌日に変更され、別の法要が行われた。延暦寺の反発は建立計画の当初からのものであったが、特に落慶供養の直前にはそれが激しくなり、強訴《ごうそ》の構えまで見せて、光厳院を深く悩ませた。結局、光厳院は当日の臨幸を断念して、事態を収拾したのである。

後醍醐天皇の鎮魂

尊氏は後醍醐天皇に対して、終生、敬慕の念とその怨念への畏れの両面を持ち続けていたと思われる。たとえば延文《えんぶん》四年（一三五九）に奏覧された『新千載《しんせんざい》和歌集』という勅撰和歌集がある。これは、延文元年（一三五六）に尊氏が後光厳《ごこうごん》天皇に撰集を奏請《そうせい》して、二条為定《にじょうためさだ》が撰者となって作られた歌集である。この勅撰集の特徴は、北朝の後光厳天皇の命によって成った歌集であるにもかかわらず、その内容は、まるで後醍醐天皇を称賛するための勅撰集のようになっている点にある。尊氏は、その完成を見ずに、前年（延文三年）に亡くなっているが、撰集作業は継続され、奏覧に至っている。おそらく尊氏が意図した当初の編集方針はこの勅撰集に生かされていると見てよい。すなわち、北朝において選集されたにもかかわらず後醍醐天皇を誉め称える内容となっているのは、後醍醐天皇の鎮魂を目的として編纂されたからであり、それは、尊氏が望んだことであったと思われる（深津睦夫「新千載和歌集の撰集意図」）。

一般的に言って、政敵を死に追いやった場合、勝ち残った者が政敵の死を悼んだり、誉め称えるような行為をしたりするのは、その怨念を恐れてのことと解される。しかし、尊氏の後醍醐天皇に対する心情は、単純にそのようなものと見ることはできない。これまでにも述べてきたように、尊氏の言動の端々に後醍醐天皇に対する敬慕の念を見ることができるからである。ただし、天龍寺の造営や『新千載和歌集』の撰集方針を、敬慕の念という面からだけとらえるのも、また正しくないと思われる。後醍醐天皇崩御直後の廃朝等に対する態度を見る限り、その怨念を畏れていたことは疑う余地がない。

それに対して、光厳院の場合は、後醍醐天皇の怨霊を畏れるというようなことは、ほとんどなかったと見られる。それは、亡くなった後醍醐天皇への対処の仕方から想像されることである。天皇（治天の君）として対等の立場にあって、王権を争った結果、自らが王城の地に在り、対手が遠所で崩御したからといって、その怨霊を畏れる必要はない。さらに言うならば、そのような状況になったのも、自らが手を下した結果ではない。自らの正統性に瑕疵はないのだから、恐れるに足りないということではなかったろうか。光厳院については、後醍醐天皇の菩提を弔うというのは、文字通りの意味に解してよいと思われる。

2 光厳院の政治

『太平記』が描く公家社会の衰微

光厳院が治天の君として政務を執った期間を、光明天皇の践祚した建武三年（一三三六）八月頃から、いわゆる「正平の一統《しょうへいのいっとう》」で崇光《すこう》天皇が皇位を廃される観応《かんのう》二年（正平六年、一三五一）十一月までと見るならば、それは約十五年間に及ぶ。一般に、この時期の朝廷は、政治的実権はもちろん、権威さえも失い、公家社会は衰微して、幕府に頼りきってようやく存在していたかのように考えられがちである。

北朝についてのそのような見方は、主に『太平記』の記事によって形作られたと思われる。『太平記』は一般に三部に分かたれるとされているが（第一部＝第一巻〜十一、第二部＝第十二巻〜二十一、第三部＝第二十三巻〜四十、古態本では第二十二巻を欠く）、問題の北朝の政治に関わる記事は、第三部の前半、だいたい第二十三巻から第二十七巻までに描かれている。この中で、繰り返し朝廷の権威の失墜が指摘され、それを端的に示す逸話が語られるのである。

たとえば第二十五巻「朝儀事」（流布本は第二十四巻）においては、年中行事を詳細に列挙した上で、それらが、「近年武家の奢侈《しゃし》、公家衰微《すいび》」によって、まったく実施されず、その結果、秩序の乱れきった世の中になってしまったとの歎きが記されている。

あるいは、第二十七巻「雲景未来記事」には、持明院統の天子は、武家に従って、「偏《ひとえ》に幼児の乳母を憑《たのむ》が如く、奴《やっこ》とひとしく成り御座す程に（まるで幼児が乳母を頼りにするように、下僕同然に全面的に頼っているので）」、かえってうまくいっているのだとの記述が見える。

公家の権威失墜を象徴する事件として最もよく知られているのは、本書の主人公である光厳院に対する土岐頼遠《ときよりとお》の狼藉事件であろう。第二十三巻「土岐参向御幸致狼藉事」にその詳細が記されている。それは、次のような事件であった。康永《こうえい》元年（一三四二）八月（『太平記』流布本には九月三日）、故伏見院の三十三年の遠忌を終えて伏見殿《ふしみどの》から帰る光厳院一行に、笠懸《かさがけ》から帰る土岐頼遠が行合った。下馬するように注意されても無礼な態度を取る頼遠に対して、「院之御車に参会して、何物なれば狼藉を仕るぞ（院の御幸の車に出会って、誰が無礼を働くのか）」と言うと、「何、院と云か。犬ならば射て置（なんだと、院と言うのか、それとも犬と言うのか。犬ならば射て置け）」と嘲って、郎等たちに命じて、御車を取り囲んで馬上からさんざんに射掛けさせ、あまつさえ、その下簾《したすだれ》をかなぐり落とし、車輪も踏みつけて、帰っていった。この土岐頼遠の所行に対して、当時政務を執っていた直義は激怒し、夢窓疎石のとりなしも受け入れず、六条河原において頼遠の首を刎ねた。この土岐頼遠の態度は、まさに公家の権威の失墜を示すものであった。また、伝統的権威を踏みにじる行為を行った者は処罰されたが、それを処罰することができたのも、朝廷ではなく、幕府の責任者であった。幕府の庇護の下で公家社会がようやく成り立っていることを、この事件は端的に示していると言えよう。

『太平記』を見るかぎり、京都の公家社会は武家に圧倒されており、権威も政治的実権もまったく失ってしまったかのようである。

光厳院政下の政治機構

しかし、実際には必ずしもそうだとばかりは言えない。北朝が武家に擁立された存在であったことは間違いないが、政治の実権をすべて失ってしまっていたわけではない。一定の範囲においては、治天の君たる光厳院の院政は実際に機能していた。この点については、森茂暁氏『増補改定南北朝期公武関係史の研究』が詳細に論じているところなので、以下、主としてそれに従って述べる。

森茂暁氏によれば、同院の発した院宣の現存数は三五〇通に及び、この数は、歴代治天の君のそれと比べても上位に位置するという。それは、光厳院の政務の活発さを反映したものと見ることができよう。

光厳院の政治機構は、鎌倉時代中期以降の院政のそれを継承したものであり、しかも、その完成形であったと評することができる。後嵯峨院以来、院政の最高議決機関は「院評定《いんひょうじょう》」となっていた。院評定では「評定衆」が国政の重要課題や訴訟事案を審議した。評定衆の人数は十名前後で、摂家《せっけ》(摂政・関白に任ぜられる家柄)・清華家《せいがけ》(摂家に次ぐ家柄で、太政大臣になることのできる家柄)出身の上層公卿と、観修寺《かじゅうじ》・日野《ひの》・高棟《たかむね》流平氏などの名家《めいか》(弁官・蔵人を経て大納言まで昇進できる家柄)出身の実務に通じた廷臣によって構成されていた。院評定の下部機関には「文殿《ふどの》」があり、「文殿衆」が訴訟について先例を調査し、評定のための参考資料を提供するなど審理の実務を担当した。文殿衆は、明法家《みょうぼうか》の中原《なかはら》・坂上《さかのうえ》氏や小槻《おづき》氏の出身者によって構成されていた。この政治機構の中で特に重要な存在が「伝奏《てんそう》」である。「伝奏」は、訴訟事案等を院に奏聞し、その仰せを伝える役目を担っていたが、多くの場合、担当奉行としてその事案の審議の指揮も執った。したがって、実務に長けた有能な廷臣でなければ任を果たすことができず、これには名家出身の者が任ぜられ、また、評定衆を兼ねることも多かった。

これらの組織の暦応五年（一三四二）頃の具体的な陣容が、「制法《せいほう》」という史料によって知られる。それによれば、評定衆は、近衛基嗣《このえもとつぐ》・九条道教《くじょうみちのり》といった摂家当主と、久我長通《こがながみち》・洞院公賢《とういんきんかた》といった清華家出身の大臣、それに、勧修寺経顕《かじゅうじつねあき》・日野（柳原《やなぎはら》）資明《すけあき》・葉室長光《はむろながみつ》・四条隆蔭《しじょうたかかげ》ら伝奏も兼ねている名家出身の実務官僚七名、計十一名によって構成されている。文殿衆は、中原師右《なかはらもろすけ》・坂上明成《さかのうえあきなり》・小槻匡遠《おづきのただとお》ら九名である。

法令の整備と運営

法令の整備も行われた。主として所領関係の訴訟を「雑訴《ざっそ》」というが、それを扱う法令「暦応雑訴法《りゃくおうざっそほう》」が暦応三年（一三四〇）五月十四日に制定されており、さらに翌年十一月十六日には三ヶ条が追加されてもいる。これには、訴訟の条件、審理の手順、審理の定日等が規定されている。その規定によれば、「雑訴評定《ざっそひょうじょう》」は月に三回（七日・十七日・二十七日）、文殿の「庭中《ていちゅう》（訴訟手続きの過誤に対する救済手続き）」は月に四回（四日・九日・十九日・二十四日）、同じく文殿の「越訴《おっそ》（判決の過誤に対する救済手続き）」は月に二回（十四日・二十九日）行われることとなっている。このうち「雑訴評定」は評定衆による評定であるが、院の御前で行われた。このほか、雑訴以外の課題を審議する院評定がやはり月に三回（一日・十一日・二十一日）行われている。これにも院は出席した。

以上のように、光厳院政下においては、法令が整備され、充実した政治機構が存在した。そして、それは形が整っていたというだけでなく、相当程度機能していたと見られる。評定衆であった洞院公賢の『園太暦』や、兄が文殿衆であった中原師守《もろもり》の『師守記』には院評定や文殿庭中が行われたとの記事が頻出し、「暦応雑訴法」に規定された定日を守って評定のなされていたことが知られる。ただし、常にそれらが意欲的に取り組まれるとは限らず、時には懈怠《けたい》が批判されることもあった。たとえば『園太暦』康永三年（一三四四）二月十七日条には、「近日雑訴有名無実也（最近、所領訴訟の評定はまともに行われていない）」との批判的記事が見られる。しかし、考えてみれば、これも、通常は実効性のある政治が行われていることを前提としての批判であったと言えよう。

院評定や文殿のような訴訟機関で扱われたのは、寺社と公家社会に関する事案である。ただし、裁判の結果を実行するためには、武家の力を必要とする場合が少なくなかった。具体的には、裁判の結果は幕府に伝達され、守護など幕府の支配機構によってそれが執行されるという形がとられた。公家の訴訟機関は裁判結果を実行に移す強制力は乏しかったが、院評定に提訴して裁許を受ければ、幕府によって執行されるわけであるから、そのような意味において、公家の訴訟機関はそれなりに実質的な機能を有していたと言えよう。

光厳院政は、鎌倉中期以降の院評定制を継承しながら、それを、より整備し、幕府の力を借りながらも、実質的に機能していたのである。

朝儀の実施と中止

前述のとおり、『太平記』には、公家の衰微ゆえに、北朝において朝儀年中行事は廃れてしまったかのように描かれている。しかし、それは必ずしも実情を伝えてはいない。代表的な朝儀である正月元旦の小朝拝《こちょうはい》を例に、光厳院の院政期十五年間の実施状況を見ると、次のようになっている。

通常どおり実施＝暦応元年・同二年・康永元年・同二年・同三年・貞和三年・観応元年、以上七回。

中止（1）＝建武四年（後醍醐天皇の吉野潜幸直後）・観応二年（観応の擾乱）

中止（2）＝貞和五年（花園院の喪中）

中止（3）＝暦応三年（春日神木動座）・同四年（春日神木動座）・貞和元年（春日神木動座）・同二年（東大寺八幡宮神輿在京）・同四年（春日神木動座）、以上五回。

例年通り実施されたのは七回、中止となったのが八回で、中止された年の方が多い。ただし、それは、『太平記』が記すような公家衰微ゆえの朝儀の衰退というようなことではなかった。多くは、強訴《ごうそ》が原因である。それは五回に及んでいる。貞和五年（一三四九）は花園院の喪中という事情による中止であり、これも朝儀の衰退という問題とは無関係である。建武四年（一三三七）と観応二年（一三五一）は、後醍醐天皇の吉野潜幸《せんこう》や観応の擾乱《じょうらん》の混乱の中で中止となっており、この二回については、広い意味で朝儀の衰退という言い方ができるかもしれない。しかし、全体として見るならば、この時期においてはまだ朝儀が衰退したとまでは言えないと思われる。

また、公家たちの朝儀に対する意欲・関心はまったく衰えていなかった。たしかに、戦乱の中で、朝儀は省略や規模の縮小を余儀なくされていた。しかし、むしろ、それだからこそ、公家はそれに意識的であった。そのことは、洞院公賢の『園太暦』を少し覗いて見れば、すぐにわかることである。その記事の大半は、朝廷儀式に関することで占められていると言っても過言ではない。公家たちは朝儀を少しでも旧に復すること（「公事興行《くじこうぎょう》」）を目指しており、それを政治の最重要課題の一つとしていた。たとえば康永元年（一三四二）五月八日に、前関白一条経通《いちじょうつねみち》が光厳院に六ヶ条の意見を注進しているが（『光明院宸記』）、神事の紹隆《しょうりゅう》、仏法の崇敬《すうけい》に次いで提言しているのが「公事を興行せらるべき事」である。光厳院もそれに消極的であったわけではない。『園太暦』によれば、院は、公事に関する当代の第一人者であった公賢をいわば顧問として扱い、何事についてもよく相談して、朝儀を進めようとしていたことが知られる。

3　皇位継承方針の決断

ここで、光厳院の后妃と皇子女についてまとめて述べておく。以下は、岩佐美代子氏『京極派歌人の研究』に拠る所が多い。

后妃と皇子女

まず三条内大臣公秀《きんひで》女、秀子《しゅうし》。春宮興仁《おきひと》親王（崇光天皇）と弥仁《いやひと》親王（後光厳天皇）の母で、そのほか、皇女二名を儲けている。少女時代は花園院に仕えていたが、元弘《げんこう》二年（一三三二）時点で光厳天皇の典侍《ないしのすけ》となっている（『花園天皇宸記』。『女院小伝《にょいんしょうでん》』には建武三年〈一三三六〉に典侍となったとあるが、不審）。建武元年（一三三四）四月に興仁親王、暦応元年（一三三八）に弥仁親王を産んだ。死去直前の文和《ぶんな》元年（一三五二）十月二十九日に准三宮《じゅさんぐう》と女院号「陽禄門院《ようろくもんいん》」を受けている。同年十一月二十八日没、四十二歳。したがって、光厳院よりも二歳年長。死去当時、光厳院はまだ賀名生《あのう》に囚われていた。

正妃の第一は、宣政門院懽子内親王である。後醍醐皇女で、母は後京極院《ごきょうごくいん》。建武二年（一三三五）十一月に皇女（一品宮《いっぽんのみや》光子《こうし》内親王《ないしんのう》、入江宮《いりえのみや》と称す）を産んでいる。『続史愚抄《ぞくしぐしょう》』等には、同四年十一月にも皇女を産んでいるとあるが、系図上では確認できない。光厳院の後宮へ入ったのは、光厳院が皇位を廃された後の元弘三年（一三三三）十二月で、母後京極院の重服《じゅうぶく》中であったが、父後醍醐天皇に命じられてのことであった。これは、光厳院に太上天皇の尊号を贈ると同時に行われたことで、後醍

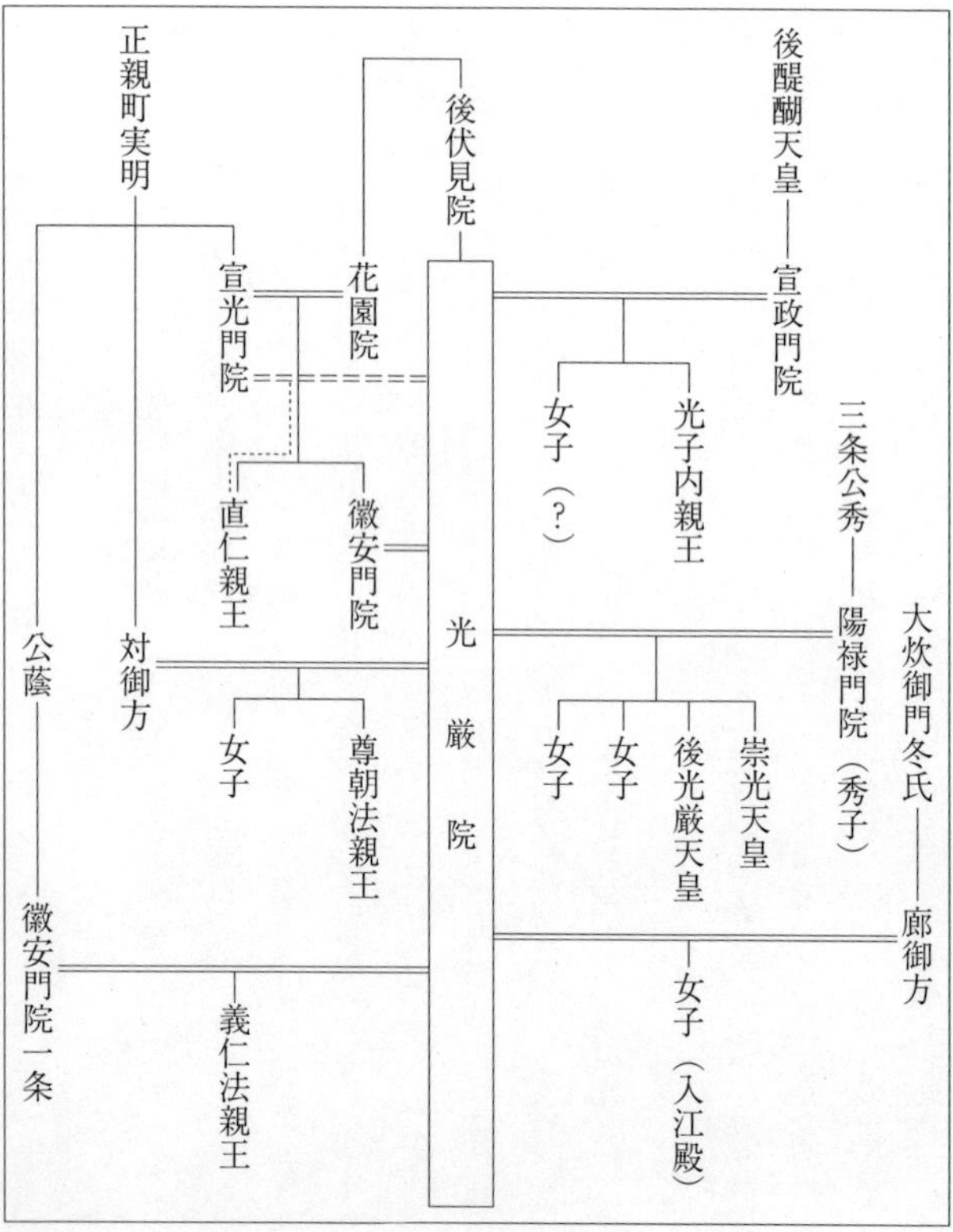
後醍醐天皇
宣政門院
光子内親王
女子（？）
後伏見院
花園院
宣光門院
正親町実明
徽安門院
直仁親王
三条公秀
陽禄門院（秀子）
大炊御門冬氏
崇光天皇
後光厳天皇
女子
女子
光厳院
対御方
尊朝法親王
女子
公蔭
廊御方
女子（入江殿）
徽安門院一条
義仁法親王

光厳院后妃・皇子女系図

醐天皇による持明院統との融和策の一つであったと思われる。暦応三年（一三四〇）五月二十九日、ひそかに持明院殿を抜け出し、仁和寺《にんなじ》にて出家。この時二十六歳。したがって、光厳院より二歳年下。時代の波に翻弄された気の毒な皇女であった。

宣政門院と入れ替わるように光厳院後宮に入ったのは、徽安門院寿子内親王《きあんもんいんじゅしないしんのう》である。花園皇女で、母は宣光門院実子《せんこうもんいんじつし》。皇子女は儲けなかったが、興仁・弥仁両親王の准母《じゅんぼ》とされた。暦応四年（一三四一）四月に光厳院の後宮に入り、院号宣下があった（『竹向きが記』。『女院小伝』には建武四年〈一三三七〉の院号宣下とあるが、不審）。時に光厳院二十九歳、女院二十五歳である。延文元年《えんぶん》（一三五六）十一月、光厳院が天野山金剛寺《あまのさんこんごうじ》にて禅に帰した際に、女院も出家した。延文三年（一三五八）四月二十一日没、四十二歳。その死は、光厳院が南山から帰京して一年後のことである。

光福寺《こうふくじ》前内大臣冬氏《ふゆうじ》女は、皇女入江殿《いりえどの》の生母。光厳院女房で廊御方《ろうのおんかた》と称された。元亨《げんこう》三年（一三二三）光厳院着袴の儀（院十一歳）に介添をつとめており、院よりもかなり年長か。皇女入江殿は、元弘元年（一三三一）生、光厳院十九歳の子で、おそらくは第一子。この冬氏女について岩佐美代子氏は、「親王の後見をつとめるうちに最初の愛を得て第一子をあげた、いわば後深草院における『すけだい』（とはずがたり作者母）にも似た立場の人ではなかったろうか」と推定している。首肯されるところである。

正親町実明《おおぎまちさねあき》女は、尊朝《そんちょう》法親王の母で、皇女も一人儲けている。実明には多くの女子があり、そのほとんどが持明院統の四代の院（伏見〜光厳）の後宮に入っている。光厳院の寵を受けたのは、花園院女房対御方《たいのおんかた》か（『園太暦』）。尊朝の生年は康永三年（一三四四）で、文和四年（一三五五）に仁和寺に入室している。

徽安門院一条《きあんもんいんいちじょう》は、正親町公蔭《きんかげ》女で、徽安門院対御方《たいのおんかた》とも呼ばれた。正親町宮義仁《ぎにん》法親王を産んだ。箏の名手で、義仁法親王に秘曲を伝授し、法親王は後に後小松《ごこまつ》院の箏の師範となった。

皇位継承についての置文

康永二年（一三四三）四月十三日、三十一歳の光厳院は、皇位継承に関する重大な置文を十歳の春宮興仁親王に対してしたためた。興仁親王践祚の後は、光厳院の叔父である花園院の皇子直仁《なおひと》親王を皇太子とし、以後、その子孫を皇統の継承者とするように命ずる内容であった。その宸筆置文には次のようにある（鳩居堂蔵）。

興仁親王、儲弐《ちょじ》の位に備はること先づ畢んぬ。必ず次第に践祚の運を受くべし。但し、継嗣の儀有るべからず。（中略）直仁親王を以て将来の継体《けいたい》に備ふるところ也。子々孫々禀承《ひんしょう》し、あへて違失すべからず。件の親王、人皆謂ひて法皇の子となす。しからず、元これ朕の胤子なり。去る建武二年五月、未だ胎内宣光門院に決せざるの時、春日大明神の告のすでに降る有りて、ひとへに彼の霊倦《れいけん》により、出生するところ也。子細は朕ならびに母儀女院の外、他人の識らざるところなり。

興仁親王は先に皇太子になった。必ずや順序に従って践祚するであろう。ただし、子孫に皇位を継がせてはならない。直仁親王を以て将来の後継者とする。その後は親王の子孫が継承し、それを違え

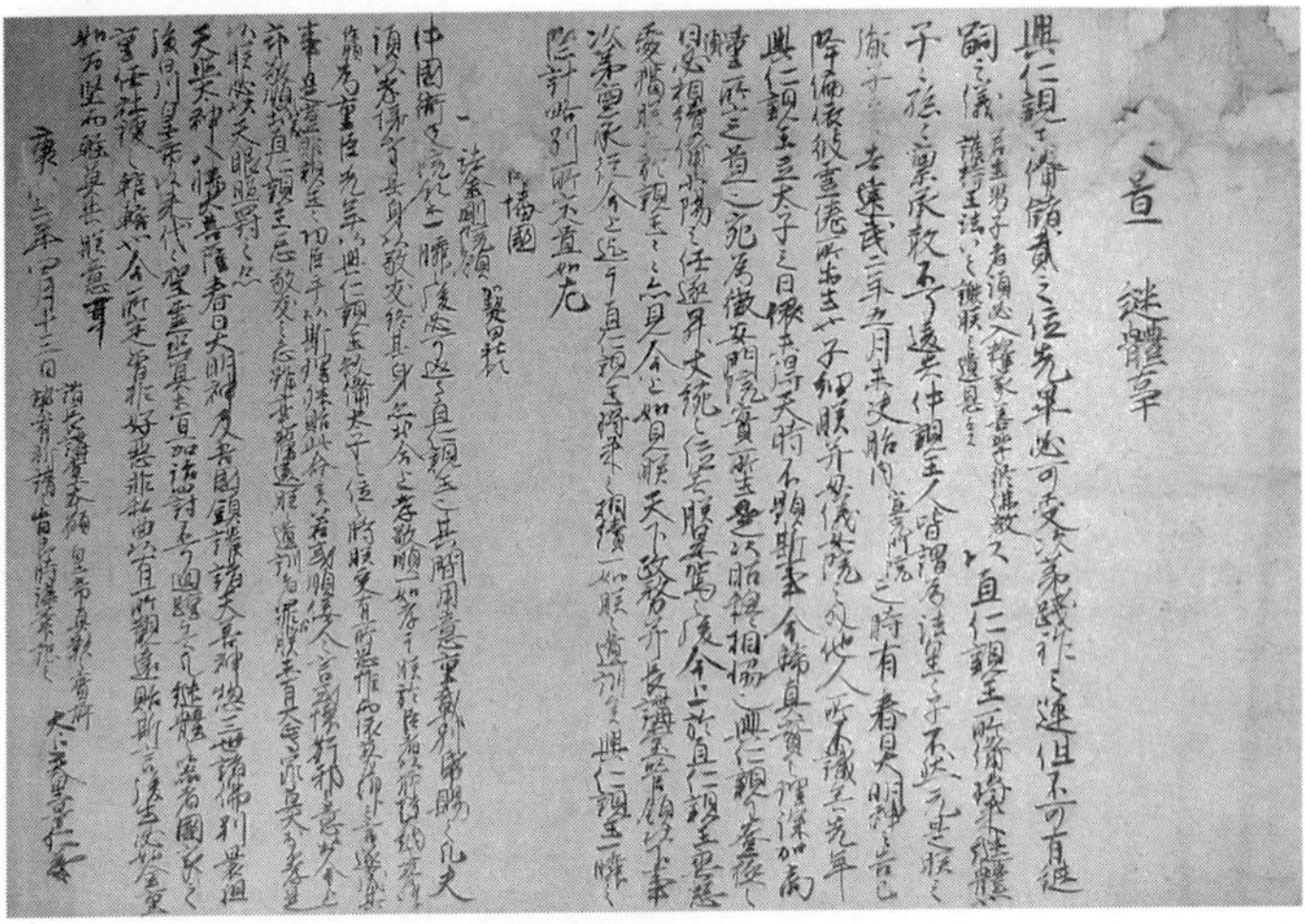

光厳天皇宸翰置文（鳩居堂蔵）

ることはけっしてあってはならない。その親王は花園法皇の子だと皆が言っている。しかし、それは違う、もとは自分の実子である。さる建武二年五月まだ宣光門院《せんこうもんいん》が懐妊する前に、春日大明神のお告げがあり、その霊験によって出生したのである。その子細は自分と宣光門院以外には誰も知らないことである。

このように記した後、所領についても、因幡国《いなば》と法金剛院《ほうこんごういん》領はまず興仁親王に譲るが、その没後は必ず直仁親王に返与するように指示し、別にそのための処分状も作成している。

この置文は、長くその存在が秘されており、戦後になって公にされた。花園皇子の直仁親王が実は光厳院の「胤子」であるという衝撃的な内容は、当初研究者の間でも、必ずしもそのまま事実としては受け取られなかった。この文書を最初に取り上げて、その内容に言及した赤松俊秀氏は、次のように解している（『光厳天皇遺芳』）。

この時に直仁親王の立太子を内定したのは、言外に花園天皇から受けた数々の御恩に報いる唯一の方法として定められたのであり、それが私情から発したものでないことを明らかにするために、特に親王の出生について秘密を設定したのではなかろうか

それに対して、はじめて明確に置文の真実性を認めたのは岩佐美代子氏である（『光厳院御集全釈』）。岩佐氏は、多くの神仏の名にかけて誓言している真剣さから見ても、これが便法とは思われないこと、信頼性の高い系図である『田中本帝系図』において直仁が光厳院第二皇子とされていることなどを根拠に、置文の語る所は事実であろうと指摘している。たしかにこの置文が作られた状況を見ても、ここに虚構があるとは考えにくい。この置文は、文末の日付の下に「長講堂に詣で、本願皇帝真影の宝前につらつら祈請の旨有り、即時染筆してこれを記す」とあることから明らかなように、皇統の祖たる後白河院の月忌が長講堂《ちょうこうどう》で行われた時に、その影前において祈願したことをすぐさま記したものである。真実を述べたものと見るのが自然であろう。岩佐氏の見解に従うべきであると考える。

光厳院が、花園院の寵愛深い女性と関係を持ったことも、それほど意外なことではない。岩佐氏は、宣光門院の姉守子《しゅし》が伏見と後伏見の両院から寵愛を受けて、両院の子女を産んでいる例を挙げているが、そのほかにも、鎌倉時代後期の両統迭立期の後宮においては同様の例をいくつも見ることができ

いよう。

る。大覚寺統の場合ならば、亀山・後宇多両院の寵愛を受けた談天門院《だんてんもんいん》(五辻忠子《いつつじちゅうし》)がよく知られて

光厳院の意図

宣光門院は、正親町実明《さねあき》女で、花園院女房として仕え、『花園天皇宸記』には「藤原実子《じっし》」・「南御方《みなみのおんかた》」と出てくる。文保《ぶんぽう》二年(一三一八)に二十二歳で徽安門院、嘉暦《かりゃく》二年(一三二七)に三十一歳で源性《げんしょう》入道親王を産んでいる。このほか、儀子《ぎし》内親王も、その所生である。花園院が最も愛した女性であったと思しい。建武五年(一三三八)四月、女院号宣下。延文五年(一三六〇)九月五日没、六十四歳。直仁親王を懐妊したのは、前記置文によれば、建武二年五月頃であるから、当時三十九歳。建武二年五月と言えば、西園寺公宗の後醍醐天皇暗殺計画の露見する前月で、持明院統の人々は持明院殿に逼塞していた時期である。

赤松氏の指摘するとおり、直仁親王とその子孫に皇位を継承させようとしたこの決断が、花園院に報いようとする光厳院の気持ちに基づくものであることは間違いなかろう。岩佐氏もこの点については同様の指摘をしている。本書第二章において述べたように、正安《しょうあん》三年(一三〇一)、後伏見天皇が後二条天皇に皇位を譲らなければならなくなり、富仁親王(後の花園天皇)が皇太子に立てられた時、二人の父伏見院は、持明院統が分裂することを危惧し、皇位を継承するのは後伏見院の子孫に限ること、富仁親王(花園天皇)の子孫は皇位を望んではならないことを厳命した。花園天皇がその命を忠実に守って、自らは後伏見から光厳への中継ぎ役に徹し、光厳院を賢帝に育てるべく努力し続けたことは、これまでに見て来たとおりである。その恩に光厳院が報いたいと考えたであろうことも、また、

これまでの院の言動を追い続けてきた者には十分理解できるところである。伏見院の指示を守りながら花園院に報いる、それを実現する唯一の方法として、この直仁親王の立坊とその子孫の皇位継承ということが考え出されたというのは確かにありそうなことである。これは、直仁親王が、血統上は紛れもなく自らの「胤子」でありながら、表面的には花園院皇子であるという二面性を有する特別な存在であったがゆえに可能なことであった。

直仁親王の立坊

直仁親王は、後年、貞和四年（一三四八）十月二十四日、崇光天皇践祚と同時に立坊した。時に十三歳。

これに先立って、同年九月五日に光厳院は花園院の住まう萩原殿《はぎわらどの》を訪れ、立坊のことを話し合った（『園太暦』）。直仁親王を立坊させることが話し合われたわけであるが、花園院はそれをどのように受け取ったのであろうか。前記康永二年の置文によれば、直仁親王が光厳院の「胤子」であることは、院と宣光門院しか知らないことであった。花園院は、真実を知らないまま、自らの皇子が立坊すると信じて、それを喜んで受け入れたのだろうか。

やはり、それは考えにくいことであると言わざるを得ない。花園院は、父伏見院の指示に従って、「一代の主《ぬし》」という立場を守り、光厳院とその子孫を皇位継承者として永続させることに、その生涯を捧げたと言ってよい。この頃、花園院は病気がちで、自らの人生の終焉の近いことを自覚していたと推測される。そのような時期に至って、これまでの生き方をすべて否定して、自らの皇子の立坊を望むことなどあるだろうか。最期に近い頃であるからこそ、これまで積もり積もってきた思いがあふれて、自らの皇子の立坊を望んだのだと見ることも不可能ではないが、花園院の生き方を見る限り、そのようには考えにくい。立坊に先立って十月十三日に、直仁親王は光厳院の猶子として元服している。したがって、形式上はこの時に光厳院の子となったから（実は、実子なのだが）、そのことを承けて、花園院は直仁親王の立坊を納得したと解せなくはないようにも思われる。しかし、花園院自身の場合、後伏見院の猶子となっても、あくまでも光厳院への「中継ぎ」という立場を崩さなかった。そのことを考えると、光厳院の猶子となったからといって、直仁親王が立坊する資格を得たと花園院が考えるようになったとは思われない。結局、直仁親王の立坊が実現したという結果から見ると、花園院は真実を知ったと考えざるを得ない。おそらくこの九月五日の話し合いの中でそのことが明らかにされ、花園院はそれを受け入れたものと想像される。

花園院（長福寺蔵）

崇光天皇践祚、直仁親王立坊から間もなく、同年十一月十一日、花園院は崩御した。五十三歳であった。この貞和年間の後半は、風雅和歌集がほぼ完成し、皇位継承の道筋もつくなど、光厳院政の絶頂期であり、それを見届けることができた花園院は、心安らかに逝ったことと思われる。光厳院はその死を深く悼み、実の父に対するのと同様の喪に服したいと考えたが、既に後伏見院が亡くなった際にそれは行っており、猶子の身として重ねて同様に服喪するのは不穏当であると意見され、それは断念した。かわりに、錫紵《しゃくじょ》を着け、叔父の服であれば三ヶ月のところを、特に五ヶ月の心喪《しんそう》に服した（『園太暦』）。

直仁親王は、この後、観応《かんのう》の擾乱《じょうらん》によって春宮を廃され、光厳院らと共に南山に幽囚生活を送り、帰洛後は、花園院皇子として、伝領した萩原殿に住んで、応永《おうえい》五年（一三九八）まで生きた。

4 『風雅和歌集』の撰集

『光厳院御集』

光厳院は勅撰和歌集を自ら編纂した。十七番目の勅撰集『風雅《ふうが》和歌集』（以下『風雅集』）である。完成後間もなく観応の擾乱が起こって、院自身が政治的権力を失ったこともあり、室町時代以後、京極為兼《きょうごくためかね》撰の『玉葉《ぎょくよう》和歌集』とともに「玉葉・風雅」と一括されて、長く「異端の歌集」として冷遇され続けた。しかし、近代に至って、この二集に収められた自然詠が近代短歌にも通ずる美を有するとして再評価がなされ、現在では新古今集以後の中世和歌史上、最も注目すべき歌集との評価が確立している。

光厳院は、『風雅集』編纂を企てる少し前に自らの家集を編んだ。『光厳院御集《ぎょしゅう》』である。暦応元年（一三三八）頃から康永元年（一三四二）頃までの約五年間に詠んだ和歌一六五首を、康永元年、当時三十歳の院自身がまとめたものと考えられている。現存する有力伝本に「花園院御集」と題するものがあり、古来、花園院の家集と誤り伝えられてきたが、昭和になって、光厳院の家集であることが明らかにされた（原田芳起「光厳院御集と花園院御集」）。

岩佐美代子氏によって詳細かつ行き届いた注釈書が作られており（『光厳院御集全釈』）、歌風の特色もその解説にまとめられている。それによれば、全体として実験的に詠出された作が多く、（1）字余り歌が多いこと、（2）個性的な冬の歌が多いこと、（3）深い思想性を有する歌のあることなどが顕著な特色であるという。このうち、特に（3）の深い思想性を有する歌の存在が注目され、中でも、次に掲出する「燈《ともしび》」の連作六首は、その哲学性の深さが高く評価されている（訳は『光厳院御集全釈』による）。

さ夜ふくる窓の燈つく〴〵とかげもしづけし我もしづけし（一四一）

（夜が次第に更けて来る、窓辺の燈よ。つくづくと眺める、その光も静かである。じっと見つめている、私も静かである）

心とてよもにうつるよ何ぞこれたゞ此のむかふともし火のかげ（一四二）

（「心」といって、際限なくあれこれと移り変るものよ、一体これは何なのだろう。心に映っているものはただ、このように向いあっている、燈火の光だけではないか）

むかひなす心に物やあはれなるあはれにもあらじ燈のかげ（一四三）

（相対して思う、その心の働きによってしみじみとした物の哀れの感情が生れるのであろうか。物そのものとしては哀れではあるまいものを、燈の光よ）

ふくる夜の燈のかげをおのづから物のあはれにむかひなしぬる（一四四）

（更けて行く夜の燈火の光を、なぜということもなくひとりでに、物あわれであるかのように、これと相対する心の働きゆえに思いなしたことよ）

過ぎにし世いまゆくさきと思ひうつる心よいづらともしびの本（一四五）

（過ぎ去った世、現在、そして将来と、思いが移り動いて行く、その心よ、一体どこにあるのか。ただこの一つの燈火のもとにあるのではないか）

ともし火に我もむかはず燈もわれにむかはずおのがまに〳〵（一四六）

（燈火に、私も意識して対座してはいない。燈火もまた、私を意識して向いあっているわけではない。ただ自分自身のあり方として、それぞれに存在しているだけだ）

岩佐氏は、「『光厳院御集』と言えば、端的にこの『燈』の連作をもって和歌史に残る」とまで評価している。

暦応年間になって一応の政治的・軍事的な安定を得る中で、思いのままに和歌を詠み、さらにそれを集成する作業を通じて、院の中に勅撰和歌集編纂の思いが萌してきたのではなかったろうか。

永福門院の死

康永二年（一三四三）頃、光厳院は勅撰和歌集撰集の計画に動き出した。

勅撰和歌集には本質的に二つの面が存在する。一つは秀歌撰という側面、もうひとつは治世の証という側面である。光厳院の撰集計画も、京極派和歌の宣揚と治世の正統性の誇示といという二つの目的をもって始まったと考えられる。ただし、この康永二年という時期にそれが企図されることについては、前者の比重が大きかったかと思われる。

撰集の直接的な契機となったのは、永福門院《えいふくもんいん》の死である。康永元年（一三四二）五月七日、永福門院は七十二歳で亡くなった。朝廷では三七日《さんしちにち》の雑訴を停止し、五日間の廃朝固関を実施した。幼年期から少年期にかけて持明院殿において共に生活し、親しんでいたから、光厳院はその死を深く悲しんだ。院は錫紵を着して正式に祖母（父後伏見院の准母である）の喪に服し、さらに、五ヶ月間の心喪に服した（『光明院宸記』）。正和元年（一三一二）の『玉葉和歌集』完成後、為兼が失脚して土佐に流され、伏見院が亡くなると、京極派歌壇の活動は沈滞を余儀なくされ、その期間は文保元年（一三一七）頃から暦応二年（一三三九）頃まで、二十数年間に及んだが、その間の京極派を支えたのは永福門院であった。伏見院は亡くなる時、後伏見院に、もし今後勅撰集の撰集を企てることがあれば、永福門院と鷹司冬平《たかつかさふゆひら》とに相談するようにと言い残したという（『井蛙抄《せいあしょう》』）。女院は夫伏見院の遺志を継いで、京極派二番目の勅撰集の撰集を心にかけていたと推測される。花園院と光厳院は、女院の崩に接して、改めてその願いに思いを致したことと思われるのである。

光厳院の五ヶ月間の心喪の除服直後から、持明院殿において歌会・歌合が活発に催されるようになった。康永元年十一月四日と同月二十一日には詩歌合《しいかあわせ》が、その間の九日には初雪を題とした歌会が行われている。さらに翌年には「院六首歌合《いんろくしゅうたあわせ》」と「五十四番詩歌合《ごじゅうよばんしいかあわせ》」が催行されている。このうち「院六首歌合」は三十二名の出詠者による六題九十六番の歌合で、当時の京極派としては最大級規模の催しである。歌風は、時間的推移を詠むこと、光の明暗を描写していること、字余りが多いことなど、典型的な京極派のそれで、この中から十七首もの歌が『風雅集』に採られている。出詠歌人は、花園・光厳両院、徽安門院、進子《しんし》内親王などの皇族、その女房たち、持明院統の側近廷臣たちで、永福門院内侍《ないし》など伏見院の生前からの歌人も数名いるが、多くは花園・光厳院の周辺で和歌を学んだ比較的若い歌人たちである。これらの催しは、勅撰集撰集の気運を高めるために行われたものと推測される。

勅撰集の発企

康永三年十月、従三位に上階した足利直義《ただよし》が謝礼のために持明院殿に参じた際に、前年から幕府に申し入れていた勅撰の沙汰が遅延していることについて話し合いがなされた。直義は異論がない旨の返答をし、後日十七・八日頃、公式に文書を以て奏上がなされた（『園太暦』康永三年十月二十三日条）。

ただし、勅撰の沙汰はすぐには公表されなかった。春日神木の動座があったためである。光厳院は、神木動座中であるが、今回の勅撰は藤原氏の者が沙汰するのではなく、「御自撰」であるゆえ、公表しても構わないのではないか、と公賢に諮ったが、公賢はなお慎重に対処すべきことを進言した（十一月二十九日条）。今回の勅撰撰集が「親撰」であることが初めて知られるのは、この『園太暦』記事によってである。鎌倉時代以後の勅撰集は、通常、治天の君の命を受けた歌道家の宗匠が編纂に携わる。しかし、今回はそういうわけにはいかなかった。本来ならば撰者を出すべき京極家は、為兼に実子がなく、猶子《ゆうし》忠兼《ただかね》は、為兼失脚後、実家の正親町《おおぎまち》家に復したため（公蔭《きんかげ》と改名）、家を継ぐ者がいなかった。二条家宗匠の為定《ためさだ》に命ずることなど論外であり、他に撰者となるにふさわしい歌人も見当たらない。伏見院亡き後、永福門院と共に京極派歌壇を維持・指導してきたのは花園院と光厳院であったから、花園院と光厳院が協力して撰集することは、勅撰の沙汰が具体化した当初からの方針であったと推測される。

事始・詠歌収集

康永四年（一三四五）四月十日、撰集作業が着手された（中院通秀撰『園太暦目録』同月十一日条）。同月十七日には、勅撰入集を望む者の和歌の提出について、武家は勧修寺経顕、その他の者は公賢と冷泉為秀《れいぜいためひで》を通じて行うことが定められた（『園太暦』）。勅撰集撰集が公事《くじ》の一つであるとすれば、武家執奏《ぶけしっそう》の経顕、院執事《いんのしつじ》でもあった公賢がそれぞれ窓口になるのは当然のことであった。為秀は歌道家の者として、執奏を担当することになったか。早速七月十日に九条道教《みちのり》、同月十一日に頓阿《とんな》、同月二十五日に藤原懐通《かねみち》、九月二十八日に飛鳥井雅孝《あすかいまさたか》と、公賢の許に人々の詠草が届けられた。

同年十月二十一日、改元が行われ、「康永四年」は「貞和元年」となった。

翌貞和二年（一三四七）四月二十五日、百首詠進の命が下った（『園太暦』同月二十六日条）。いわゆる「応製百首《おうせいひゃくしゅ》」である。『新古今和歌集』勅撰直前に召された『正治百首《しょうじ》』を先例として、『続後撰《しょくごせん》和歌集』の際に召された『宝治《ほうじ》百首』以後、中世の勅撰集撰集の際には原則として「応製百首」が召された。その例に倣っての下命である。詠進が命ぜられたのは三十二名、それに花園・光厳両院が加わって、合計三十四名が詠じた。従来武家に応製百首を召す例はなかったが、今回は尊氏・直義兄弟にも詠進が命ぜられた。当初、七夕に披講する予定であったが、歌が揃わず、結局閏九月十日に披講された。これから『風雅集』への入集歌は百三十三首。当代歌人の和歌を一挙に集めるための重要な資料源であった。この百首は、後に『貞和《じょうわ》百首』と称されるようになる。

撰集の主体すなわち撰者が花園院であるのか光厳院であるのかについては、古来議論がある。南北朝期頃に成立した『勅撰次第《ちょくせんしだい》』や『代々勅撰部立《だいだいちょくせんぶだて》』等、歴代勅撰集の基本的情報を記した書物には、花園院撰とするものが多い。成立に近い時期の情報であるから、これを無視することはできない。しかし、近年は、光厳院親撰説が有力となっている。次田香澄、後藤重郎、岩佐美代子の各氏によって研究が積み重ねられ、序文の叙述や作者名・詞書の表記法等、歌集そのものが精緻に分析されるとともに、撰集過程を伝える『園太暦』の記事が綿密に読解されることによって、花園院の監修の下に光厳院が実際の撰集を行ったと見るべきであることが明らかになってきたのである。本書も、この近年の見方に従って、具体的な撰集行為は光厳院によってなされたと考えている。

撰集作業・題号・序

最終的な撰歌と部類排列の作業は、撰者たる光厳院が行ったが、そこに至るまでの和歌の収集や選別等は、「寄人《よりうど》」の正親町公蔭《きんかげ》・二条為基《ためもと》（玄哲《げんてつ》）・冷泉為秀《ためひで》が行った（このほか、綾小路重資《あやのこうじしげすけ》も加わっていたとする資料がある）。この三人について述べておくならば、公蔭は京極為兼の猶子、為基も為兼猶子であったが元来は二条家出身の歌人、為秀は冷泉家二代目で、形式的には、歌道家たる御子左流の三家すべての歌人を揃えていたことになる。

貞和二年十月十一日、勅撰集の集名について、花園院から公賢に下問があった。この勅撰集の名号を「正風《せいふう》」としたいが、一般にはその意味が理解しがたく、また、呉音で読むと「傷風《しょうふう》」に通ずる恐れがあるので、その点をどう思うかとの問いであり、公賢も避けた方がよかろうとの意見を申し述べた。元々「正風」とは、『詩経《しきょう》』の「国風《こくふう》」のうち、王道が正しく行なわれている時の作、「周《しゅう》南《なん》・召南《しょうなん》」の二十五編を言う。つまり、この集名には、王道が正しく行なわれている時の和歌を集成した歌集という意味が込められていた。花園院としては最も望ましい集名であったが、前記のような事情でそれは見送られた。同月十七日になって、公賢は光厳院から題号が「風雅集」と定まったことを知らされた。『園太暦』の記事中に、集名について、「俗言耳に馴ると雖も」と口惜しげに語った院の言葉が記されているが、これは、「風雅」という語が、多くの人々には、一般的な「詩歌・文章の道」という意味にしか解されないであろうことを思って述べたものである。花園院の意図する所は、その意味ではなく、『詩経』の「国風」と「小雅《しょうが》・大雅《たいが》」の意であり、「正風」と同様に、王道が正しく行われている時の和歌を集成した歌集という意味を込めた集名であった。意図した意味がそれであることは、真名序《まなじょ》の最後に「専ら正風雅訓《せいふうがくん》を挙げて千載の美を遺さんと欲する者なり」とある点から明らかである。

『風雅集』には真名序と仮名序が備わっている。いずれも花園院が撰者光厳院の立場から記したものである。歴代の勅撰集二十一集のうち、真名・仮名両序を有するのは、『古今《こきん》』・『新古今《しんこきん》』・『続古《しょくこ》今《きん》』・『新続古今《しんしょくこきん》』とこの『風雅集』の五集のみである。『風雅集』以外の四集がいずれも「古今」という語を歌集名に含んでいることに明らかなように、これらは勅撰集の中でも一つの特別な系列を成している。この系列（「古今系」）の序文には、まずその冒頭部において和歌の本質について論ずるという共通点があり、和歌の政治性を強く主張するのが特色である（後藤重郎「勅撰和歌集序に関する一考察」）。そもそも最初の勅撰集である『古今集』が天皇の命による国家事業として編纂されたのは、それが政事に有益だと考えられたからである。これは、儒教の礼楽思想を背景として中国において確立した政教主義的文学観、すなわち、徳のある天子の御代には優れた詩歌が多く詠まれ、また詩歌の繁盛によって天下・国家の繁栄がもたらされるとの考え方に基づいている。この思想は『古今集』の序に記され、以後の「古今系」の勅撰集にも継承された。『風雅集』は、「古今」を含んだ集名でこそなかったが、序文においては、その系列の勅撰集と同様に、あるいはそれ以上に和歌の政教性を明確に主張しており、『古今集』の思想を最もよく継承した歌集だと言うこともできる。公賢は、「正風」との集名を示された十一日、花園院から真名序と仮名序も見せてもらい、「さらに言詞の覃《およ》ぶ所にあらず、頗る感涙を拭ひ了んぬ」と感動の言葉を残している。

前述のとおり、撰集開始の契機は、京極派による第二の勅撰撰集という永福門院の願いの実現にあり、文芸的意味合いが強かったが、完成した歌集は、集名といい、真名序・仮名序の記事といい、和歌の政治的効用を前面に打ち出した、政教主義的色彩の濃いものであった。

竟宴と完成

貞和二年（一三四六）十一月九日、持明院殿において『風雅集』の竟宴《きょうえん》（完成祝賀の酒宴）が行われた。『新古今集』・『続古今集』の例に倣ってのことである。本来ならば全巻完成後に行われるべきことであるが、今回は序と春上一巻の完成を以て催された。同年五月に花園院が病気になっており、その健康に不安があったために形式的な完成を急いだのであろう。当日の宴の次第は『園太暦』に詳しく記されている。講師《こうじ》（歌を詠唱する役）を正親町公蔭男の忠季《ただすえ》が、読《とく》師《じ》（講師を手助けする役）は公賢が務め、序と巻一の巻頭歌（京極為兼詠）から第七首（花園院詠）までを詠んだ。その後、竟宴和歌（竟宴に際して詠まれる歌）の披《ひ》講《こう》が行われ、こちらの御製講師《ぎょせいこうじ》（光厳院詠を詠み上げる役）は二条為定が務めた。さらに、御遊（管絃）があって、宴は終了した。

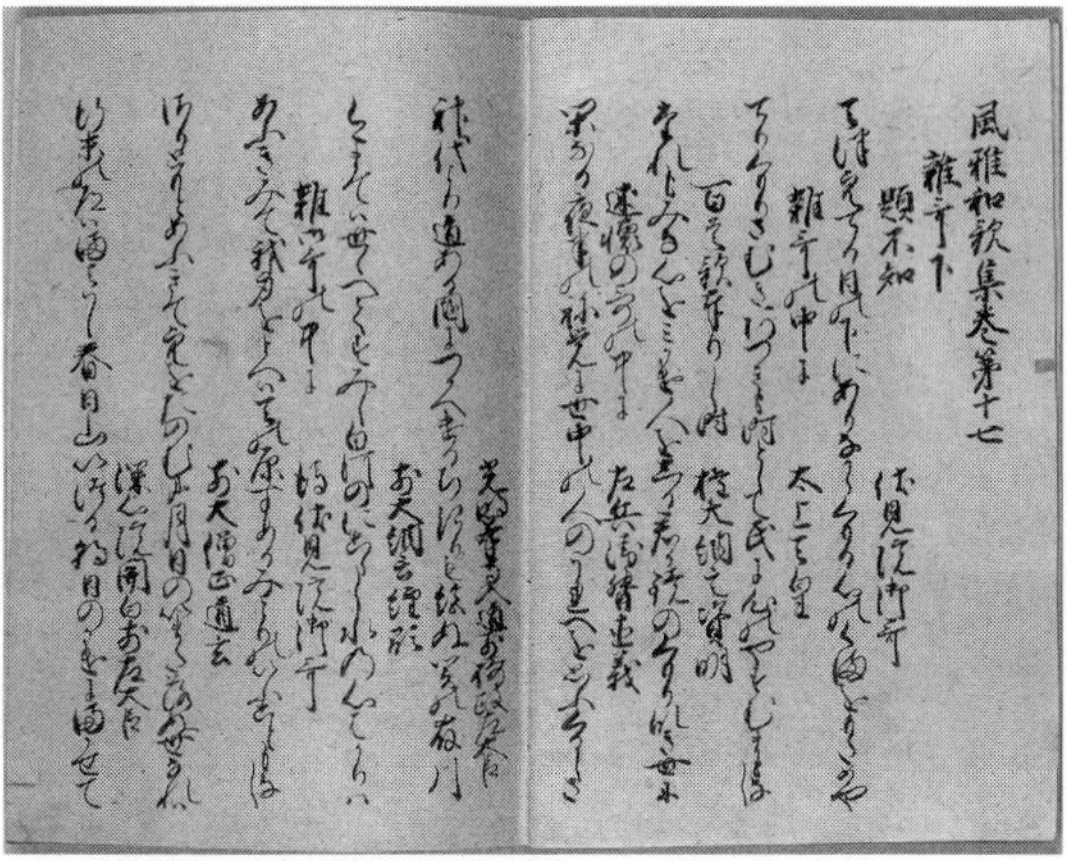

『風雅和歌集』巻17巻頭（宮内庁書陵部蔵）

　この後、編纂作業はさらに続けられた。貞和三年九月二十八日には四季部が完成し、中書本《なかがきぼん》（最終完成本の一段階前に作られる草稿本）が院に提出された。貞和四年七月二十四日には雑部三巻、神祇・釈教の中書本が提出されたことが知られる（『園太暦目録』）。同年十月五日には公賢が『風雅集』を一覧しており（『園太暦目録』）、この頃までには旅・恋・賀部も出来上がっていたと推定される。貞和五年二月十四日には、公蔭が公賢の許に来て、位署《いしょ》（官位・姓名の書式）の訂正について相談をしているから、この頃には全体がほぼ完成し、最終的な調整が残されるだけになっていたらしい。貞和五年秋には全巻が完成したものと考えられる。

全歌数二二一一首（谷山文庫本ほか）。その歌風について、岩佐美代子氏は、「風雅集は玉葉集の祖述継承に違いないが、歌境を更に深め、内観性において特に沈潜した哲学的境地にまで至っている。為兼・伏見院の志した歌風は、ここに見事に完成した」と評している。

第七章　貞和五年・光厳院の目

歴史叙述の材料として和歌を用いることはむずかしい。歴史上の人物が和歌を詠んでいる場合、その和歌によって、その場面における心情を推測したい誘惑に駆られる。しかし、それは、やってはならないことである。特に中世においては、ごく特殊な例を除いて、和歌によってその作者の心の内を覗くことは不可能である。それは、中世の和歌は基本的に題詠だからである。京極派の和歌は、心のままに自由に詞を用いて作られる。ただし、「心のまま」と言っても、与えられた題について「心のまま」に詠むのであるから、そもそもの感情の発動は一種の「虚構」なのである。その点においては中世和歌の主流たる二条派和歌と同じである。ある歌会において詠まれた和歌は、それがどれほど真に迫った内容であったとしても、それは上手く詠まれたというだけのことであり、その作者の現実の心情を詠んだものと受け取ってはならない。家集所収の和歌で、詳細な詞書が付されている場合には、それが詠まれた状況が説明されているわけであるから、ある程度はその和歌の内容から作者の心情を推し量ることができないこともない。しかし、それにしても、和歌の約束事に則って作られているのであるから、それには自ずと限界がある。

では、和歌は歴史叙述の材料として利用することがまったくできないかと言えば、実は必ずしもそうではない。和歌を集めた「歌集」は、史料として利用することが可能なのである。それは、歌集が、編纂された物だからである。歌集の編纂とは、編者が和歌の内容を解釈して、その採否を決定し、歌集のある箇所に配置するという行為である。その行為は現実に行われることであるから、出来上がった歌集を材料として、なぜその和歌を選び、その場所に配置したのか等、編者の意図を推測することはできる。もちろんその推測が常に的を射ているとは限らない。場合によっては編者の本来の意図と異なることを推定している恐れはある。ただし、それは史料の解釈ということには常に付きまとう問題であり、歌集に限る話ではない。日記にしても文書にしても、その記主の意図を測ろうとすれば、多かれ少なかれ同様の問題が生ずるはずである。

本章においては、『風雅集』を手がかりとして、貞和五年（一三四九）頃の光厳院が、自らの権力の基盤をどのように認識していたかを考えてみる。

1 『風雅集』巻第十七「雑下」の巻頭部

貞和五年という年

貞和五年というのは『風雅集』の完成直後の年であるが、それはまた、光厳院のその後の運命を知っている我々から見ると、院にとって得意絶頂の年でもあった。

自らのその後の運命を知るべくもない院自身、この頃、ある種の達成感を抱いていたらしい。『園太暦』同年二月二十五日条に、院の染筆した冥道供《めいどうぐ》（閻魔大王に罪の消滅と長寿を祈願する密教の供養法）の祭文《さいもん》が載せられているが、それには、「不徳を以て公家已《すで》に一統の上、旧冬以来春宮践祚、親王立坊、栄耀頗る盈満《えいまん》、天鑑恐れあり」とある。前年の高師直《こうのもろなお》による吉野襲撃は南朝をほとんど壊滅的な状況に追いやり、一方、京都周辺においては戦乱が止んで久しく、安定した政治が営まれていた。こうした状況から、朝廷は一つにまとまり、また、前年冬には興仁《おきひと》親王が即位し（崇光天皇）、同時に直仁《なおひと》親王が立坊した。自分は今この上ない満ち足りた状態にあり、それだけに天帝の照覧を畏れる。このように述べているのである。

『風雅集』巻第十七「雑下」巻頭の述懐歌

さて、鎌倉時代以後の勅撰集には、撰集を企図した治天の君が自らの治世についての思いを述べた歌や、治天の君に対する臣下の思いを詠んだ歌が収められている場合がある。自らの心中の思いを述べる歌を「述懐歌《じゅっかいか》」と言うが、これらはその一種であり、勅撰集においては「雑部」に収められるのが一般的である。『風雅集』もその例外ではない。巻十七「雑下」の巻頭にそうした内容の歌が配されている。そこには、その撰集時期の治世のあり方に対する院の認識が示されていると考えられる。問題となる歌は次の十二首である。

題不知　　伏見院御歌

あまつそらてる日のしたにありながらくもる心のくまをもためや（一七九六）

（大空の照り輝く太陽の下にありながら、曇る心の暗い部分を持つことがあろうか。いやそのようなことがあってはならない）

雑歌の中に　　太上天皇

てりくもりさむきあつきも時として民に心のやすむまもなし（一七九七）

（照るにつけ曇るにつけ、寒きにつけ暑きにつけ、少しの間も、民のことを思い悩まずに心が休まる、そのような時はないよ）

百首歌たてまつりしとき　　権大納言資明

たれもみな心をみがけ人をしる君がかゞみのくもりなき世に（一七九八）

（誰も皆、心を磨けよ。人の良し悪しを見分ける我が君の心の鏡が曇ることなく、臣下を間違いなく判断されるこの聖代なのだから）

述懐歌の中に　　　　　　　　　　　　　　　　左兵衛督直義

しづかなる夜半の寝覚に世の中の人のうれへをおもふくるしさ（一七九九）

（静かな夜中、ふと目が覚めて、世の中の人々の様々な苦悩を思う苦しさよ）

光明峯寺入道摂政左大臣

神代よりみちある国につかへけるちぎりもたえぬ関のふぢ河（一八〇〇）

（神代から正しい道理の通っている国に仕え続けてきた、その縁の絶えないことよ、古今集に収める「関の藤川」の歌の、そのままに）

前大納言経顕

いまゝでは代々へてすみししら河のにごらじ水のこゝろばかりは（一八〇一）

（今に至るまで、先祖代々住んできたこの白河の地。その白河の水が濁らないように、私も濁らず清らかにしておこうと思います、心だけは）

雑御歌の中に　　　　　　　　　　　　　　　　後伏見院御歌

あふぎみて我が身をとへばあまのはらすめるみどりのいふ事もなし（一八〇二）

（天を仰ぎ見て、我が身はどうあるべきか尋ねるけれども、大空はただ澄んだ碧天があるだけで、何を言ってくれることもない）

前大僧正道玄

さりともとあふぎて空をたのむかな月日のいまだおちぬ世なれば（一八〇三）

（それでもやはり頼りにしようと、空を仰いで頼みをかけることだ、月や太陽が地に落ちてはいない世なのだから。そのように、理不尽なことの多い世の中だが、治天の君を頼りにすることだ、まだ王法も仏法も衰えずに助け合って正義が行われているこの世だから）

深心院関白前左大臣

ゆくすゑのみちはまよはじ春日山いづる朝日のかげにまかせて（一八〇四）

（将来進んでゆく道は迷わないだろうよ。春日神のいらっしゃる春日山から出てくる朝日の光の指し示すのに任せて行けば）

文保百首歌に

芬陀利華院前関白内大臣

くもらじとおもふ心をみかさ山いづる朝日も空にしるらむ（一八〇五）

（曇らせまいと思う心を御覧になって、三笠山から出る朝日も自ずとそれをご理解下さることだろう）

雑御歌とて

後醍醐院御歌

をさまれる跡をぞしたふおしなべてたがむかしとはおもひわかねど（一八〇六）

（善政をお敷きになっていた聖代の跡を慕うことだよ、すべて一様に。どの帝の昔が特によいと見分けることはないけれど）

百首歌の中に

太上天皇

をさまらぬ世のための身ぞうれはしき身のための世はさもあらばあれ（一八〇七）

（安らかに治まらない世における治天の君としての我が身こそが嘆かわしいことだ。我が身のためのこの世

などは、どうであろうと構わない）

2　治天の君の述懐

この十二首の歌群は、最初に伏見・光厳両院の二首、最後に後醍醐・光厳両院の二首、そして、そのちょうど中間あたり（七首目）に後伏見院詠というように、要所に「院」の歌を配し、治世を支える人々の歌を、その間に置くという形をとっている。なお、「後醍醐院《ごだいごいん》」という院号は、後醍醐天皇自身は望んだものではなかったと思われ、南朝において成った『新葉《しんよう》和歌集』では「後醍醐天皇」となっているが、本章では、以下、『風雅集』における名称に従う。

為政者の述懐詠

「院」の五首は、いずれも、神代から当代に至るまで絶えることなく続いてきた治世の主が、自らのあり方を深く省みる歌と解される。巻頭の伏見院詠（一七九六）は、天子として公明正大さを天地神明に誓うという内容の歌。続く光厳院詠（一七九七）は、天子として民を思う気持ちを詠んだ歌。後伏見院詠（一八〇二）は、天子が自らのあり方を天に問いかける自省の歌。「天の原」という語は、「大空」という意味であるが、皇統につらなる者が用いているために、そこには「高天原」という神話的な意味も響いていると解される。後醍醐院詠（一八〇六）は、善政を敷いた聖天子の伝統につらなりたいという思いを詠んだ歌。最後の光厳院詠（一八〇七）は、乱世における天子の責務を強く自省する歌。いずれも治世を担う者としての自覚に基づく歌と見てよいと思われる。

花園院の欠如

ここに撰ばれている「院」の名前を見て、まず気づくのは、花園院が含まれていないことである。持明院統の皇統という観点から見るとき、また、撰者光厳院との密接な関係、あるいは、『風雅集』撰集に果たしたその役割等を考えるとき、ここに花園院の名前がないのは奇異に感じられる。その一方で、後醍醐院が入っていることも、また注目される。『風雅集』が南北朝の対立の中で撰集されたことを考えるならば、後醍醐院の歌を採っているのは、やはり奇異に思われるのである。

しかし、これらの疑問は、ここに採られているのは、当代光厳院に直接つながる代々の「治天の君」の歌であると考えれば、納得がゆく。

花園院は、治天の君として政務を執ることはなかった。第二章において詳しく記したように、それは、同院がその兄後伏見院の猶子として春宮に立った時から、父伏見院によって定められていたことであった。持明院統の嫡流は、あくまでも伏見―後伏見―光厳と続くものとされ、治天の君の地位に就くのも、その嫡流の三人に限られていた。

後醍醐院についての認識

後醍醐院は、現に対峙している南朝の祖であったが、一面において、光厳院の直前の「治天の君」でもあった。少なくとも光厳院は、そのように認識していたと考えられる。後醍醐院自身は、文保二年（一三一八）二月の践祚から延元四年（暦応二年、一三三九）八月の崩御直前まで二十一年間一貫して天皇の地位に在ったと認識していたに違いない。それに対して光厳院は、皇位と治天の君の変遷を次のように考えていたと推測される。まず後醍醐院は、文保二年（一三一八）二月から元弘元年（一三三一）九月までの十三年間余、天皇として在位していた。元弘の変の結果、後醍醐院は隠岐に流され、代わって光厳院自らが皇位に即き、後伏見院が治天の君として院政を敷いて、その期間が一年八ヶ月続いた。その後、鎌倉幕府が滅び、元弘三年（一三三三）五月から三年間、後醍醐院が天皇に復位し、いわゆる建武の新政が行われた。延元元年（建武三年、一三三六）、足利尊氏が後醍醐院に叛旗を翻して、光厳院を治天の君として擁立し、光明天皇が即位した。そして、それが勅撰集撰集の現時点まで続いている、と。すなわち、文保二年以来の皇位継承は、後醍醐―光厳―後醍醐―光明と、また、治天の君については、後醍醐―後伏見―後醍醐―光厳と継承したと認識していたと思われるのである。第五章において述べたように、後醍醐院は、元弘の変後の光厳天皇の在位を認めず、その間も自らが在位し続けたという形式を堅持した。事実よりも理念を優先させたと評することができよう。しかし、光厳院は、経験した事柄は事実としてそのまま素直に受け入れたということであろう。

伏見・後伏見両院は、光厳院にとって祖父と父であり、その二人をこの述懐歌群に配しているのは、自らを、その皇統の正統なる継承者として位置づけようとしていることだと言えよう。しかし、ここでは、それにとどまらず、さらに後醍醐院をも配している。これは、皇統の正統性の誇示というようなことを超えて、世を治める者の系譜を示し、自らをその継承者として位置づけようとしているのだと考えられる。

3 伝奏と武家

十二首のうち残る七首は、右の「治天の君」を支える立場の人々の歌である。作者七人のうち、三人が摂関（一八〇〇・一八〇四・一八〇五）、二人が摂関以外の廷臣（一七九八・一八〇一）、一人が武士（一七九九）、もう一人が僧侶（一八〇三）である。七人は当代歌人と物故歌人とが入り交じっているが、まず当代歌人から見てゆく。

資明と経顕

「権大納言資明」（一七九八）・「左兵衛督直義」（一七九九）・「前大納言経顕」（一八〇一）が、それである。

三人のうち資明と経顕は、光厳院の伝奏と院評定衆を兼ねる人物であるという点で共通する。この二人は、これまでにも本書にしばしば登場している。たとえば、六波羅滅亡の際に、光厳天皇たちは関東に下向しようとするが、その時、番場《ばんば》の宿まで供奉した廷臣の中に、この二人も含まれる。いずれも古くからの持明院統の廷臣で、光厳院の若い頃から、その側にあった人物である。

資明は、永仁五年（一二九七）生まれ、文和二年（正平八年、一三五三）に五十七歳で没。正二位権大納言に至る。日野俊光四男。柳原《やなぎはら》家の祖。兄弟には、これも本書においてしばしば名前の出てきた資名や三宝院賢俊がいる。この兄弟は、六波羅滅亡、西園寺公宗の謀叛計画、足利尊氏への院宣の伝達など、持明院統の運命の転機に必ず立ち会っており、持明院統の側近中の側近である。資明は、この貞和五年には五十二歳。一七九八の歌は、臣下の賢愚を弁え知る君を讃えるという内容である。経顕は、正応元年（一二八八）生まれ、応安六年（文中二年、一三七三）に八十六歳で没。従一位内大臣に至る。坊城定資《ぼうじょうさだすけ》次男。勧修寺《かじゅうじ》家の祖。非常に有能な廷臣であり、光厳院政下においては院執権を務め、武家伝奏も兼ねるなど、その中心人物であったが、後醍醐天皇の建武政権下においても参議を務めるなど重用された。また、後に光厳院たちが南山に連れ去られることになるが、残された持明院統を支えたのも彼であった（詳細は後述）。この貞和五年当時は六十一歳。一八〇一の歌は、先祖代々続く君への忠誠心を詠んでいる。

当時の公家政権の政治体制が「伝奏」と「評定衆」を中核とするものであることは、すでに前章において述べたとおりである。この二人は、その中でも中心的存在であり、しかも、権を競う間柄にあった。そのことは、『太平記』第二十六巻「従伊勢国進宝剣事」（流布本は第二十五巻）にも記されている。伊勢に出現した剣が、失われた三種の神器の宝剣であるとして、それを献上することを画策した資明に対して、経顕が反対意見を述べて、とりやめになった事件が描かれているのであるが、その中で、二人のことが次のように評されている。

此比朝廷に賢才輔佐《ふさ》之臣多しと云共、君之不儀を諫《かん》して、不善を誡めらるゝは、坊城大納言経顕・日野大納言資明二人のみ也、夫《それ》両雄は必ず争ふ習《ならい》なれば、互に威勢を被レ競けるにや、経顕卿の申し沙汰せられたる事をば、資明卿申破らんとし、資明卿の執奏せられたることは、経顕卿これを支へ申されけり。

実質的に光厳院の政務を支えたのは経顕と資明であり、共に実力者であるだけに、二人は事あることに対立していたというのである。

足利直義への信頼

もう一人の足利直義は、言うまでもなく尊氏の弟である。草創期の足利幕府は、尊氏・直義兄弟の二頭政治体制をとった。尊氏が武士に対する軍事指揮権と行賞権という主従制的支配権を掌握したのに対して、直義は民事裁判権と所領安堵権という統治権的支配権を掌握したとされる（佐藤進一『南北朝の動乱』）。直義は、鎌倉時代以来の伝統的な権利体系を尊重したため、公家・寺社・守護大名クラスの武士から支持された。

光厳院をはじめとする公家社会が直義を深く信頼していた様子は、『太平記』第二十三巻「上皇御願文事」によって、よくうかがい知ることができる。

左兵衛督直義朝臣、二月五日より俄に邪気に被レ侵て、身心常に狂乱し、五体鎮《とこしなえに》悩乱す、陰陽寮、鬼見《きけん》・泰山府君《たいざんぶくん》を祭り、財宝を焼尽し、典薬頭、倉公《そうこう》・花陀《かた》が術を尽て医すれども癒《いえ》ず、祈れども不レ叶、病日々に重りて、今はさてもやと見へければ、天下の貴賤悲を含て、若《もし》此人何にも成給はゞ、小松大臣重盛の早世して、平家の運命忽に尽たりしに相似たるべしと思はぬ物はなかりけり、持明院上皇此の由を聞召し、潜《ひそか》に勅使を立られて、八幡之社に一紙の御願書《ごがんしょ》を籠《こめ》られて、様々の御立願《ごりゅうがん》あり、其御願文に云く、（中略）宝殿暫く振動して、誠に君臣合体の寔《まこと》を感じて、霊神擁護之助を加へ給けるにや、勅使帰参して三日が中に、直義朝臣病忽《たちまち》に平癒してけり

暦応五年（一三四二）二月、直義が急に病気となり、重篤となった。公家たちはそれをたいへん心配したが、中でもそれを深く憂えた光厳院は石清水八幡宮に御願書を納めた。その効験によるのか、それから三日後に平癒したというのである。その御願書の中で、光厳院は次のように書いている。

左兵衛督源直義朝臣は、ただ爪牙《そうげ》の良将たるのみにあらず、股肱《ここう》の賢弼《けんひつ》たり、四海の安危、偏《ひとえ》に其人の力に懸る

直義は、ただの君主を守る良将であるのみならず、最も信頼すべき賢臣だというのである。

この直義の歌は、静かな夜中の寝覚めに、世の中の人々の悲嘆を思いやるという内容である。『梅松論』に「廉直にして、げにげにしきいつはれる御色なし」と評された直義らしい歌と言えよう。

このように、三人の当代歌人について見てくると、いずれも、光厳院の治世を支える枢要に位置する存在であることが明らかとなる。日野（柳原）資明と勧修寺経顕の二人は、光厳院を中心とした公家政権の中核に在り、当時から「両雄」と目されるような存在であった。一方、足利直義は、足利幕府内においては為政の中心人物であり、また、光厳院をはじめとする公家社会の深い信頼を受ける存

在であった。公家社会と武家社会の政治権力を体現する三人であると言うこともできよう。

4 摂関と天台座主

二つの権門

残る四人について見てみよう。「光明峯寺入道摂政左大臣《こうみょうぶじにゅうどうせっしょうさだいじん》(=九条道家《くじょうみちいえ》)」(一八〇〇)、「深心院関白前左大臣《じんしんいんかんぱくぜんさだいじん》(=近衛基平《このえもとひら》)」(一八〇四)、「芬陀利華院前関白内大臣《ふんだりかいんぜんかんぱくないだいじん》(=一条内経《いちじょううちつね》)」(一八〇五)、「前大僧正道玄《ぜんだいそうじょうどうげん》」(一八〇三)の四人である。三人は摂関、道玄は天台座主である。言うまでもなく、摂関は公家権門の頂点に位置する存在であり、天台座主は寺社権門の頂点に立つものである。

院政期以来の国家のあり方については、現在、大別して二つの見方が存する。一つは、天皇家、摂関家、寺社勢力、武家といった権門勢家が相互に補完し合って国家を成していたとする「権門体制論」であり、もう一つは、武家政権の存在を重視する「東国国家論」や「二つの王権論」である。この二つの見方は、武家をどのように位置づけるかという点において大きな相違点を有するが、公家や寺社が有力な権門であったと見る点においては違いがない。

その公家権門と寺社権門の頂点たる摂関と天台座主の歌が配されているのであるから、これも、院政期以来の政治権力のあり方を反映したものと見ることができよう。しかし、ここで注意しておきたいのは、これら四首の作者がすべて物故歌人だということである。なぜ摂関のすべてと天台座主が物故歌人なのか、ここには、撰者光厳院のそれらに対する認識のありようが表れていると思われる。

摂関の地位の低下

そもそも、『風雅集』撰集当時、すなわち南北朝初期の公家社会において摂関はどのような存在として認識されていたのか。

当時においても、摂関が臣下の中でも特別な存在であるとの見方は確かに存在した。たとえば北畠親房の『神皇正統記』（村上天皇条）には次のような記述がある。

我国は神代よりの誓にて、君は天照大神の御すえ国をたもちて、臣は天児屋の御流君をたすけ奉るべき器となれり。源氏はあらたに出たる人臣なり。（中略）忠仁公政を摂せられしより、もはら輔佐の器として、立かへり、神代の幽契のままに成ぬるにや。

これは、摂関家が天皇の輔弼の臣となっているのは、神代の天照大神《あまてらすおおみかみ》と天児屋命《あまのこやねのみこと》（藤原氏の祖神）との間に契約があったゆえであるとする、いわゆる「二神約諾史観」に基づく記述である。親房は、源氏出身者でありながら、藤原氏の摂関が天皇を輔佐する政治を理想としていたのである。これは、親房の伝統を重んずる政治的立場によるものであったろう。

ところが、その一方で、伝奏クラスの実務公家の間では、摂関家のそうした特別な権威を否定する意識も生じていた。

たとえば、元応二年（一三二〇）五月十四日、後宇多院が院中に評定衆を召し、政道事について評議せしめたが、その時、当時評定衆の一人であった万里小路宣房《までのこうじのぶふさ》は、近来朝官に輔佐の臣はなく、後嵯峨院以来伝奏・評定衆が輔佐の役割を果たしていると指摘したという（橋本義彦「院評定制について」）。

また、鎌倉末期になると、従来摂関に家礼《けらい》の礼をとっていた名家《めいか》出身者がそれを行わなくなり、相論となることがあったが、二条兼基《にじょうかねもと》と吉田定房《よしださだふさ》との間のそれの際に、後宇多院の伝奏であった定房は、実質的な執政の地位を有しない摂関に家礼の礼をとる必要はないと主張したという（市沢哲「鎌倉後期公家社会の構造と「治天の君」」）。

宣房や定房が述べているように、この時代、摂関は実際の政務を執ることはなくなり、摂関職はまったく形骸化していた。それは、これまでにも再三述べてきたように、後嵯峨院以来、公家政治は伝奏と評定衆を中核として行われるようになったからである。当時の公家社会における摂関の地位は微妙なものであった。ある程度は伝統的な権威を保ちながらも、現実の摂関職は形骸化しており、必ずしも公家社会全般において尊重される存在ではなくなっていたのである。

摂関の歌三首が、当代のそれではなく、すべて過去のものであるのは、こうした摂関のあり方を反映してのことであったと考えられる。

天台座主に対する二つの立場

残る一首は「前大僧正道玄」（一八〇三）の歌である。道玄は、嘉禎《かてい》三年（一二三七）生まれ、嘉元《かげん》二年（一三〇四）没、六十八歳。関白二条良実《にじょうよしざね》男。第八十八代・百二代の天台座主で、後宇多院護持僧《ごじそう》でもあった。『続古今集』以下の勅撰集に五十九首入集。

『新古今集』以後の僧侶歌人としては、有数の存在である。この歌は、『風雅集』巻第十八釈教に収める「さりともなひかりはのこる世なりけり空行く月日法のともしび」（二〇八五・大僧正慈鎮《じちん》〈実は良経《よしつね》詠〉）をふまえている。その歌と、この歌の置かれている配列とを参考にして、歌の内容を考えてみると、「空」は治天の君の治世を寓し、「月日」は、王法と仏法を意味しているのではないかと思われる。とすれば、この歌の内容は、様々につらいこともあるが、それでも、治天の君の治世を頼りにすることであるよ、王法と仏法が助け合い、正義が行われているこの世界であるから、というように解することができよう。内容から考えて、道玄の歌は、「天台座主」のそれとして撰ばれていると見てよかろう。同歌がふまえている二〇八五番詠（「さりともなひかりはのこる世なりけり空行く月日法のともしび」）の「法《のり》のともしび」とは、比叡山根本中堂のいわゆる「不滅の法灯」を指す。この歌は、それを前提としているのであるから、「天台座主」の歌として採っていると見てよかろう。

平安・鎌倉時代を通じて比叡山延暦寺は寺社の頂点に位置する存在であった。この光厳院の時代においてもその存在の大きさはほとんど変わっていない。たとえば『太平記』第十八巻「比叡山開闢事」には、新興の武士達（高・上杉等）が延暦寺の権威を無視しようとしたが、玄恵《げんえ》の説くところを聞いて、結局その重要性を再認識したという話が載る。また、当時におけるその存在の大きさをよく示すものとして、光厳院が天龍寺を勅願寺としようとしたのに対して、延暦寺がそれを阻止したという事件がある。『太平記』においては第二十五巻「天龍寺事」（流布本は第二十四巻）に詳しい経緯を載せる。その中に、前述の第二十六巻「従伊勢国進宝剣事」の時と同じように、伝奏の経顕と資明が正反対の意見を述べあう場面がある。経顕が山門の要求を拒否すべきであると主張するのに対して、資明は、「凡そ日本開闢《かいびゃく》は比叡山より起り、王城の鎮護は延暦寺を専する」として、山門の要求を入れることを主張するのである。前章に述べたように、結局、延暦寺の要求を入れて、光厳院は落慶法要への御幸は諦め、その翌日に臨幸することで事件は落着した。このように、当時、山門の権威・勢力は相変わらず強大であった。

しかし、一方で、新興武士の態度や経顕の意見に見られるように、それを軽んずる、あるいは否定しようとする動きも徐々に現れてきている。それは、ちょうどこの時期、摂関に対して、それを尊重しようとする人と、その権威を否定しようとする人が入り交じっていたのとよく似ている。天台座主の歌、しかし、当代のそれではなく、歌人として著名な過去の天台座主のそれを採っているのは、そのような事情を反映したものと考えられる。

延暦寺への不満

あるいは、撰者光厳院としては、もっと直接的に、前述の天龍寺事件について含むところがあっての措置だったかもしれない。事件のあったのは康永四年（一三四五）八月で、『風雅集』の竟宴の行われた貞和二年（一三四六）十一月から、わずか一年余り前にすぎない。事件当時の天台座主承胤《しょういん》法親王は院の弟であり、その前後の時期に座主の地位に在ったのも叔父の尊円《そんえん》親王や兄の尊胤《そんいん》法親王であった。常識的に考えれば、それらの人の歌をここに採ってもよいように思われる。実際、尊円や尊胤の歌は『風雅集』の別の箇所には何首も採られている。しかし、それらの人々の歌を、治世者とそれを支える者の「思い」を連ねるこの歌群の中に採ることはなかった。光厳院は、自らの願いを拒否した延暦寺の当代の座主たちを、王法を守る者と認める気にはなれなかったのではなかろうか。

いずれにしても、光厳院は、天台座主を、現在の自分を支えてくれる存在とは見ていなかったと思われる。しかし、王城を守護する存在としての延暦寺をまったく無視するわけにはいかない。そこで、いわば理念としての「天台座主」として、故人の座主の歌を採ったのではなかったか。

摂関と天台座主は「権門勢家《けんもんせいか》」として、院政期以来、国家の一角を担う存在であり、ここに採られている彼らの歌も、治天の君を支える内容を詠んだものである。ただし、この時代になると、その権勢は半ば過去のものとなっていた。そのような状況であるがゆえに、摂関と天台座主の歌を採用しながら、それらの作者はすべて物故歌人であったということになったものと考えられる。

以上検討してきたように、「院」以外の七人の歌は、『風雅集』撰集当時の政治権力構造を端的に反映している。作者の七人は当代歌人三人と物故歌人四人とに分けることができるが、前者は伝奏と幕府の最高責任者であり、後者は摂関と天台座主である。当時、現実に院を支え、政治の実務を担っていたのは伝奏と幕府の責任者とであった。一方、摂関と天台座主は旧来の権威こそいまだ保持していたが、それらが実際に天皇を補佐する政治体制は過去のものとなっていた。この七人の歌は、まさに、そうした当時の政治権力のあり方を反映しているのである。

5　もう一人の為政者

さて、ここで、もう一度改めて直義の歌について考えてみたい。

「世」を思う直義

前述のとおり、直義の歌は、静かな夜中の寝覚めに世の中の人々の悲嘆を思いやるという内容である。直義の思いは「民」に向かっている。このように「民」のことを思いやる歌というのは、この一連の述懐詠歌群の中で、これ以外には光厳院の二首のみである。一七九七は「民に心のやすむまもなし」と、まさに「民」という語を詠み込んでおり、一八〇七は「民」という表現こそないが、自らの治世を反省しており、実質的には、治めるべき民を思いやっての歌である。光厳院以外の三名の「院」の歌の内容は、大きくまとめるならば、天子としての自らのあり方を省みる歌である。一方、直義以外の臣下の歌は、基本的には「君」との関わりを詠む歌と言えよう。これらの歌においては、思いは、「君」に向かっている。「民」を思う歌は、光厳院詠と直義詠に限るのである。民を思いやるというこの行為は、本来、世を治める者の態度であろう。とするならば、そうした直義の歌を採っているということは、撰者光厳院は、直義を「為政者」と認めていたことになりはしないだろうか。

中世勅撰集の中の武家

詳細は省くが、治世に関わる述懐詠が歴代勅撰集においてどのように採られているかを見てみると、その中に武士の歌を収めている勅撰集は、『風雅集』以前には皆無である。鎌倉幕府の将軍の歌も、執権の歌も、撰集下命者の述懐詠の周辺に配されることはなかった。現実の世界においてはどうであったかは別として、和歌の世界においては、治天の君を中心とした政治体制の中に武士の姿は存在しなかったのである。前述のとおり、日本中世の国家のあり方をどのようにとらえるかは議論のあるところであり、特に鎌倉時代のそれについては、鎌倉幕府と京都の公家政権との関係をどのようにとらえるかが議論の焦点となっているが、勅撰集という観点から見るならば、鎌倉の武士政権は、公家政権の立場からは明らかに別の権力体系とみなされていたと言えよう。

治世に関わる述懐詠の歴史において、武士の歌を取り入れたという点で、『風雅集』は画期的な歌集であった。しかも、その武士は、撰集下命者たる「治天」と同等の「為政者」として登場したのである。

撰者光厳院は、現実世界における自らの政治的立場を深く認識していたと言えるであろう。従来、武士の権力は鎌倉に存在した。しかし、今、足利幕府は京都に開かれ、公家政権と直接的に接触するようになった。そもそも、北朝が足利幕府の支援によって成り立っているという現実もある。もちろん、足利幕府の正当性は北朝の権威によって保証されるという側面もあったから、一方的に支援されるばかりではなく、相依の関係にあったと言うべきではあるが。ともあれ、足利幕府の責任者と治天の君とは手を携えて、治世を行っていた。『風雅集』の述懐詠歌群は、そうした現実の政治体制を忠実に反映しているのである。そして、このことは、撰者光厳院が、現実をそのように認識していたことを意味しているのである。

第八章　幽囚の時代

足利直義と高師直の政治姿勢の相違に端を発する対立は、幕府内部の全面的な抗争に発展し（観応の擾乱）、まず直義が、次いで尊氏が南朝に降参し、最終的には尊氏が直義を亡ぼすに至った。尊氏の降参を容れた南朝は入京し、北朝を廃止した（正平の一統）。ここに光厳院の治世は終焉を迎えた。尊氏南朝と尊氏の和睦はたちまち破れ、南朝は京都からの撤退を余儀なくされたが、その際に光厳院をはじめとする北朝の皇族を賀名生《あのう》に連行した。光厳院らは、さらにその後、天野山金剛寺《あまのさんこんごうじ》に移された。本章においては、この観応の擾乱から正平の一統の破綻までの、いわば「裏切りの歴史」を追いつつ、それに翻弄されながらも、その中から新たに禅僧としての道を歩み出した光厳院の姿を描く。およそ観応元年（一三五〇）から延文元年（一三五六）まで、院三十八歳から四十四歳までの六年間のことである。

1　観応の擾乱

十年余続いた京都の平和が破れたのは、幕府内部の争いが原因であった。前述のとおり、創成期の足利幕府は尊氏・直義兄弟の二頭体制をとったが、結局、この二人の間に骨肉相食む争いが生じ、全国を巻き込む内乱に発展した。ただし、当初の対立は、直義と、足利尊氏の執事である高師直《こうのもろなお》との間に生じたものであった。二人の間には、政治姿勢の違いと、その根底に存在する性格の違いがあった。

直義と師直

兄尊氏から政務を委ねられた直義が目指したのは、社会秩序の回復であった。伝統を重んじ、前代の執権政治への回帰を志向していた。それゆえ、光厳院以下の公家から深い信頼を寄せられたし、武家の中でも守護層や幕府の官僚層の支持を受けた。また、直義は誠実で生真面目な性格であり、それが政治や社交をはじめとする様々な場面において発揮された。前章で取り上げた民を思う心を詠んだ和歌も、その一つの例である。

それに対して、高師直は、旧体制を打倒した勢いのままに、伝統的権威を無視し、武力を背景に恣《ほしいまま》に振る舞おうとした。師直は尊氏の執事であったが、尊氏が将軍になるに従って、将軍の直轄軍団長となった。その軍は精強で、北畠顕家を撃破するなど、戦功著しかった。伝統的権威を一切無視するその姿勢を示すものとしてよく知られているのが、『太平記』第二十七巻「妙吉侍者事」（流布本は第二十六巻）に見える天皇・院に対する次のような言葉である。「都に天皇という人がいらっしゃって、いくらかの所領を専有し、御所という所があって、その前を通る時は馬から下りなければならないことのめんどうさよ。もし王というものがないと困るということであるならば、木で作るか、金で鋳るかして、生きている院や天皇をどこかへ皆流して捨て申し上げたいものだ」。

たしかに両者の対立は、こうした二人の際立った個性の違いが引き起こしたという側面は否定できない。しかし、より本質的には、軍事政権が本来的に抱えている矛盾の現れであった。旧体制を倒し政権を握るまでの段階で最も必要とされるのは武力である。しかし、いったん成立した政権に武力は無用のものとなり、それはむしろ、政権の安定を脅かすものとなる。草創期の軍事政権において、政権獲得に格別の功績のあった武人が、主人によって滅ぼされることは、歴史的に見て珍しいことではない。この直義と師直の対立も、それに類した問題であった。

直義と師直の対立抗争

暦応《りゃくおう》元年（一三三八）の北畠顕家戦死以後、京都周辺においては本格的な戦火は止んだ。高師直たちの活躍する場面は少なくなり、直義の文治《ぶんち》の時代が続いた。ところが、貞和《じょうわ》三年（一三四七）八月頃から楠木正行《まさつら》の率いる南軍が河内《かわち》・和泉《いずみ》などで軍事行動を活発化させた。幕府は細川《ほそかわ》・山名《やまな》軍を差し向けたが、敗北を喫してしまった。結局、高師直・師泰《もろやす》兄弟が翌年正月に四條畷《しじょうなわて》で楠木軍を破り、その勢いのまま吉野に攻め入り、南朝の後村上《ごむらかみ》天皇たちを賀名生《あのう》へ追いやった。高兄弟が赫々《かくかく》たる戦功をあげたのである。ただし、それは、聖徳太子廟《びょう》における略奪や吉野の金峯山寺《きんぷせんじ》の蔵王堂《ざおうどう》への放火、あるいは、河内の公家・寺社領などを勝手に兵糧料所とするなどの蛮行を伴うものであった。

貞和五年（一三四九）に入ると直義と師直の対立は深刻になり、同年閏六月十五日、直義は師直の執事職を罷免した。これによって対立はさらに激化した。八月十三日、直義は、師直に陰謀の企てがある旨を光厳院に奏聞し、配流に処すことを訴えたが、師直はそれに先んじて兵を集め、直義を討とうとした。直義は尊氏邸に逃げ込み、師直はその邸を包囲して圧力を加えた。足利兄弟に味方する武士は、師直方の武士の半分にも及ばなかったという（『園太暦』）。結局、尊氏が間に立って、(1)直義側近の上杉重能《うえすぎしげよし》・畠山直宗《はたけやまなおむね》を配流すること、(2)直義は政務を尊氏嫡男の義詮《よしあきら》に譲ること、この二点を条件に、囲みは解かれた。ただし、上杉・畠山は配流地に向かう途中で師直の命により殺された。鎌倉にいた義詮は上洛し、政務を執ることになったが、まだ二十歳の若さであった。その後、直義は出家を余儀なくされた。

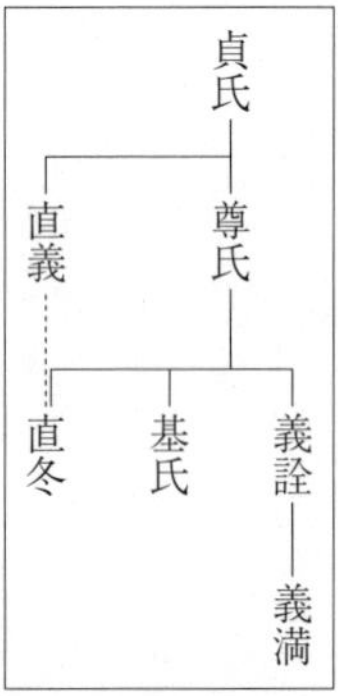

足利家略系図

この事件の前の四月、直義の養子であった直冬《ただふゆ》は長門《なが と》探題《たんだい》として備後《びんご》国に下向していた。直冬は、尊氏の庶子であったが、父に愛されず、直義が養子としていた。当然のことながら直冬は直義に与したため、九月には尊氏から討手を差し向けられ、九州に落ち延びた。

直義の南朝への降参

観応《かんのう》元年（一三五〇）になると、直冬は九州の少弐《しょうに》氏・阿蘇《あそ》氏等と結び、中国地方の武士をも加えて、尊氏方と対峙するようになった。同年十月二十七日、尊氏と高兄弟は、これを追討するため、京都を義詮に守らせて、西国に出陣しようとした。その前夜、直義が突如京都を脱出して、大和に赴いた。しかし、尊氏はそれに構わず、二十八日、京都を出発した。十一月三日、直義は、師直・師泰の誅伐を呼号して武士を募り、挙兵した。ここに、尊氏・師直と直義との全面的な武力対決が始まった。これを「観応《かんのう》の擾乱《じょうらん》」と言う。

十一月十六日、尊氏は光厳院に直義追討の院宣を下すことを要請し、院はそれを聞き入れた。これまでの院と直義との親密な関係を考えると不可解にも思われるが、尊氏の強い要請に抗しきれなかったのであろうか。

朝敵とされた直義は、この時、驚くべき行動に出た。南朝に降参を申し入れたのである。尊氏方の大義名分に対抗するためであったが、また、尊氏と対決する際に背後を南朝から襲われないようにするという目的もあった。直義が降参を申し入れたという情報は、十一月二十三日に京都にもたらされた（『園太暦』）。この降参については、南朝内部でも、受け入れるかどうか様々な議論があったが（『太平記』第二十八巻「恵源禅巷南方合体事」）、結局、十二月十三日に勅免の綸旨が下された。

直義の勝利

翌観応二年正月七日、直義は京都南郊の八幡《はちまん》に入り、十三日には、北陸から攻め上ってきた直義派の桃井直常《もものいただつね》が比叡山に陣取った。この頃には斯波高経《しばたかつね》など多くの有力武将が直義の陣営に参ずるようになった。十五日、義詮は都を脱出して父尊氏の許へ逃れた。同日、桃井直常が入京し、仙洞持明院殿に参じて守護を申し出たが、その祗候の最中に尊氏・義詮が京都に攻め入ってきたため、桃井勢はそちらに馳せ向かい、河原で数刻の合戦となった。翌十六日には、尊氏に従っていた主だった武将の多くが直義軍に参じた。尊氏父子や高師直等は丹波《たんば》、さらには播磨《はりま》へ没落した（『園太暦』）。

十七日、直義は持明院殿に使いを遣り、世上を騒がせたことを詫びるとともに、今後京中のことは斯波高経に仰せ下さるようにと申し入れた。さらに十九日には、供御料《くごりょう》として銭三万疋《びき》を献じた。それに対して、崇光《すこう》天皇は勅使を遣わして、平和の回復を慶賀した（『園太暦』）。

二月十七日、摂津《せっつ》国打出浜《うちでのはま》において両軍の合戦があり、直義軍が圧勝した。二十日と翌日に尊氏から直義の許に使いがあり、高師直・師泰兄弟の処分について交渉がなされて、二人を出家させて助命するということで和議が成った。二十六日、尊氏は帰京のため兵庫《ひょうご》を出発したが、武庫川《むこがわ》辺りで、かつて師直のために殺された上杉重能の養子能憲《よしのり》の軍勢が襲いかかり、師直をはじめとする高一族を討ちとった（『観応二年日次記』）。

三月二日、尊氏と直義との会談が持たれ、直義が義詮を助けて政務を見ること、上杉能憲を流罪にすること、終始尊氏に扈従《こしょう》した武将の恩賞を行うこと、直冬を鎮西《ちんぜい》探題にすることなどが決まった。さらに六日には尊氏が直義邸を訪れ、すこぶる和やかに話し合いがなされた（『園太暦』）。二人の関係は修復されたかに見えた。

南朝との講和交渉

直義の南朝への降参は、光厳院の院宣によって朝敵とされたことに対抗するための便宜的な行為であった。ところが、南朝の勅免を得て一ヶ月余りで帰洛が叶い、すぐに北朝の上皇・天皇を確保することができたから、南朝への降参は何の利益もないものとなった。これまで再三述べてきたように、直義と光厳院は深い信頼関係によって結ばれており、長らく手を携えて政治を行ってきた間柄であったから、光厳院との関係が旧に復した以上、南朝よりも北朝を尊重するのは当然のことであった。しかし、それだからと言って、直義は南朝との関係をすぐに断ち切ることはしなかった。この機会をとらえて、南朝と講和を図ろうとしたのである。

尊氏・師直との争いがまだ続いていた二月五日、直義は使者を南朝に遣わし、銭一万疋《びき》を贈るとともに、和睦の編目数ヶ条を申し入れた。それに対して、三月十一日、それは直義と尊氏との和睦が成って十日後のことであったが、今度は南朝が楠木の代官を使者として勅書を直義の許に送ってきた（『観応二年日次記』）。その夜、夢窓疎石が光厳院に対面し、法談のついでに、南朝との講和についての直義の考えが密々に語られた。それによれば、皇位継承の問題はひとまず措いておき、ともかく京都に戻って来るべきこと、所領や御所の修理等の経済的問題は十分考慮することを申し入れたというものであった（『園太暦』）。南朝からの勅書に対しては、四月二十七日に、やはり楠木の代官を使者として返書を送った。

「吉野御事書案」

日付が付されていないので確証はないが、この時の交渉の往復書簡と目される文書がある。「吉野御事書案《よしのおんことがきあん》」である。これは、北畠親房《きたばたけちかふさ》と直義との間で交わされた二編の文書から成るもので、南北朝講和に関する両者の立場が明確に示されているという点で注目される。それによれば、両者の主張は次のようなものであった。

まず親房の主張。武家においては、もし公家一統の世に戻ると、武家の所領は取り上げられ、南朝に味方した者だけに恩賞が行われるであろうと心配する者がいるが、それは短慮であり、両方ともに功に応じて安堵されてこそ合体ということになるのだと述べる。そして、次のように言う。

すべからくまづ天下を返し申され、人民をやすくせられむ事、今度の達要たるべきにや。大かた我君は人皇正統として、神器をうけ侍ること誰か疑申べき。

すなわち、我が君が三種の神器を受け継いだ正統の天子であることは疑いなく、まず後醍醐天皇から奪った天下を我が君に返すのが最も重要なことであるという主張であった。

それに対して、直義は次のように主張する。天下を奪ったというが、光明天皇は後醍醐天皇から正式に三種の神器を譲られたのであり、また、両統迭立の原則を守って皇太子には後醍醐皇子の成良《なりよし》親王を立てて、皇位継承について十分配慮したにもかかわらず、後醍醐天皇が自ら吉野に潜幸したのであって、その非難は当たらない。また、武家の土地も安堵するというが、講和以前にもかかわらず、現に吉野方と称して寺社・公家・武家領を掠奪する者が多く、とてもその言は信用しがたい。公家一統を主張されるが、建武の新政の失敗を考えれば、それが無理なことは明らかであり、諸国の武士が、元弘の時のように再び天皇・公家の家臣・僕従となることを望むかどうかよく考えていただきたい。このように論じた上で、次のように言う。

旧如く武家の計申さるゝ旨に任せて御入洛あらば、先皇の御継嗣断絶せずして、祚を無窮に伝しめ給べき者乎。

すなわち、従来どおりに武家の計らいに任せるということを認めて、上洛するならば、後醍醐天皇の皇統が永続するようにいたしましょう、というのであった。

論点は、武家政治を認めるか否か、持明院統の皇統を認めるか否かという所にあり、それは、南朝にとってはそもそも後醍醐天皇が吉野に朝廷を開くに至った根本の問題であり、武家と北朝にとっては自らの存在そのものに関わることであったから、妥協点は見出しがたかった。五月十五日、楠木の使者が直義邸にやってきて、交渉の決裂を告げた。南朝側の交渉責任者である親房が直義の提案に強く反発して、事書を後村上天皇に奏上することすら拒否したのであった（『観応二年日次記』）。

2 尊氏の背信

尊氏派と直義派の不和対立

尊氏と直義の友好関係は半年と保たなかった。すでに五月頃には不穏な空気が漂うようになり、とうとう七月十九日になって、直義は政務を辞した。義詮との不仲が理由であった。その翌々日の二十一日夜、尊氏派の武将、土岐《とき》・細川《ほそかわ》・仁木《にっき》等が突如それぞれの領国へ下った。この少し前から、南朝方が河内辺りで軍事活動を活発化させていたが、この頃になって、播磨で赤松則祐《あかまつそくゆう》が南朝方と通じて、護良《もりよし》親王の若宮を奉じて挙兵との噂が流れた。同月二十八日、近江の佐々木道誉《ささきどうよ》が挙兵したということで、尊氏はその討伐に出発した。翌二十九日、今度は義詮が赤松を討つために播磨へ発向することになった。この時に至って、直義は、尊氏・義詮の出陣が東西から自分を挟撃するための行動であることを悟り、桃井・上杉等の直義派の武将とともに京都を脱出して、北国に逃れた。

光厳院はこの状況にいかに対処すべきか苦慮していた。七月二十二日、院は洞院公賢《とういんきんかた》を召して、この物騒な状況の下で天皇と上皇が別々の御所にいるのは警護の者にとって不都合ではないか、また、どこかへ避難すべきではないかとの相談をした。公賢は、天皇が仙洞御所に移るのはよいが、それについては武家に相談すべきであること、また、世上は騒然としてはいるがまだ実際に事が起こったわけではないから、避難するには及ばないだろうことを奏上し、最終的判断は院に委ねた。この後、状況がさらに悪化した八月十八日、禁裏警護の武士がいなくなったため、崇光天皇は持明院殿に移った(『園太暦目録』)。

尊氏の南朝への降参

八月六日、尊氏は細川顕氏《あきうじ》を使者として、北国の直義に和議を申し入れた。しかし、直義に従っている桃井等の武将の反対により、それは拒否された。翌七日、今度は南朝に和睦の使いを送った。使者は、法勝寺《ほっしょうじ》の慧鎮《えちん》(円観《えんかん》)であった。しかし、この和談も拒否され、慧鎮は手厳しく追い返された。尊氏が両者に講和を試みたのは、当時攻勢を強めていた南朝方の軍勢と、北国に陣取った直義の軍勢という両面の敵と戦うことは何としても避けたかったからである。しかし、いずれの交渉も失敗に終った。

ここで、尊氏は大きな決断をした。直義が再び南朝と手を結ぶ可能性の芽を摘むと同時に、背後から攻撃される恐れを無くすために、南朝と結ぶことを決意したのである。尊氏は、それを実現するために、なりふり構わず南朝に対して全面降伏を申し出た。次は、八月二十五日付けの尊氏と義詮の書状である（『園太暦』観応二年十二月二十八日条）。

天下の事宜しく聖断在るべきの由、先日申し入れ了んぬ。急速に御入洛候ふの様、申し御沙汰有るべく候ふ哉。恐々謹言

八月廿五日　　　　　　　　尊氏

洞院殿

天下の事宜しく聖断たるべきの由、先日申し入れ候ふの上、重ねて又老父状を捧げ候ふ。相違無きの様、申し御沙汰候はば、畏まり入り候ふ。恐々謹言

八月廿五日　　　　　　　　義詮

人々御中

「天下の事宜《よろ》しく聖断在《あ》るべき」とあることから、これが政権の全面的な返還を申し出たものであることが知られる。北朝も幕府も廃するというのである。また、「先日申し入れ了《おわ》んぬ」とあること

から、降参の申し入れは、この日より以前になされていたことも明らかとなる。

この降参に対して、南朝側はすぐには返答しなかった。直義との講和の失敗という先例があって、慎重になったということもあろう。しかし、それよりも、この申し出が直義との対決のための方便であることは見え透いていて、尊氏がこれを本当に履行するとは考えられなかったからではないかと思われる。

直義の持明院統保護策

尊氏が南朝に降参の申し入れをしている頃、直義は北朝に対して保護を申し入れた。八月二十二日、越前の直義から山門に書状が送られた。その内容は、現在洛中には北朝を守護する武士がおらず（尊氏派も直義派も地方に下って対峙している）、南朝軍が侵攻してきた場合、上皇・天皇はお困りであろうから、延暦寺にお迎えして保護してほしい、というものであった。

翌日、廷臣たちがこれを議論したが、後醍醐天皇が笠置に走った例、安徳天皇が平家に奉じられて西下した例を挙げて、一度都を離れたら還幸することは困難であることを理由に、否定的意見が多数を占めた。しかし、その翌日、直義の正式な使いが光厳院に臨幸を奏上すると、院の意向は臨幸に傾いた。院は突然の状況の進展に驚き慌て、対応に迷っていたものと思われる。二十九日になって、再び直義の使者が現れ、臨幸のことは院の意向に一任する旨を奏上した。その結果、それは取りやめになった（『園太暦』）。

この直義の山門臨幸の申し出は、『園太暦』における公賢の書きぶりからすると、都の公家たちには、大義名分を得るために、半ば強制的に光厳院を自らの勢力下に置くことを意図したものと受け取られたらしい。たしかにそうした一面も否定できないのであるが、最後に「臨幸事《りんこうのこと》は時宜《じぎ》に任せらるべき（臨幸の事は院のご意向にお任せします）」と申し入れてきた点を見ると、むしろ第一義的には光厳院たちの身を純粋に案じてのことであったように思われる。過去十年余の直義と院との関係から考えても、そうであって不思議はない。

この時の光厳院の判断が、院のその後の運命を決定づけた。もし直義と行動を共にしていたならば、その後の歴史が大きく変わった可能性は高い。少なくとも、光厳院が一方的に治天の君の地位から引きずり降ろされることはなかったであろう。ただし、これは、この後の歴史を知っている者であるからこそ言えることである。いったんは臨幸に傾きながら、院が結局それに踏み切れなかったことに対して、優柔不断な性格ゆえに判断を誤ったなどと評することはできまい。院にとって、十八年前の六波羅滅亡時における番場宿の悲劇は忘れられるものではなかったはずである。武士と行動を共にすることがそれを連想させ、その再現を恐れたのは、無理のないことであった。

降参の受諾

尊氏は、南朝に降参の文書を送る一方で、直義との和議の可能性も探っていた。両軍の本格的な合戦はなかなか始まらなかったが、九月に入って、近江において戦端が開かれ、十日には激しい戦闘が行われた。その後、和睦の可能性が探られ、十月二日には兄弟の対面も実現した。しかし、同月十日には結局決裂して、直義は北国へ退却し、さらに関東に向けて下って行った。尊氏と義詮は、十四日帰京した。

このような中、九月三十日に夢窓疎石《むそうそせき》が入寂した。京都周辺は騒然とした状況下にあったが、九月七日と十九日には光厳・光明両院が病床を見舞った。両院はもちろんのこと、尊氏・直義、また故後醍醐天皇も深く帰依した疎石であったから、もし健勝であったならば、対立する諸勢力の調停者となり得たかもしれない。しかし、その死によって、そうした可能性も完全に失われた。

尊氏の降参の申し入れから二ヶ月経った十月二十四日、ようやく南朝はそれを受諾して、綸旨《りんじ》を下した。この時南朝から義詮に届けられたのは、降参を認める綸旨と、直義追討を命ずる綸旨の二通であった。また、公家に関してはすべて南朝で沙汰し、武士のことは尊氏・義詮が管領することを認めるという方針が伝えられた（『園太暦』十一月五日条）。これに対して、十一月三日、尊氏は請文《うけぶみ》を呈した。これには「正平《しょうへい》」という南朝の年号が用いられており、尊氏が南朝に降参したことが端的に示されている。

翌四日、さっそく尊氏は直義追討のために関東に向けて出発した。京都には義詮が残り、留守を任された。

尊氏は、駿河《するが》の薩埵山《さったやま》の合戦で直義勢を破り、翌正平七年（一三五二）正月五日、直義と和議を結び、兄弟揃って鎌倉に入った。翌二月二十六日、軟禁されていた直義が突如亡くなった。『太平記』第三十巻「恵源禅門逝去事」によれば、毒殺されたとの噂が流れたという。二月二十六日というのは、前年高師直が殺された日であったから、おそらくそれは事実であったと思われる。

3　正平の一統

北朝の消滅

尊氏が京都を出発した直後の十一月七日、南朝方が北朝の上皇と天皇を捕らえるらしいという噂が流れ、光厳院たちは驚き動揺した（『園太暦』）。同日、賀名生の後村上天皇は、崇光天皇を廃した（『椿葉記』・『本朝皇胤紹運録』ほか）。ここに北朝は消滅したのである。年号は、「観応二年」が「正平六年」とされた。これを「正平《しょうへい》の一統《いっとう》」と言う。八日になって、四条隆資《しじょうたかすけ》と洞院実世《とういんさねよ》が京都の沙汰をするということで入京してきた。

北朝に仕えた廷臣の官位は、原則的に建武年間（一三三四〜三五）のそれに戻された。これは、元弘三年（一三三三）、後醍醐天皇が隠岐から還幸した際に、光厳天皇在位中の叙位・任官をすべて取り消し、元弘元年（一三三一）九月以前のそれに戻した先例に倣ったものであった。ただし、後醍醐天皇の時は一年半ほど前に戻すだけであったから、それほど大きな混乱はなかったが、今回は十五年以上も前に戻すということであったから、現実には様々な問題が生じた。例外もあった。洞院公賢は北朝の重臣であったが、南朝からも左大臣に任じられ、京都の政務を任された。また、外記などの実務官僚はそのまま用いられることとなった。京都を十五年以上も離れていた南朝の人々にとって、すぐに政務全般を担うことは困難であり、当面政務を継続するために、それらは必要な措置であったと思われる。

政権接収の方針

十一月二十四日、南朝の勅使として頭中将中院具忠《なかのいんともただ》が公賢の許を訪れて、政権接収に関する方針を記した事書《ことがき》を示した。公賢を左大臣に任ずることや実務官僚はそのまま用いられること等が記されていたほか、特に北朝の上皇たちの処遇について次のような記事があった（『園太暦』）。

仙洞以下の事、世上いまだ静謐《せいひつ》ならず、定めて御怖畏《ふい》有るか。驚動《きょうどう》せしめ給ふべからず。且つうは長講堂《ちょうこうどう》領等、御管領《ごかんれい》相違有るべからざるの由、申し入るべきや。

光厳院以下の北朝の皇族の方々について、世上はいまだ落ち着いておらず、定めて恐ろしい思いをなさっているであろうが、驚き動揺なさってはならない、また、これまで持明院統の所有してきた長講堂領等の領有も従来どおりで構わない、という申し入れであった。持明院統の所領の安堵というのもまた、元弘三年の後醍醐天皇の隠岐からの還幸の際の先例に倣ったものである。

また、この事書には、北朝に仕えていた廷臣が、賀名生の後村上天皇の御所に参仕することを制止する一条もあった。それぞれが勝手に参仕してくるのは煩わしいことであるから、召しに応じて参るようにということであった。しかし、現実には、いち早く南方に参じて、保身を図ろうとする者が続出した。『園太暦』には、それらの廷臣の様々な動向が記されている。その中で注目しておきたいのは、日野（柳原）資明《すけあき》・保明《やすあき》父子の場合である。十一月二十五日、資明の使いとして蔵人春宮権大《くろうどとうぐうごんのたい》進《しん》保明が公賢邸に来て、父資明の言葉を次のように伝えた。「廷臣の多くが南方に参ずるが、私は病気のためにそれができないでいたところ、不参の者は処分されるとの話を昨夜聞いたので、保明を参仕させようと思うが、保明は蔵人として崇光天皇の側近くにお仕えしていた身であるから、許されないのではないかと心配である」。南朝とのパイプがあると目された公賢に対して、仲介を依頼しているのであろう。注目されるのは、この資明という人物が、前章において述べたように、勧修寺経顕とともに、光厳院の側近中の側近だということである。そのような立場の資明が、南方に参じなければと周章しているところに、この政変の衝撃の大きさが端的に表れていると言えよう。

政変の影響は宗教界にも及んでいる。『園太暦』には、山門の梶井《かじい》・妙法院《みょうほういん》・無量寿院《むりょうじゅいん》等の北朝系の門跡が廃されて、南朝方の忠雲《ちゅううん》僧正の管領するところとなったことや、賀茂《かも》社においても従来の神主たちが一斉に罷めさせられて、南朝方の者に入れ替わったことなどが記されている。

三種の神器の接収

十二月十八日、南朝は、公賢を通じて、北朝の三種の神器と壺切剣《つぼきりのけん》以下の代々の宝物を提出するように要求し、二十三日にそれらのほとんどを接収した。ただし、牧馬《ぼくば》（琵琶の名物）と昼御座《ひのおましの》御剣《ごけん》（天皇奉護のために昼御座に置かれる剣）は近年の戦乱の中で失われたということで渡されなかった。この三種の神器は、延元《えんげん》元年（一三三六）十一月に比叡山から下山した後醍醐天皇が光明天皇に渡したもので、光明・崇光二代の天皇の神器となっていたものである。しかし、南朝はかねて本物は南朝の御所に存在しており、京都のそれは「虚器」であると主張していた。したがって公賢は、この北朝の神器の提出の要求を不審に思っていた。それに対して、南朝の使者具忠は、「『正物』は南朝の御所に存在し、京都にあるのは『虚器』であるのはもちろんだが、後醍醐天皇が神器に擬して渡したものであり、その上、二代に亘って神器として用いられてきたものであるから、そのままにしておくわけにはいかないのだ」と、弁明した（『園太暦』十二月二十二日条）。北朝の神器の真偽については、そもそも延元元年の譲渡の時に偽器を準備するような時間的余裕があったのか、あるいは、接収後の神器の扱いがあまりに丁重すぎるのではないか等、南朝の主張をそのまま受け取るには疑問が少なからず存し、議論の余地はある。ともあれ、南朝はこれを接収して、「一統」を成し遂げたのである。

光明院と崇光天皇の処遇

十二月二十八日、光明院が落飾した。時に三十一歳。院は、光厳院の同母弟で、延元元年に光厳院の猶子となり、践祚した。その後、十二年間にわたり皇位にあり、貞和四年（一三四八）に兄光厳院の皇子興仁親王（崇光天皇）に譲位した。譲位後は持明院殿に住んで、兄の光厳院と行動を共にすることが多かった。夢窓疎石に帰依し、信仰心も篤かったと想像されるが、この時に出家したのは、政変の結果、将来を悲観してのことであったと思われる。

同日、南朝は、光明・崇光両院に太上天皇の尊号を贈った。これも、元弘三年時の光厳院についての処遇に倣ったものである。両天皇の在位は認めないが、その立場はそれなりに尊重しようというのは、一見、温情ある処遇のように見えなくもない。しかし、光明院は、すでに三年前に譲位して、尊号宣下もなされていたから、今回改めて尊号宣下を行うということは、実は、北朝においてなされたことは一切認めないという南朝の方針を改めて見せつけることに外ならなかった。

4　南方への連行

正平七年（一三五二）二月二十六日、後村上天皇は京を目指して賀名生の皇居を出発した。河内国東条《かわちとうじょう》に一晩逗留して、翌二十八日に摂津国住吉《せっつすみよし》に到着した。ここにしばらく逗留した後、閏二月十五日になって四天王寺《してんのうじ》に行幸し、十九日には京都南郊の八幡《はちまん》に到着した。この間、京都の義詮は、南朝の行動に不安を感じ、閏二月十二日・十六日と重ねて和談の交渉を申し入れたり、また一方で、鎌倉の尊氏に連絡を取ろうとしたりもしている。しかし、同月十五日には、伊勢《いせ》国司北畠顕能《あきよし》の軍勢数百騎が洛中に入るなど、南朝方が武力で義詮を圧倒し始めていた。

南朝の一斉攻撃

同月二十日、丹波《たんば》国から千種顕経《ちぐさあきつね》の軍が、南からは楠木《くすのき》・和田《わだ》の軍勢が洛中に突入してきた。七条あたりで足利軍と合戦となり、兵力に劣る足利軍は敗れて、義詮は近江へ落ちて行った。

この京都侵攻に呼応して、南朝軍は鎌倉にも攻撃を仕掛けた。閏二月十五日、新田義興《にったよしおき》・義宗《よしむね》（義《よし》貞《さだ》の子）等が上野に挙兵し、早くも十八日には鎌倉に攻め入った（『園太暦』正平七年三月四日条）。信濃《しなの》にいた宗良《むねよし》親王も征東《せいとう》将軍に任ぜられて、信州の南朝軍を率いて関東に侵攻した（『新葉集』）。この間、尊氏は十七日に鎌倉を脱出して武蔵《むさし》国狩野川《かのがわ》に逃れた。この東西の一斉攻撃は、北畠親房の立案した作戦で、六波羅探題と鎌倉幕府を一気に攻め滅ぼした元弘三年の再現をねらったものであった。

石清水八幡宮（京都府八幡市八幡高坊）

八幡への御幸要請

義詮が近江に没落した翌日（二十一日）、公賢を通じて、後村上天皇から光厳・光明・崇光三上皇と直仁親王に対して八幡に御幸するようにとの要請があった。勅使の蔵人《くろうど》右《う》衛《え》門権佐《もんごんのすけ》光資《みつすけ》が公賢に伝えた勅書は次のようなものであった（『園太暦』）。

光資を以て申せしむ旨候。殊に申し沙汰せらるべし。更々厳重の儀に非ず候。且《か》つうは此の一段彼蒼《ひそう》に仰す也。たとへ庶《しょ》幾《き》せざると雖も、余賊抑留申せしめ候。てへれば、彼の御進退として殊に御心苦しき也。その間の事、殊に申し入れらるべく候。尚々御意に残すべからず、隔心有るべからず、天下安全のために候也。

「光資を以て申せしむ旨」とあって、この文書には申し入れの具体的な内容は記されていないが、その内容は、この勅書に添えて公賢が奉った次の書状によって、八幡御幸の要請であったことが知られる。

八幡御幸候べき事、御書かやうに候。光資委細申むね候。山門臨幸なども候しことに候。強《あながち》に殊《こと》なる事なく候。かつて御怖畏候まじく候。三院宮御方なり候べきよし、申さたし候べきむね申候。御心得候て、ひろうわたらせ給候べく候。かしこ。
いそぎ出御候べきよし、申入候へと申候つる。かしこ。

勅書は、強制的な調子のものではなく、むしろ戦乱に巻き込まれることを心配しての心遣いからの提案といった趣のものである。公賢はこれを承けて、「かつて御怖畏候まじく候（けっして恐れ心配なされる必要はないと思います）」と述べて、急いで御幸するようにと光厳院に勧めている。

光厳院はその要請に従うこととした。ただし、牛車もなく、供奉の者もいないのが問題となった。牛車については、公賢が用意をした。供奉の者については、公賢の息実夏《さねなつ》をとの依頼が院からあったが、病気と称して断った。結局、供奉したのは、参議三条実音《さねとし》と蔵人頭山科教言《やましなのりとき》、それと北面の武士康兼《やすかね》の三名だけであった。日没頃、小雨の降る中、三人の上皇と親王は一両の車に相乗りして、持明院殿を出発した（『本朝皇胤紹運録』ほか）。その夜は東寺《とうじ》に泊り、翌朝八幡へ向かった。前夜もその朝も食事の用意がなく、仙洞から女房が運んでさし上げた。

北畠親房の意図

以上は、主として公賢の『園太暦』に拠って記述したものであるが、それとは異なる事情を記す史料もある。『太平記』第三十巻「三種神器被閣事　付主上々皇吉野遷幸事」には、二十七日に北畠顕能《きたばたけあきよし》が五百余騎の兵を率いて持明院殿へ行き、賀名生まで護送したとある。公賢は、南朝方と光厳院の交渉における当事者であるから、その日記の記事の方が信頼できるのはもちろんのことである。ただし、『祇園執行日記《ぎおんしぎょうにっき》』や『五壇法記《ごだんほうき》』等、比較的信頼性の高い当時の記録にも、北畠顕能が持明院殿へ行き四人を護送したとの記事が見える。あるいは使者の光資が文書を持参しただけではなく、顕能も同行したのかもしれない。事実としては『園太暦』にあるとおり、武力をもって強制的に連行したのではなかろうが、当事者以外の京都の人々の目には、これが、南朝方が四人を強制的に連行したものと映ったのであろう。

そもそも、この八幡への御幸の要請は、勅書にあるように、三上皇たちを心配してのことであったのだろうか。飯倉晴武氏は、勅書の文面をそのままに受け取って、「南朝方は（中略）この時点では光厳院らの安全警備もとうぜん責任をもって行おうとして八幡へ呼び寄せた」と解し、足利方との戦闘が激しくなった三月三日に至って、はじめて「足利方による北朝復活を懸念して光厳院はじめ北朝に連なる人々を拘禁する方針に切り替え」て、河内東条へ移送したと見ている（『地獄を二度も見た天皇　光厳院』）。ただし、当初から北朝の皇族を拘禁するつもりであったとする見方の方が一般的である。前記の『太平記』や『祇園執行日記』の記事は、そのような見方から記されたものである。また、岡野友彦氏は、南朝の政務の責任者であった北畠親房の最大のねらいは北朝を完全に接収することにあったとして、二十日の足利軍との戦闘の開始、二十一日の三上皇の確保、二十四日の親房自身の上洛という一連の行動は、「既定の路線であった可能性が高い」と見ている（『北畠親房』）。

光厳院の選択

この点については、従来の一般的な解釈が妥当ではないかと考える。すなわち、勅書の文面は、いわば建前のそれであったと思うのである。そして、そのことは、仲介役を果たした公賢も承知していたし、要請を受け入れた光厳院も理解していたと思われる。公賢がそのように見ていたであろうことは、光厳院から息男の実夏の供奉を求められた時、病気を口実にして断っている点から推測できる。また、光厳院が自らの今後の運命を予測していたらしいことは、持明院統に伝来した文書類を公賢に預けた点から察せられる。『仙洞《せんとう》御《ご》文書《ぶんしょ》目録《もくろく》』には、「仙洞御文書内。自二前太政大臣家一被二渡進一目録（中略）以上十三合。正平七年後二月廿二日。被レ預二左府文庫一」とあり、光厳院ら四人が東寺から八幡に向かった二十二日のどこかの時点で、院は文書類を公賢に預けたことが知られる。これは、以後自らの身が自由にならないことを予測していたからこその行動であろう。

では、光厳院は自らのその後の運命を予測していながら、なぜ唯々諾々と要請に従ったのであろうか。後醍醐天皇ならば、おそらく脱出・逃亡を試みたことと思われる。元弘の笠置臨幸、延元の吉野潜幸という行動を想起するならば、それは容易に想像できることである。光厳院にしても、危機的状況に陥って、思い切った決断を下した経験がないわけではない。建武の新政が破綻して、尊氏が九州から逆襲してきた際に、山門に臨幸する後醍醐天皇一行から単身離脱したのは、院自身の決断によるものであった。ただし、あの場合は、以前から尊氏と連絡をとり合っていたから、思い切った行動に出ることができたものと思われる。それと比べると、今回は味方してくれる武力が存在しない。もし頼るとするならば義詮しかいないが、南朝に降参するという形で自分たちを裏切り、さらに南朝と決裂してからは、自分たちを見捨てて逃亡するという行動をとった義詮などまったく信ずることはできなかったに違いない。光厳院は自らの今後の運命を予測することはできたが、それに従う以外の選択肢はなかったのである。

足利軍の逆襲と南朝の撤退

近江に逃げた義詮は、三日後の閏二月二十三日には、南朝との和議が決裂したことを諸将に告げ、再び北朝の年号「観応」を用いて兵を募った。三月に入ると近江において義詮勢が優勢になり、十五日には、南朝方の北畠顕能等が退却するのと入れ替わるように義詮軍が入京してきた。なお、鎌倉も、三月十二日に尊氏が奪回した。

それ以前の三月三日、義詮軍が八幡に襲来するという風聞があり、南朝方は、三上皇と直仁親王、さらに光厳院兄の梶井宮《かじいのみや》尊胤《そんいん》法親王を、楠木氏の本拠地である河内東条へ移送した。その遷幸に供奉したのは、わずかに実音と北面の範康《のりやす》・範之《のりゆき》二人のみであった。これは、足利方に持明院統の皇族を奪い返されて、北朝が再建されるのを阻止するための措置であった。その後、崇光院の同腹弟にあたる「三宮」（後の後光厳《ごこうごん》天皇）がいることに気づいて、南朝方はこれをも捕らえようとしたが（『園太暦』四月二日条）、結局確保できなかった。また、三上皇等が河内東条へ移される前日、正親町忠季《おおぎまちただすえ》が、妹の徽《き》安門院《あんもんいん》一条《いちじょう》の産んだ光厳院の宮（当時三歳、後の義仁《ぎにん》法親王）を連れて姿を隠した（『園太暦目録』）。これも、宮が南朝方に捕らわれることを恐れての行動であったものと思われる。

南朝方は石清水《いわしみず》八幡宮《はちまんぐう》の鎮座する男山《おとこやま》に立て籠った。足利軍は男山を包囲して、二ヶ月近くにわたって兵糧攻めを行った。五月十一日夜、後村上天皇は八幡を脱出した。この時、足利軍と激しい戦闘となり、多くの戦死者が出た。四条隆資や中院具忠ら京都進駐軍の主だった公家も討ち死にした。天皇は南都を経て、賀名生に逃げ帰った。

義詮は南朝軍を京都から追いやったが、自らの権威の正統性を保証してくれる天皇も失ってしまった。そこで、早くも数日後には三上皇らの返還交渉を開始した。『園太暦』五月十八日条には、義詮が返還交渉のために河内東条に遣わした等持寺《とうじじ》僧祖雲《そどん》が空しく帰洛したことが記されている。祖雲は楠木氏の縁者であるところから交渉役として遣わされたのであるが、その交渉中に洞院実世《さねよ》や四条隆《たか》俊《とし》ら前線で戦っていた公家たちが八幡の敗戦から戻ってきたために、話はまったくまとまらなかった。東条における警護も厳重で、上皇たちに伺候する者も両三人に限定されていたという。その後も佐々木道誉が画策したりしたが、やはりうまくいかなかった（『園太暦』六月五日条）。

六月二日、三上皇と直仁親王は、さらに奥地の賀名生に移された。その世話をする者は南朝方でも不足していたため、各々に一人ずつの女房が京都から召された。賀名生に参った女房は、次の四人である。光厳院には新宰相典侍《しんさいしょうてんじ》（世尊寺定兼女《せそんじさだかねむすめ》）、光明院には中納言典侍《ちゅうなごんてんじ》（四条隆蔭妹《たかかげ》）、崇光院には在位時の勾当内侍《こうとうのないし》（資継王女継子《すけつぐおうけいし》）、直仁親王には乳母であった花園院対御方《たいのおんかた》（正親町実明女《おおぎまちさねあき》）である。いずれも、かねて側に仕えていた者たちであった（『園太暦』六月十五日条）。このように女房たちを召すのを許したというのは、南朝方が三上皇らを返還する意思のまったくないことを示すものでもあった。

光厳院らの還京が望めない以上、義詮は新たに天皇を立てるしかなかった。妙法院門跡《みょうほういんもんぜき》に入室の予定であった光厳院の三宮（弥仁王《いやひとおう》）が南朝方に捕らわれずに都に残っていたから、この皇子がその候補者となった。しかし、三種の神器はなく、「譲国《じょうこくの》詔《みことのり》」を発する上皇もいないため、践祚の手続きをとることができなかった。南朝方が三上皇と直仁親王を連れ去ったことは、北朝再建を阻止するのに確かに効果があったのである。

そこで義詮は、光厳院の生母すなわち三宮の祖母である広義門院《こうぎもんいん》に上皇の代役を果たすことを要請した。『匡遠記《ただとおき》』六月三日条によれば、佐々木道誉が勧修寺経顕《つねあき》を通じて、三宮の践祚と女院の治世を申し入れている。女院は繰り返し要請を拒否したが（同五日・九日条）、重ねての申し入れに、十九日になって、やむを得ず三宮の践祚を承諾した。女院がこのように再三にわたって申し入れを拒否したのは、そもそも持明院統に対する尊氏・義詮父子の裏切りと、その後の義詮の無策がこのような状況を作り出したのではないかという怒りがあったからであると考えられる。また、皇位を女院が決定することの不自然さに対する抵抗感もあったに違いない。

七月に入って、三種の神器がなく、上皇も不在の中で、践祚をどのように行うかが議論された。二条良基《にじょうよしもと》を中心に勧修寺経顕・四条隆蔭・中御門宣明《なかみかどのぶあき》らが談合し、摂関家の人々や洞院公賢らの重臣に諮って、結局、継体《けいたい》天皇の遠い例に倣うこととなった。当初、八月三日に践祚の儀が予定されていたが、日が悪い（重日《じゅうじつ》）ということで、延期された。

八月十七日、三宮が元服し（弥仁王）、続いて践祚した（後光厳天皇）。時に十五歳。『匡遠記』によれば、内侍所（神鏡）の入っていた辛櫃《からびつ》を神器の代わりとして践祚の儀を執り行ったという。その辛櫃は、五月の八幡陥落の際に、三宝院賢俊《さんぽういんけんしゅん》が八幡において探し出して来たものであった。賢俊は、光厳院と尊氏との仲介に立つことによって北朝と幕府の創立に関与したのに続いて、ここでもまた、その再建に与ったのである。

こうして、光厳院のまったく関与しないところで、北朝は再建された。

5　賀名生の幽閉生活

光厳院の出家

賀名生に移されて二ヶ月余り経った八月八日、光厳院は出家した。西大寺長老光耀《こうよう》上人から戒を授けられてのことであった。法名は勝光智《しょうこうち》。このことは京都の人々には驚きをもって受け止められた。洞院公賢は『園太暦』に「御発心《ほっしん》か、欺誑《ぎきょう》か、もっとも不審、（中略）驚くべき事也（本心からの出家か、南朝方を欺くためのことか、たいへん不審であり、驚くべきことである）」（八月十二日条）と書き残している。院は、これまで、どのような苦境に陥ろうと、この世を捨てようとはしなかった。鎌倉幕府が滅び、自らの皇位が廃されて、出家した父後伏見院から出家を勧められても、「思いもよらず」と、それを強く拒否した。西園寺公宗の謀叛計画の余波を受けて叔父花園院が出家した時も、院自身が出家を考えた形跡はない。前年末、北朝が廃されて弟の光明院が出家した際にも、それに同調しようとはしなかった。それが、この期に至って、突然の出家であった。

光厳院に出家を決意させたのは、新帝（後光厳天皇）の践祚であった。院がどのような状況にあろうとも世を捨てなかったのは、持明院統の家長としての責任を果たさなければならないと覚悟していたからであると思われる。その責任の一つは、もちろん治天の君として世を治めることである。そしてもう一つは、持明院統の皇子が皇位に即く時に、「譲国詔」を発することであった。院政期以降、新帝の践祚には治天の君の「譲国詔」が不可欠なものとなっていた。特に、平家が三種の神器とともに安徳天皇を奉じて西下した時、後鳥羽《ごとば》天皇が、治天の君の後白河《ごしらかわ》法皇の「譲国詔」によって皇位に即いたことが、以後の皇位継承の手続きを大きく決定づけた。すなわち、これが前例となって、「譲国詔」さえあれば、三種の神器がなくとも皇位継承の正統性が保証されることとなったのである。元弘の光厳院自身の践祚がまさにその例であるし、延元の光明天皇の践祚も同様であった。しかし、このことは、逆に言うと、三種の神器もなく、「譲国詔」も発せられなければ、新帝候補者は皇位を継承できないということにもなる。南朝方が三上皇を賀名生に連れ去ったのは、まさにその点を衝いた行為であった。京都において新たに天皇を擁立しようとしても、上皇が一人もいない以上、それは不可能なはずであった。ところが、義詮は、広義門院を治天の君の代役とするという思い切った手段をとって、強引に新帝を擁立してしまった。持明院統の家長たる自分がいなくても天皇を立てることができる、それならば、もはや上皇は必要ない。自分が家長として重い責任を負い続ける必要もない。そのような思いが、院をして出家を決意させたものと思われる。

院の出家に殉じて、八月十二日に正親町公蔭《おおぎまちきんかげ》が、同十四日には楊梅重兼《やまももしげかね》が、同十九日には大炊御門《おおいみかど》氏忠《うじただ》が出家した（『公卿補任』）。

『太平記』に描かれる賀名生の生活

賀名生において三上皇がどのような生活を送ったのか、具体的なことはわからない。『太平記』第三十巻「三種神器被閣事　付主上々皇吉野遷幸事」では、三上皇の住まいについて、「賀名生周辺の民たちが我が君と仰ぎ奉る吉野の帝の皇居ですら、黒木の柱、竹の垂木、柴の垣根という粗末なもので、ほんの短い間でさえ住むことができそうにない宿である。ましてや三上皇たちは敵のために囚われて、配所住まいのようなものだから、その住まいは、古くなって崩れ傾いた庵」のようなものであったと描いている。また、この賀名生という土地の様子については、同書第十八巻「先帝吉野潜幸事」に、「賀名生という所は、人里を遠く離れ、人家のかまどの煙もかすかで、山深く鳥の声も稀である。柴というもので周囲を囲って家とし、山芋を掘って生活をするような所であった」とある。『太平記』の記事は、事件の大枠に関してはともかくとして、その細部についてはどれほど事実を反映しているのか疑わしい場合が多いが、賀名生の実際の地形や三上皇たちの置かれていた状況を考えると、これらの記事は、実際からそれほどかけ離れたも

堀家住宅（賀名生皇居跡）
（奈良県五條市西吉野町賀名生）

のではないだろうと思われる。

光厳院たちは、この地に二年間住むこととなった。

北朝ではこの年の九月二十八日に代始の改元があり、「観応《かんのう》三年」は「文和《ぶんな》元年」となった。

この年の暮、直義の猶子直冬《ただふゆ》が南朝と結んだ。かつて直義に従っていた武将たちもそれに加わった。文和二年（一三五三）六月、南軍は京都に侵攻し、義詮は後光厳天皇を奉じて美濃《みの》の小島《おじま》まで逃げた。京都は南朝が支配することとなったが、今回は前年と異なり、後光厳天皇に従って東下した者の邸宅は没収、前年八月の践祚に出仕した者は解官《げかん》という苛酷な方針が打ち出され、北朝に仕えていた公家たちを震え上がらせた。しかし、義詮はすぐに勢力を盛り返し、七月末には京都を奪回した。さらに九月には、二年近く関東にいた尊氏も上洛した。南朝方が京都を占拠していたのは、わずか一ヶ月半くらいのことであった。

6　天野山金剛寺の幽囚生活

天野山金剛寺の生活

文和三年（一三五四）三月二十二日、光厳院たちは河内国の天野山金剛寺《あまのさんこんごうじ》に遷された。金剛寺は、行基《ぎょうき》の創建と伝え、院政末期に高野山の阿観《あかん》が後白河法皇と鳥羽皇女八条院《はちじょういん》の帰依を受けて、再興した寺である。同女院を本所として土地を寄進したことから、八条院領を伝領した大覚寺統との結びつきが生まれ、また当時の学頭禅恵《ぜんえ》が、後醍醐天皇の

天野山金剛寺山門
（大阪府河内長野市天野町）

食堂（金剛寺境内）

摩尼院門（金剛寺境内）

信任の篤かった文観《もんかん》の弟子であったことや、楠木正成の信仰を受けたこともあって、南北朝時代には南朝の拠点の一つとなっていた。金剛寺には禅恵の書写した聖教《しょうぎょう》類が多数残されているが、その奥書にしばしば禅恵が自らの置かれている状況を記しており、それが金剛寺における光厳院や南朝の動向を知る上で貴重な史料となっている。以下の金剛寺に関する記述は、それに拠る所が多い。

この金剛寺で、光厳院ら四人は観蔵院《かんぞういん》に一緒に住んだ（「薄草子《うすぞうし》口決《くけつ》第廿」奥書、「釈論《しゃくろん》第十《だいじゅう》愚草《ぐそう》」（末）奥書ほか）。広さは十分ではなかったかもしれないが、寺院内の建物であるから、賀名生の住まいよりはよほどしっかりしたものであったと思われる。

少しは余裕も生まれたのか、この年八月には、土御門《つちみかど》東洞院《ひがしのとういん》殿御所《ごしょ》内の仙洞文庫のうちから万葉集など数点を取り寄せている。それらは、十二月に再び公賢に返した（『仙洞御文書目録』）。九月十一日と十月七日には、学頭禅恵から「般若心経《はんにゃしんぎょう》秘鍵《ひけん》」の講義を受けた（「秘鍵開蔵抄《ひけんかいぞうしょう》」奥書）。十月二十八日、後村上天皇も賀名生から金剛寺に移って（「薄草子口決第廿」奥書）、寺内の食堂《じきどう》と摩《ま》尼院《にいん》を行宮《あんぐう》とした。寺内の坊舎は南朝の公卿たちが占め、身分の低い者たちは近隣の在家を宿とした。北朝の三上皇と南朝の天皇とが同一寺内に生活することになったのである（「日経疏《にっきょうそ》第三愚草《だいさんぐそう》」（本）奥書）。これらの人々の生活を支えることは金剛寺にとって経済的に大きな負担であったが、禅恵は山木を切り払って売り、その料に宛てた（「釈摩訶衍論《しゃくまかえんろん》巻第二」奥書ほか）。この頃、三上皇が帰洛するとの噂が立った（『園太暦』閏十月二十九日条）。結局、それは事実ではなかったのであるが、おそらく後村上天皇が金剛寺に移ったことからの連想によって生じた噂であったものと思われる。

花園院七回忌法華経要文和歌の詠進

同年十一月十一日、花園院の七回忌に際して、光厳院の沙汰によって、花園院に縁の深い人々が法華経要文《ほけきょうようもん》和歌を詠進した。京都においては、花園院皇女で光厳院妃であった徽安門院《きあんもんいん》が中心となって事を進めた（『新千載和歌集』所収和歌詞書）。法華経二十八品中の重要な文句を題として歌を詠み、その懐紙の紙背《しはい》に法華経を摺写して、供養したのである。現在、懐紙の原本が六十枚ほど伝存し、巻子本《かんす》にまとめられた分は重要文化財に指定されている（妙満寺《みょうまんじ》・学校法人立命館蔵「法華経要文和歌懐紙」）。ただし、現存する懐紙は、紙背の法華版経の面が剝ぎ取られている。出詠者は、持明院統の皇族や、正親町公蔭等の後期京極派歌人、勧修寺経顕等の持明院統廷臣、洞院公賢など二十六名が知られる（岩佐美代子『京極派和歌の研究』第3編第7章「花園院七回忌法華経要文和歌」）。光厳院詠も、次の一首を含めて四首が残る（妙満寺蔵「花園院七回忌法華経要文和歌」）。

妙法蓮華経薬王菩薩本事品

病即消滅不老不死

あきゝりのまよひもはるゝやまのはにかたぶくよなきありあけのつき

（秋霧が晴れる山の端に隠れることなくいつまでも空に残る有明の月のように、法華経の教えを受けて迷いが晴れたならば、その者は老いることもなく、死ぬこともなくなる）

光明院の帰京

同年十二月、南朝は三度目の京都奪回を目論んだ。南軍の主力は直冬ら旧直義派であった。直冬および桃井直常《もものいただつね》等が京都に迫ると、またも尊氏は後光厳天皇を奉じて近江に走った。年が明けて文和四年（一三五五）一月、南軍は京都に侵攻し、三たび京都を占拠することとなった。しかし、はやくも二月には、尊氏と義詮は近江と播磨から京都を挟撃し、一ヶ月余の市街戦の末、京都を回復した。

この文和四年の八月八日、光明院が許されて金剛寺を出た。院は、母広義門院の住む伏見殿《ふしみどの》に帰り、その後、同地の保安寺《ほうあんじ》に入った。賀名生に連行される以前に住んでおり、母広義門院も長らく住まいとしていた持明院殿は、二年半前、文和二年二月四日に失火のために焼失していた。次いで、同月晦日、深草の金剛寿院《こんごうじゅいん》に移住した。花山院長定《かざんいんながさだ》入道が黒衣を着して出迎えに参候し、二十人くらいの僧がそれに祇候した。その様子は、まるで禅院の儀のごとくであったという（『園太暦』）。天野山金剛寺在住時から、光明院はすっかり世を捨て去った僧侶として生きており、それゆえに、他の三人に先んじて帰還を許されたものと思われる。

金剛寺における両統の琵琶伝授

後深草天皇以後の持明院統の正嫡の天皇は、琵琶を帝王学の一つとして尊重した。持明院統の天皇の中でも庶流の花園・光明天皇は本格的に琵琶を学んでおらず、特に嫡流の学ぶべき技芸とされていたものと見られる。光厳院の父である後伏見院の琵琶に対する執心については、本書においてもこれまで再三述べてきたところである。第六章で述べたように、光厳院は、暦応二年（一三三九）に琵琶灌頂《びわかんじょう》（啄木伝受《たくぼくでんじゅ》）を西流《にし》の藤原孝重《たかしげ》から伝受したが、「啄木」以外の秘曲は、それ以前に父後伏見院から授かっていた。

光厳院は、嫡流の皇子たる崇光院に秘曲を伝授した。伝授の初めは、まだ京都にいた頃、観応元年（一三五〇）六月のことで、「万秋楽《まんじゅうらく》」を授けた。時に光厳院三十八歳、崇光院十七歳で、足利直義と高師直の対立が深刻化して、直義が政務を辞した頃のことである。次いで、翌二年二月と九月に伝授している。二月は、直義が南朝と和解して帰京し、尊氏・師直軍を討った時期であり、九月は、直義が北国へ逃げ、南朝に降参した尊氏と対峙していた時期である。すなわち、政治的・軍事的に切迫した状況下にあって伝授が行われたのである。おそらく、この伝授は、将来が危ぶまれる中で、持明院統嫡流に伝えられてきた琵琶の伝統を絶やさないためになされたことであったと思われる。ただし、この時点では秘曲たる三曲（石上流泉《せきじょうりゅうせん》・上原石上流泉《じょうげんせきじょうりゅうせん》・楊真操《ようしんそう》・啄木）は伝授されなかった。

光明院が金剛寺を出て二ヶ月後、文和四年十月に崇光院への秘曲の伝授が始まった。まず「楊真操」が、次いで、翌延文元年（一三五六、文和五年は三月二十八日に改元して「延文《えんぶん》元年」となった）五月に「石上流泉」・「上原石上流泉」両曲が、そして、同年十月二十日に最秘曲たる「啄木」が授けられた（「崇光院御記」）。光厳院がこの時に至って最秘曲の伝授を行ったのは、心中に期する所があったからである。

なお、同じ頃、南朝の後村上天皇も琵琶を学んでおり、光厳院が学んだのとは別の流派である播磨《はりまの》局《つぼね》流の法印良空《りょうくう》から正平《しょうへい》十年（文和四年、一三五五）に三曲を、同十三年に最極秘説を伝受している（村田正志「後村上天皇の琵琶秘曲相伝の史実」）。正平十年（文和四年）当時、光厳・崇光院と後村上天皇は、金剛寺の観蔵院と摩尼院とに軒を接して住んでおり、互いを意識しながら、秘曲伝授がなされたことと思われる。

禅への帰依

琵琶灌頂を崇光院に伝えてから半月ほど経った十一月六日、光厳院は孤峰覚明《こほうかくみょう》から禅衣《ぜんえ》を受けた。法名も「勝光智」の「勝」の字を略して「光智」と改めた（『本朝皇胤紹運録』）。このことは京都にも伝わり、洞院公賢は『園太暦』同月十七日条に「天野法皇、去る六日か、禅衣を著御。真実無為に入るの御体也。澆季の俗、思食弁ずる条、尤も貴き御事か」と、完全に世俗を断ったことについての称賛の念を記している。

孤峰覚明は、臨済宗の僧。文永八年（一二七一）生まれ。天台・禅を学び、元に渡った。帰国後、蛍山紹瑾《けいざんじょうきん》に曹洞禅を学び、後に出雲《いずも》に雲樹寺《うんじゅじ》を創建した。後醍醐天皇・後村上天皇の帰依を受け、国済国師《こくさいこくし》・三光国師《さんこうこくし》の号を賜った。晩年、和泉に大雄寺《だいゆうじ》を建てて住し、正平十六年（康安元年、一三六一）に九十一歳で亡くなった。文和三年十月に後村上天皇が金剛寺を行宮とすると、同寺に参ずるようになり、光厳院もその教えを聞くようになったものと推定される。

光厳院が禅衣を着したことを知った京都の徽安門院も、ただちに出家した。女院は、翌延文二年（一三五七）四月十三日に禅衣を著した。

院は身の回りの世話をしてくれていた女房たちに暇を賜った。かつて賀名生に遷された時には、三上皇・直仁親王の各々に一人の女房を召すことが許されただけだったが、この頃には複数の女房がいたらしい。そのうち、世尊寺行信女《ゆきのぶ》の兵衛督局《ひょうえのかみのつぼね》は出家して、そのまま祇候することを許された。

公賢女《きんかたのむすめ》は退出するということで、公賢が迎えをやった。また、金剛寺において院に仕えていた和気《わけの》久成《ひさなり》も殉じて出家した。いったん京都の実家に戻ったが、黒衣を着して再び院の許に帰参したという。

光厳院は、持明院統の家長としての責任をすべて果たした後、自ら望む禅の道へ入っていった。治天の君として世を治める責任は、五年前、いわゆる「正平の一統」に際して、心ならずも消滅した。上皇として「譲国の詔」を発する責任は、自らの与り知らぬ所で後光厳天皇が践祚した時点で失われた。そして、最後に、持明院統の嫡流のみに継承されてきた琵琶の秘曲をすべて崇光院に授けることにより、秘曲を伝受した者の責任を果たしたのである。院は、ここにようやく俗世への思いをすべて拭い去り、心静かに禅の道に進むことを得たものと思われる。

第九章　禅僧の時代

光厳・崇光両院と直仁親王の幽囚生活は五年間に及んだ。許されて帰洛した光厳院は、世俗との交渉を断ち、一人の禅僧として生きようとした。ただし、持明院統天皇家の家長としての責任は最後まで果たす必要があった。院は、持明院統の財産の継承者を定めるとともに、持明院統に伝来した文化の継承にも心を砕いた。最晩年には丹波国山国《やまぐに》庄の山寺に隠棲して禅の修行に没頭し、そこで最期を迎えた。享年五十二。本章においては、禅僧として生きる光厳院の晩年、延文《えんぶん》二年（一三五七）から貞治《じょうじ》三年（一三六四）までの七年間を描く。

1　金剛寺からの帰京

五年ぶりの帰京

延文二年（一三五七）二月十八日、光厳・崇光両院と直仁親王が天野山金剛寺を出て、帰京した。時に光厳院四十五歳、崇光院二十三歳、直仁親王二十二歳。「正平の一統」の際に八幡へ連行されて以来、五年ぶりの京都であった。帰洛を許されたのは、北朝には後光厳天皇が擁立され、光厳院らを抑留しておく意味がなくなったからである。また、三人の貴人の世話をする負担を軽減したいという経済的理由もあったかもしれない。

その数日前から「出京」の噂があり（『後深心院関白記《ごじんしんいんかんぱくき》』・『園太暦』）、十八日の夜になって、光厳院の母広義門院《こうぎもんいん》の住む伏見殿《ふしみどの》に到着した。光厳院は、既に一年半前に帰洛した光明院が住んでいる深草金《こん》剛寿院《ごうじゅいん》に身を寄せ、崇光院は伏見殿に入った。右大臣近衛道嗣《このえみちつぐ》や洞院公賢が伏見殿にお祝いを申し入れたが、光厳・崇光両院は会おうとはせず、広義門院が返答したのみであった。女院によれば、光厳院は人々の参入を禁じているとのことであった。

帰洛後十日も経っていない同月二十七日、光厳院と光明院は、五山文学僧として名高い中巌円月《ちゅうがんえんげつ》を招いて、『大慧普覚禅師語録《だいえふかくぜんじごろく》』を読進させた（『東海一漚集《とうかいいちおうしゅう》』）。光厳院が人々の参入を拒んだのは、こうした行動から考えるならば、禅僧としての生き方を貫こうとする姿勢の現れと見るべきであろう。

崇光院の場合は、出家していたわけではないから、それとは事情が少し異なる。道嗣や公賢は会えなかったが、古くからの持明院統の忠臣である四条隆蔭《たかかげ》は祗候していたし、勧修寺経顕も時々参入していた。「正平の一統」以後の自分たちに対する京都の人々の仕打ち、すなわち、返還交渉を早々に断念して、後光厳天皇を擁立したことに対する不信感ゆえに、股肱の臣以外の人々には会おうとしなかったのであろう。

三月に入って、光厳院は、崇光院・後光厳天皇の母である秀子《しゅうし》（陽禄門院《ようろくもんいん》）の父三条内大臣公秀《きんひで》を召した。六日に仰せがあったが、公秀は参入してよいものかどうか逡巡し、二十九日になってようやく参上した。秀子は、四年半前、院がまだ賀名生に囚われていた文和元年（一三五二）十一月に、四十二歳で亡くなっていた。面会した時の様子を、公秀は公賢への書状の中で、「悲喜の涙に溺るるのほか他無く候ひき（ただただ悲しみと喜びの涙を流すばかりであった）」と述べている（『園太暦』四月三日条）。幽囚の日々、秀子の死、五年ぶりの帰京、語り合うことがすべて涙の種となったのであろう。

この直後、四月の初め、光厳院は疱瘡《ほうそう》を患った。ただし、幸いにもそれほど重篤には至らなかった。幕府も光厳院に対して、それなりの心遣いはした。たとえば、光厳院が囚われの身となっている間に赤松貞範《あかまつさだのり》に与えていた播磨多可荘《たかのしょう》地頭職を、この年の五月に院に返還している。

近しい人々の死

光厳院帰洛の半年後、閏七月二十三日、母の広義門院が崩じた。六十六歳。禅の師である孤峰覚明からの弔問があり、院は、それに対して、「女院御事、哀哭《あいこく》の処、千里を遠しとせず芳訊《ほうじん》、尤も以て恐悦に存じ候」（雲樹寺蔵「延文二年十一月七日消息」）と感謝の言葉を返している。

九月三十日、夢窓疎石の七年忌の法要が天龍寺で行われた。光厳・光明両院はしばらく前から天龍寺塔頭《たっちゅう》の雲居庵《うんごあん》に入り、仏事を営んだ。この日、将軍尊氏・義詮親子も法要に臨席した（『園太暦』）。院と将軍はお互いの姿を認めたことと思われる。それから三ヶ月余り経った延文三年正月四日、天龍寺は焼失した。

延文三年（一三五八）四月二日、光厳院妃の徽安門院が崩じた。四十一歳。女院は、光厳院が禅衣を着した際に出家し、近年は父花園院の御所であった萩原《はぎわら》殿に住んでいた。

さらに、同月三十日、足利尊氏が没した。五十四歳。光厳院の尊氏に対する思いは、愛憎共に深いものであったと想像される。鎌倉幕府の滅亡、すなわち光厳院の廃位の直接的なきっかけを作ったのは、尊氏の裏切りであった。一方、光厳院が治天の君となることができたのは、ひとえに尊氏のお陰であった。しかし、その治天の君の地位から引きずり下ろされたのもまた、ほかならぬ尊氏の裏切りが原因であった。光厳院の生涯の転機は、いつも尊氏によってもたらされたと言ってもよかろう。尊氏は数年来病気がちであったが、四月二十日頃に背中に悪性の腫瘍が出来て、十日ほどで亡くなった。

五月二日、光厳院異母兄の梶井宮尊胤《かじいのみやそんいん》法親王が亡くなった。五十四歳。六波羅陥落の際には近江国篠原《しのはら》宿まで光厳院らと行動を共にし、また、「正平の一統」の際にも一緒に南朝方に捕らえられて賀名生に連行されるなど、法親王は、持明院統の一員として光厳院と運命を共にしてきた存在であった。

このように、近しい人々が次々に逝き、院の身辺は寂しさを増していった。

八月二十七日、光厳院は病気にかかり、九月に入って重篤となった。三日には意識不明となり、脈もおぼつかなくなったが、翌四日には意識を取り戻し、脈も回復して、少し持ち直した。光明院は泊まりこんで看病し、崇光院と直仁親王も駆けつけた（『後深心院関白記』・『園太暦』）。一ヶ月ほど経ってようやく本復し、十月二日に御湯始を行うことができた（『後深心院関白記』）。

なお、光厳院は、このしばらく前から嵯峨の小倉に住んでいたらしい。そのことは、この病気について記す『後深心院関白記』に「当時嵯峨小倉に御坐也」（九月四日条）とあったり、『園太暦』に「小倉法皇」（九月四日条）とあったりすることから知られる。

2 持明院統の分裂

後光厳天皇との不和

光厳院たちが帰京した時、皇位には後光厳天皇が在った。天皇は、文和元年（一三五二）の践祚から五年近くを経て既に二十歳になっていた。

帰洛後の光厳院は、後光厳天皇のことを快く思っていなかった。『園太暦』延文三年八月十三日条には、「当今と法皇と御父子頗る快からず、彼の卿、法皇を諫め申して、此の間和順すと云々」との記事がある。「当今《とうぎん》」とは後光厳天皇、「法皇」は光厳院、「彼の卿」は勧修寺経顕を指す。経顕は、本書においてもしばしば言及してきたように、光厳院の執権・伝奏・評定衆を務め、院の最も信頼の厚い存在であったし、一方、後光厳天皇にとっても、即位に際して中心的な役割を果たすとともに、執事・評定衆として仕えるなど、股肱の臣とも言うべき存在であった。天皇と院の間が不仲であるとすれば、その間に立って仲介することのできる唯一の人物であったと思われる。

不仲の原因は、単に天皇が自らの与り知らぬ所で擁立されたことに対する院の不満というようなものではなかったと考えられる。確かにそれは持明院統の家長としての立場を無視した行為ではあった。しかし、光厳院をはじめとする上皇すべてが南朝に連れ去られてしまうという非常事態の中でやむなくなされたことであり、院もそのことは十分にわかっていたはずである。

後光厳天皇　「天子摂関御影」
（宮内庁三の丸尚蔵館蔵）より

また、崇光院と後光厳天皇との間に皇位をめぐる対立が存在し、光厳院が嫡流たる崇光院に肩入れしたために、後光厳天皇と不仲となったとも考えにくい。そのような対立が顕在化するのは、光厳院の没後、後光厳天皇が退位する時になってからのことだからである。持明院統においては「嫡流」ということが重視されていたから、庶流の後光厳天皇が在位していることは望ましいことではなかったであろう。しかし、花園院や光明院の例のように、その時々の事情によって、皇位がいったん庶流に移ることはこれまでにもあったことであり、後に嫡流に戻すことは十分可能なのだから、院にとって、庶流の天皇というのも、許しがたいというほどの問題ではなかったはずである。

琵琶の伝統の放棄

　光厳院の不快の理由を考える上で手がかりとなりそうなのは、院と天皇の不仲を伝える『園太暦』記事の翌日（八月十四日）の記事である。この日、天皇は、笙《しょう》始《はじめの》儀《ぎ》を行った。以後、天皇は積極的に笙の秘曲伝受を続け、応安《おうあん》元年（一三六八）に笙の灌頂を受けるに至る。この笙始儀の準備が進んでいる時期に院と天皇の仲の修復が試みられたことは偶然ではなかろう。

　これまで本書において再三にわたって述べてきたように、持明院統の嫡流は伝統的に琵琶を学んできた。単に修得したという程度ではなく、歴代の天皇は最秘曲を伝受し、それぞれに当代の第一人者であった。光厳院の琵琶に対する思いは深く、賀名生在住時に禅に帰依する前に、最後におこなった行為は、崇光院に琵琶の最秘曲を伝授することであった。また、俗事をすべて捨て去ったような帰洛後の日々の中でも、琵琶については忘れることなく、たとえば延文三年十二月二十一日、崇光院から最秘曲を伝受した直後の正親町忠季《おおぎまちただすえ》から「琵琶《びわ》血脈《けちみゃく》」の記事増補について相談を受けて、指示を与えたことなどが知られている（「琵琶血脈」奥書）。

　ところが、後光厳天皇が学んだのは、琵琶ではなく笙であった。琵琶を学ぶのは持明院統の嫡流の伝統であって、庶流の花園・光明両院はそれを学んでいないのだから、後光厳天皇が琵琶を学ばなかったのも当然のことであるように思われる。しかし、後光厳天皇の場合は、花園・光明両院の場合とは少なからず事情が違っている。三種の神器も「譲国詔」もない中で強引に擁立された後光厳天皇は、異例な形で即位しただけに、かえって正統性を装う必要があったのだろうか、当初は琵琶を学ぶことを周囲から期待されたようである。延文二年四月二十九日、それは、光厳院が帰洛して間もない頃のことであるが、後光厳天皇は琵琶始儀《びわはじめのぎ》を行った。しかし、それは、周囲が強く勧めるのに対して、さんざん忌避した末にしぶしぶ行ったことであった。天皇の外祖父三条公秀から洞院公賢に書状があり、それには、「禁裏御琵琶沙汰、頻りに御遁避《とんぴ》候ふを、西大頻りに張行《ちょうぎょう》申され候ふ間、去んぬる夜琵琶始候ふの由仰せ下され候ひき、思食し候ふこと、目出度《めでた》く候ふ哉」とある。しかし、結局琵琶の修得は続かず、翌年、自ら望んで笙を学ぶこととしたのである。笙は足利尊氏が以前から習得している楽器であった。後光厳天皇が笙の師としたのは豊原龍秋《とよはらのたつあき》であるが、彼は尊氏の師匠でもあった。後光厳天皇は尊氏と同じ楽器を学ぶことを望んだのである（豊永聡美『中世の天皇と音楽』第一部第五章「後光厳天皇と音楽」）。

このことは、光厳院を不快にしたに違いない。庶流として琵琶を学ばないならば、それは筋の通ることである。しかし、周囲に勧められていったんは琵琶を手にしながら、あえてそれを放擲して、武士の好んでいる笙を選び取ったことは、持明院統の「文化」をないがしろにする行動と見えたにちがいない。

京極派和歌の放擲

同様の問題が、和歌に関しても起きていた。

持明院統には、伏見院と京極為兼が築き上げた、いわゆる京極派歌風が代々継承されてきた。しかし、後光厳天皇は、その歌風を捨てて、二条派風の歌を詠むようになったのである。

それは、二条良基《にじょうよしもと》の勧めによる。良基に『近来風体《きんらいふうてい》』という歌論書があるが、その中で、良基は得意げに次のように書いている。

後光厳院殿為定卿のやうをよませ給しことは、愚身・青蓮院宮申沙汰によりて如レ此詠ぜしめ給なり。御流の伏見院様はすてられき。いかさまにも異風は不吉の事なり。

良基は後光厳天皇の即位にあたって最も尽力した人物であり、天皇の信頼は厚く、その影響力は絶大であった。その良基が、持明院統伝来の歌風は不吉であるから捨てるように勧めたのであるから、天皇がそれに従うのは当然であった。

光厳院には、これもまた許しがたいことであったにちがいない。伏見院以来、永福門院・花園院、そして光厳院自らが営々と築いてきた京極派歌風を、「不吉の事なり」として捨て去り、これまで否定し続けてきた二条派歌風に乗り換えることは、光厳院を、そして持明院統の「文化」を完全に否定することにほかならないと見えたことであろう。光厳院が天皇を不快に思うのは当然のことであった。

ただし、天皇の立場からするならば、尊氏や良基に従うのが、むしろ当然のことであった。琵琶にせよ和歌にせよ、父光厳院から教えられたことは何もない。自分を天皇に擁立してくれて、南朝軍の攻撃の際に生死を共にしたのは尊氏や良基である。天皇にとっては、彼等こそが「父」なる存在であり、その好む所に従うのは自然なことであった。

琵琶と京極派和歌の行方

琵琶と京極派和歌という持明院統伝来の文化は、崇光院とその子孫に継承された。光厳院から琵琶灌頂《びわかんじょう》を受けた崇光院は、琵琶の第一人者として、帰洛後、正親町忠季や今出川公直《いまでがわきんなお》に灌頂を授け、さらに、永徳元年（一三八一）に皇子栄仁《なかひと》親王にも伝授した。後に栄仁親王も琵琶の名手として知られるようになる。その御子伏見宮貞成《ふしみのみやさだふさ》親王も琵琶に熱心で、百日稽古のことなどが、その日記『看聞日記《かんもんにっき》』にしばしば見られる。貞成親王はその御子貞常《さだつね》親王に琵琶を教え、秘曲伝授も行った（相馬万里子「『代々琵琶秘曲御伝受事』とその前後」）。このように、琵琶を修得する持明院統の伝統は伏見宮《ふしみのみや》家に伝わったのである。

和歌について言うならば、京極派歌壇は観応の擾乱を期に壊滅し、以後、一定の規模を持つ本格的な歌壇活動が行われることはなかった。ただし、まったく京極派風の和歌が詠まれなくなったわけではなく、伏見宮家周辺の一部の人々の間で細々と詠み続けられていた。そのことは、『菊葉和歌集《きくようわかしゅう》』の存在によって知られる。同集は、応永《おうえい》七年（一四〇〇）頃に、伏見宮貞成親王を中心に編まれた私撰集で、伏見宮に仕えた今出川（菊亭《きくてい》）家の人々と、貞成親王・その父栄仁親王・兄治仁《はるひと》王等の歌が収められており、それらに京極派和歌の特徴が見られることが指摘されているのである（伊藤敬『室町時代和歌史論』）。ただし、この『菊葉和歌集』は世に出ることはなく、京極派風の和歌が詠まれることも、以後途絶えることとなる。

所領の継承

持明院統の文化が崇光院とその子孫に伝えられたのと同様に、持明院統の「家」の財産も崇光院に伝えられた。

まず、持明院統相伝の長講堂領以下の所領は、光厳院から崇光院に譲られ、応永五年（一三九八）に崇光院が亡くなるまで、その管理下にあった。このことは、貞成親王の著『椿葉記《ちんようき》』によって知られる。

ただし、崇光院の没後は、それらの所領はすべて、後光厳天皇の孫である後小松《ごこまつ》天皇に渡った。それは、光厳院が所領の相続について置文《おきぶみ》を残しており、それが実行されたからである。このことについて、『椿葉記』に次の記事がある。

おほよそ長講堂・法金剛院領の事は、光厳院御置文に、親王践祚あらば直に御相続あるべし。もし然ずは禁裏御管領あるべし。但、末代両方御治天あらば、正統につきて伏見殿の御子孫御管領あるべきよし申をかる。しかれども親王登極の御先途を遂られねば、力なき次第なり。

長講堂・法金剛院《ほうこんごういん》領については、もしも崇光皇子の栄仁親王が践祚することになれば、崇光院から直に相続するように。しかし、もし親王が践祚に至らなかったならば、時の天皇が管領するように。ただし、もし将来崇光院流と後光厳院流の両方が皇位を継承するようになったならば、嫡流であるから、崇光院流すなわち伏見殿の子孫がこれを管領するように、と申し置いたのである。その結果、栄仁親王が践祚することができなかったために、崇光院の没後、時の天皇である後小松天皇が管領することになったのである。

この『椿葉記』記事によれば、光厳院が本来望んでいたのは、嫡流たる崇光院流に相続させることであった。しかし、実際の歴史は院の望むようには進まなかったのである。

なお、この置文の存在によって、光厳院は、持明院統天皇家の家長としての実権を最晩年まで有していたことが明らかとなる。帰洛後の院は、所領等の管理は崇光院に任せ、俗事には一切関与しなかったかのように見えるのであるが、実は必ずしもそうではなかったのである。

文書・記録類の継承

持明院統に伝来したもう一つの重要な財産である文書・記録類も、崇光院に譲られた。「正平の一統」に際して、石清水八幡宮に連行された光厳院が、持明院殿を出る日、伝来の文庫の一部を洞院公賢に預けたことは、前章において述べた。それも含めて、諸所に預け置かれた文書類は、文和三年（一三五四）六月と同四年七月に返納されて、土御門《つちみかど》東洞院殿《ひがしのとういんどの》内の文庫に収蔵された。この時に、前章において述べた『仙洞御文書目録』が作成された。

それから六十年以上経って、貞成親王が伏見宮家の蔵書目録を作成した。『看聞日記』の紙背に残る「即成院《そくじょういん》預置《あずけおき》御《ご》文書目録《ぶんしょもくろく》」など三種類の文書目録である。これら三種の文書目録と前記『仙洞御文書目録』とを見比べると、収載されている書籍の櫃《ひつ》や箱の名称・数はほぼ一致している。このことから、持明院統伝来の文書は、すべて崇光院に譲られ、その皇子栄仁親王、さらにその御子貞成親王と伝えられたことが明らかとなる。なお、この文書類は、この後、明治に至るまで伏見宮家に伝来する（酒井茂幸『禁裏本歌書の蔵書史的研究』第一章「両統迭立期の禁裏文庫と伏見宮本の成立」ほか）。

崇光院流と後光厳院流

持明院統の天皇家は、後光厳天皇の践祚とともに、崇光院流と後光厳院流とに分裂した。公的な権力である「天皇の位」は後光厳天皇以下、後円融《ごえんゆう》・後小松《ごこまつ》・称光《しょうこう》と続く後光厳院流が継承した。一方、家の財産と持明院統伝来の文化は崇光院流が継承した。所領だけは、崇光院が亡くなった際に当時の天皇に渡されたが、それ以外は、崇光皇子の栄仁親王に始まる伏見宮家に長く伝えられた。この二つの流れは、崇光院の曾孫彦仁《ひこひと》王（貞成親王御子）が、後光厳天皇の孫にあたる後小松院の猶子となって即位し、後花園《ごはなぞの》天皇となることによって再び統一されることとなる。

3　後村上天皇との再会

『太平記』の山川斗藪行脚の記事

『太平記』第三十九巻末尾の「光厳院禅定法皇崩御事」に、光厳院が、その晩年に山川斗藪《とそう》の行脚に出て、吉野で後村上天皇に会い、来し方を語り合ったという話が載る。以下のような話である。

光厳院は、正平七年の頃、南山賀名生の奥より解放されて帰洛したが、世の中を厭わしく思って出家し、伏見の里の奥、光厳院という幽閑の地に住んでいた。しかし、この地もなお都に近いので、旧臣などが参り、また憂き世のことが耳に入ってくるのが嫌で、ただ順覚《じゅんかく》という僧一人を供として、山川斗薮のために立出でなさった。まず摂津難波の浦へ出て、次いで高野山を目指す。途中、堺の海岸では、貝を拾い、海藻を取る海人の働く姿を見て、「貢物を献上した人々の仕事が、これほどに身を苦しめるものであったことを知らないで、いい加減に過ごしてきたことよ」と、今更ながら自らを情けなく思われるのであった。さらに東の方角に見える急峻な山が、数知れない武士が合戦のために死んだ金剛山だと樵夫に教えられ、「ああ嘆かわしいことよ、その合戦と言うのも、私が一方の皇統として天下を争ったためで、多くの死者が地獄に落ちて永遠の苦しみを受けるのも、私の成仏の障りとなることであろう」と、先非を悔いるのであった。

高野山に参詣した後、光厳院は吉野を訪ね、後村上天皇と対面した。漂白の禅僧として生きる院に「いかなる御発心にて候ひけるぞや。御うらやましくこそ」と尋ねる後村上天皇に対して、院は次のように語った。「私はもともと出家したいという気持ちはあったのですが、それに踏み切ることができないまま時を過ごし、その間は、天下が乱れて一日として平穏な日はありませんでした。元弘の乱の際には江州番場《ごうしゅうばんば》まで落ちて行き、四百人の武士たちが自害する場に居合わせて、生臭い血に心を失わせ、正平の末にはこの吉野山に幽閉されて、二年間以上も刑罰同様の状況に苦しめられて、これほどに世の中というのはつらいものだったのだなと改めて感じたことでした。ですから、再び皇位につくことなど望むこともなく、天下の政に興味もありませんでした。ところが、武家が私を無理やり一方の主として担ぎだしたので、それから逃げ出すこともできず、いつかは出家して心安らかに暮らしたいものだと強く願っていたところ、今度、はからずも天命が改まって、譲位することになったので、喜んでこの姿になったのです」。この述懐を聞いて、後村上天皇をはじめとする南朝の廷臣は皆涙を流したのであった。

『太平記』記事に対する二つの見方

右の『太平記』記事については、対立する二つの見方がある。一つは、細部についてはともかくとして、基本的には事実に基づくと認め、特に光厳院の述懐については、その晩年の心境をよく示すものととらえる見方。もう一つは、『太平記』作者の思想を表現するための虚構に過ぎないとする見方である。

『太平記』以外に、このことを伝える史料は乏しい。『大乗院日記目録《だいじょういんにっきもくろく》』に「月　日光厳院法皇高野山以下御修行、於二吉野一南方御対面、御物語在レ之」とあるのが、現在知られている唯一の『太平記』以外の史料である。ただし、これは、大乗院に伝来の日記類から興福寺《こうふくじ》門跡《もんぜき》の尋尊《じんそん》が抄出・編纂した室町時代の編纂物であり、『太平記』と無関係に成った史料と見なせるかどうかについては問題が残る。

光厳院は康安《こうあん》二年（一三六二。九月二十三日に「貞治《じょうじ》元年」に改元）九月一日に法隆寺《ほうりゅうじ》に参詣した。そのことは、法隆寺の記録文書『斑鳩嘉元記《いかるがかげんき》』に「康安二年壬寅九月一日、持明院法皇禅僧当寺御参詣在之、以下十余人御乗馬也」とあり、事実と認められる。『大日本史料』（第六編二十四冊、正平十七年・貞治元年九月一日条）は、この法隆寺参詣を、問題の『太平記』記事に結びつけて、「九月一日癸卯、光厳法皇、法隆寺に御幸あらせらる、尋で、高野山より吉野に御幸し給ひ、後村上天皇と御対面あらせらる」との項目を立てている。しかし、『太平記』には法隆寺参詣の記事はまったく見られず、また、『斑鳩嘉元記』には十数人の供を連れた乗馬による参詣とあって、『太平記』の院の姿とは大きく違っている。これらを勘案すると、法隆寺参詣から高野山・吉野への訪問が一連の行動であったとは考えにくい。

『大日本史料』がこのように立項したのは不適切であったと思われる。

　現在のところ、この記事内容を他史料によって裏付けることはむずかしい。ただし、他史料に見えないからと言って、これが史実ではなかったと即断することも、もちろんできない。

光厳院の述懐を事実と見る立場

　『太平記』に描かれている光厳院の姿を基本的に事実に基づくと見るのは、中村直勝、岩佐美代子氏、飯倉晴武氏など、光厳院の伝記を著している人たちである。

　たとえば岩佐氏は、「これらの記述には劇的脚色もあろうが、院の人柄から推して、荒唐な虚構とは考えられない」としている（『光厳院御集全釈』解説）。岩佐氏は、光厳院を、「最後に民の不幸を我が責任として戦死者の慰霊贖罪を果たした上、身分も愛憎もすべて捨て去って、山寺の一老僧として生涯を閉じた」存在であると見て、「我が国歴代中、自らの地位に対して明白に責任を取る事を、身をもって実現した」唯一の天皇であると評している。この『太平記』記事は、そのような岩佐氏の「光厳院」評価を支える重要な一要素となっている。

　飯倉氏は、法隆寺参詣と高野山・吉野・大和路行脚の話は別物であるとした上で、「『太平記』に記された後村上天皇へのこの述懐は光厳院の本心であり、死の直前の言葉と思われる」（『地獄を二度も見た天皇　光厳院』）と述べている。飯倉氏は、その著書名に端的に示されているように、光厳院を二度の「地獄」を見た存在ととらえているのであるが、その「地獄」とは、番場の惨劇に立ち会ったことと吉野への拉致幽閉を指す。後村上天皇に対して光厳院が語っているのが、まさにこの二つの事件であり、飯倉氏は、自らの「光厳院」像と合致する述懐として、この記事を事実に基づくものと見ているものと思われる。

光厳院の伝記の著者たちが、この場面における院の述懐を、基本的には実際にあったことと判断しているのは、理由のないことではない。多くの信頼出来る史料に基づいて明らかにされた「光厳院」像が、まさにこの場面の光厳院の姿と合致しているからこそ、そのように判断しているのである。

虚構と見る立場

一方、『太平記』の記事を虚構と見るのは、近年の『太平記』研究者たちである。

中でも、中西達治氏は、この記事を詳細に分析し、その虚構性を明確に指摘している（『太平記の論』）。

中西氏は、これを、『太平記』作者の意図する光厳院像を造型するための、創作された記事であるとする。この記事を創作と見るのは、後村上天皇との対面で語られる内容の多くが史実と異なっているからである。そもそも後村上天皇がこの場面で院に出家事情を尋ねるということ自体が不自然である。実際には院は賀名生において出家しており、同地を行宮としていた後村上天皇がそのことを知らないはずはないのである。それほどに史実に背いている以上、この場面全体が架空のできごとと見るべきであるとするのである。

では、なぜそのような記事を創作したのか。中西氏によれば、それは、『太平記』作者が、光厳院を、後醍醐天皇とは正反対の存在として描こうとしたからだという。『太平記』において、後醍醐天皇は、自らの思想を実現するために、主体的、意志的に行動し続け、それが結果的には乱世をもたらし、最後は怨念を抱きながら辺境に死んでゆく存在として描かれている。それに対して光厳院は、乱世に翻弄されながらも、最後は出家遁世して現世の妄執を振り切るとともに、現世の罪を一身に引き受けて静かに人生を閉じてゆく存在として描かれている。この記事は、以上のような「光厳院」像を形象するために創作されたものだとするのである。

中西氏の指摘するように、この記事における光厳院の述懐の内容は、史実と異なる点が多い。また、『太平記』という作品の構想面から見た場合、光厳院は後醍醐天皇と対比的に描かれているという指摘は説得力を有する。こうした観点に立てば、この記事がすべて虚構であるという見方も成り立つように思われる。

『太平記』の史実と虚構

『太平記』記事がどれほど史実を反映しているのかという問題は、古くから議論の多いところである。これも、その一端ということになるわけで、史実に基づくのか、それとも虚構に過ぎないのか、容易に結論を出せるものではない。ただし、信頼できる同時代史料が存在して、『太平記』記事と比較することができる事例を見ると、記事のすべてが虚構であるという例はほとんどなく、その一方、細部については事実と見なしがたい場合が少なくない。

たとえば本書の第五章「太上天皇の時代」において述べた西園寺公宗《さいおんじきんむね》の謀叛事件などは、その一例となろう。『太平記』では、公宗が自邸に仕掛けのある湯殿を新築し、そこに天皇を迎えて暗殺するという計略をめぐらしたが、天皇は行幸前夜に夢告によってそのことを察知して、関係者を捕らえたという話になっている。しかし、仕掛けのある湯殿や夢告などということは事実としては信じがたく、事件全体が、『太平記』作者の創作ではないかとさえ疑われる。しかし、この事件については、同時代の史料として『匡遠記《ただとおき》』があり、それによって、公宗の謀叛計画が事前に発覚して、公宗が誅殺されたのは事実であったことが知られる。謀叛事件の概要はほぼ史実どおりである一方、人々の言動の細部については作者の創作である可能性が高いということなのである。同様のことは、光厳院ら三上皇の賀名生連行の話（第八章「幽囚の時代」）の場合にも言える。

大和路行脚の話についても、これらと同様に考えてよいのではなかろうか。すなわち、難波から高野山さらに吉野を廻ったことは事実と見てよく、後村上天皇に面会したことも、場所が吉野であったというのは疑わしいが（住吉行宮の可能性が高い）、事実としてはあったのではないかと思われる。しかし、海人の働く姿や金剛山を眺めての述懐、後村上天皇と語り合った内容などは、創作である可能性が高いと思うのである。

『太平記』以外の史料から明らかにし得る「光厳院」像と、この記事における光厳院の姿が合致するという岩佐氏の指摘は、首肯できるものである。ただし、だから、この記事における光厳院の言動は事実に基づくと言うのではない。そうではなく、むしろ、『太平記』作者が、光厳院について、晩年を禅僧として誠実に生きた人と認識していたから、それらしい言動をこの場面でさせたということであったように思われる。つまり、現在の我々が考える「光厳院」像と、当時の人々の光厳院に対する認識とが、かなり近いということなのではないかと思うのである。

大和路を行脚する光厳院は、為政者であったことや為政者の地位を争ったことを悔い、再び為政者の地位に就いたのは自らの意思ではなかったことを訴える。しかし、これは、事実として院が語ったことではなく、『太平記』作者が、自らの思想を院に語らせたものだったと思われる。

4　光厳院の死

身辺の整理

法隆寺参詣のおよそ半年後の貞治二年（一三六三）四月八日、光厳院は、崇光院に対し、伏見《ふしみ》御領を大光明寺塔頭《だいこうみょうじたっちゅう》に付して他の長講堂《ちょうこうどう》領など持明院統の惣領とは別に崇光院子孫が管領するようにという置文《おきぶみ》を作成した。大光明寺は、持明院殿が焼失した後、伏見殿に移り住んだ広義門院が文和《ぶんな》年中にその傍らに創建した寺である。光厳院のこの措置は、後に伏見宮家にとって大きな意味を持つこととなった。前述のとおり、長講堂領など持明院統に伝来した所領は崇光院が管理していたが、その没後は後小松天皇に召し上げられた。その時、この光厳院の指示が効力を発して、この地だけは伏見宮家に残った。その後、足利義満《あしかがよしみつ》がこの伏見殿を山荘にしたいと言って接収するようなこともあったが、最終的には、この置文の存在のお陰で、伏見宮に安堵された（『椿葉記』）。

同年七月二十二日、光厳院は春屋妙葩《しゅんおくみょうは》を大光明寺に招いて住持とし、広義門院の七回忌の法要を営んだ。

春屋妙葩は、夢窓疎石の甥で、その法を嗣いで、天龍寺・南禅寺《なんぜんじ》などの住持を務めた。三代将軍足利義満の時代にはその政治顧問的役割をも果たすようになり、聖俗両界に大きな影響力を有するようになるが、この貞治二・三年頃は、光厳院の厚い信頼を得ていた。
貞治三年（一三六四）四月六日、院は妙葩に次のような書状を送った（鹿王院蔵）。

両通これを書き進らせ候。目の所労以下窮屈、墨跡いよいよ狼藉法に過ぎ候。恐れ存じ候、〳〵。併せて恩察を仰ぎ候。兼てまた堤外の事、一通に思案出す旨候ひて、袖書を加え候。御計らひあり、若し略すべき候は、仰せに随ひ重ねて書き改め進らすべく候なり。誠恐敬白

四月六日　　光智

天龍寺衣鉢閣硯下

この書状の最初では、視力が衰え、筆跡も乱れていることを詫びており、身体の衰えがうかがわれる。

同年六月、光厳院は天龍寺に播磨《はりま》国的部南条《いくはべなんじょう》の地を禅人の粥飯《しゅくはん》料として寄進した。さらに、光厳院崩御後の同年八月二十八日には、崇光院が、天龍寺に光厳院の菩提を弔う塔頭《たっちゅう》を建立するように願い、同年十一月六日には、播磨国的部南条の半分をその塔頭料に充てるように命じた（『天龍寺重書目録』）。この塔頭は「金剛院《こんごういん》」と言った。これらの措置に関する文書はすべて妙葩に宛てられたものである。晩年の光厳院がいかに妙葩を信頼していたか、その程が知られよう。

常照皇寺山門（京都市右京区京北井戸町丸山）

常照寺に隠棲

広義門院の七回忌を終えてからのことであろうか、詳細な時期は不明であるが、光厳院は、丹波国山国《やまぐに》庄にあった成就《じょうじゅ》寺という寺を常照《じょうしょう》寺と改め、ここに隠棲した（『迎陽記《ごうようき》』）。

この常照寺というのは、現在大雄名山常照皇寺《だいおうめいざんじょうしょうこうじ》と言い、京都市右京区京北井戸町字丸山にある。「京都市」とあるが、これは、平成十七年に編入合併された結果であって、以前は京都府北桑田郡京北町という地名であった。京都駅前からバスが出ており、周山街道（国道一六二号線）を一時間半ほど走り、終点の「周山」で下車、さらにコミュニティバスに乗り換えて十七分ほど行くと、同寺に至る。現在はトンネルがいくつか通じたために、これだけの時間で行くことができるが、以前は高い峠を越えなければならず、自動車で行くにしても結構時間がかかったという。光厳院の時代には洛中からどれほど遠かったか想像に難くない。

『師守記《もろもりき》』貞治三年（一三六四）七月七日条には、この寺のことが「丹波国山国小庵」とあり、小さな山寺であったことが知られる。

院は、ここに夢窓疎石の弟子であった清渓通徹《せいけいつうてつ》を召して、禅の公案集である『碧巌録《へきがんろく》』の古則を共に研究した。禅室を「碧巌」と名付けて、それを記した札を掛けるほどであった。ある日、院は、次の禅語によって、悟りに至った（『本朝歴代法皇外紀《ほんちょうれきだいほうおうげき》』）。

猿抱子帰青嶂裏（猿、子を抱いて帰る青嶂《せいしょう》の裏《うち》）
鳥啣花落碧巌前（鳥、花を啣《ついば》みて落つ碧巌の前）

今、この二句は聯に彫られて、常照皇寺の仏堂に掛けられている。

光厳院の崩御

六月上旬、院は病に臥した。十日頃には小康を得て回復の萌しも見えたが、二十六日になって再発、遂に七月七日の丑の刻（午前一時頃）に崩じた。五十二歳であった。

『師守記』によれば、四月頃から再三病気になり、その後、物が食べられなくなっていたという。七月三日には崩御の噂が都に流れ、それは虚報であったが、数日後にそれが現実のものとなった。亡くなる前、光厳院は、自らの肖像画に次の遺偈《ゆいげ》（辞世の偈）を記した。

謝有為報　披無相衣（有為《うい》の報を謝し、無相《むそう》の衣を披《ひら》く）
経行坐臥　千仏威儀（経行坐臥《きんひんざが》、千仏《せんぶつ》の威儀《いぎ》なり）

この偈の意味は、「この世の因縁によってもたらされるすべてに感謝し、悟りに役立つ衣すなわち袈裟を身にまとうならば、日々の修行も行動も、すべての仏たちが行っていた儀に同じである」とでもなろうか。あるいは、「謝有為報」については、岩佐氏の「この世のあらゆるこだわりを捨て去り」との解（『光厳院御集全釈』解説）に従うべきかもしれない。
現在、常照皇寺において光厳院の肖像画が公開されているが、同画には、この遺偈が賛のように記されている（口絵一頁）。

丹波州桑田郡山国庄大雄山
常照禅寺
開山光厳院太上法皇無範和尚
御製親賛
謝有為報
披無相衣
経行坐臥
千仏威儀
前天龍周郁焚香拝贈

これにより、院が「無範和尚」と称したことが知られる。常照皇寺第十三世・天龍寺第二百六世古《こ》霊道充《れいどうじゅう》の語録によれば、常照皇寺には偈を記した光厳院画像があり、その説明に「後常光国師《じょうこうこくし》、此の偈聖像の上に書し、今本山に存す」と、偈が空谷明応《くうこくみょうおう》（仏日常光国師《ぶつにちじょうこうこくし》）筆であることを記している。空谷明応は応永十四年（一四〇七）寂であるから、この画像はそれ以前の成立となる（『宸翰英華別篇　北朝』口絵解説）。現在公開中の肖像画は、この空谷明応筆賛のある画像の写しかと推定される。

光厳院の遺戒

また、葬儀や埋葬の仕方、さらに法要についての懇切な指示を記した、次のような遺誡を残した。民を煩わせまいとの思いによって書かれたものである。

一、老僧の滅後、尋常の式に倣《なら》ひ、以て荼毘《だび》等の儀式に煩《わずら》ひ作することなかれ。只すべからく山阿に就いて収瘞すべし。松柏自ずから塚上に生じ、風雲時に往来するは、予の好賓《ひん》として、甚だ愛する所なり。もし其れ山民村童等聚砂《しゅうさ》の戯縁《ぎえん》を結ばんと欲し、小塔を構ふること、尺寸に過ぎざれば、またこれを禁ずるに及ばず。此の一節、只衆人を動かして其の労力を労するを欲せざるが為なり。ただ省略を要するのみ。其れあるいは力を省するに便なれば、則ち火葬また可なり。一切の法事はこれを為すをもとめず。

一、中陰《ちゅういん》の仏事は一場を卜《ぼく》し一衆を結ぶことを必せざるなり。専ら大円覚を修する場は、是れ予が追福を修する場なり。堅く仏禁戒を持する人は、是れ予が追福を修する人なり。ただ此の小院に檀信《だんしん》に依り衲衆《のうしゅ》を止住せしめば、現前同伴、一箇両箇、閑を守るに耐ふる者、よろしく茲《ここ》に在りて、禅誦息を作すべし。故を以て中陰より、大小祥等諸忌辰《きしん》に及ぶまで、霊供《れいく》諷経《ふぎん》等を除くの外、さらに斎会《さいえ》の経営に由らざれ。もし老僧に於いて一分の追修報恩を存ぜん人、ただ只宴寂《えんじゃく》蕭疎《しょうそ》の中に在りて、人々各平生弁道に励むを以て、最も吾が庶幾する所と為す。千万是れに於いて足るなり。そもそも苟《いやしく》も暫く静縁を仮りて、一片祖道に参ぜんと欲する輩、必ず吾が戒むる所を待たず。もし別に檀施《だんせ》の嚫物《しんもつ》を忌陰に投ずる有らば、先づすべからく法の如く仏及び僧に施すべし、余力有らば、よろしく以て当寺の資縁に補すべし。是れ則ち以て常住を護惜する所なり。以て老僧の為に志を養ふべし。必ず点心数多を尽くし、斎料を添えて而る後に吾に報ずると謂ふなかれ。これを勉めよ。

次のような内容である。

一、私の没後、通常の葬儀を行って人手を煩わせてはならない。ただ、山陰に葬ってくれればよい。松や柏が塚の上に自然と生えて、風や雲がその上を時々行き来するのは、良き友がやって来てくれるようで、大変うれしいものだ。もし山民村童が遊びのような気持ちで小塔を建てたいと言うなら、小さいものであれば、それもよい。このように言うのは、ただ皆の労力を省こうと思ってのことである。その意味では、火葬もまたよい。一切の法事は不要である。

一、中陰の仏事は一箇所に人が集まって行う必要はない。仏道修行を行う場は、すべて私を追福する場である。堅く仏戒を守る人は、すべて私を追福する人である。この寺に檀家の志によって僧侶を住まわせるならば、一人でも二人でも閑居に耐えて坐禅誦経せよ。中陰より後の忌日に際しては、供物読経以外、大掛かりな法要を行うことはない。もし私に少しでも追善報恩の気持ちがある人がいるならば、穏やかで静かな日常の中で修行に励むことこそが、私の望むところである。供養はこれで十分である。そもそも仏道に参入しようとする者ならば、このように私が戒める必要もなかろう。もし別に檀家から布施があれば、まず作法どおりに仏・僧に施し、もし余れば当寺を維持するための補いとせよ。これは住僧を護ることとなり、それが私のための供養となるであろう。けっして多くの供物をすることによって私の追福報恩をしたと思ってはならない。よくこれを理解して、仏道に努めよ。

これが、波乱の生涯の最後に達した境地であった。

葬送と追号

翌日（八日）には、春屋妙葩の沙汰により常照寺にて葬礼が営まれた。通常と異なり、火葬され、常照寺の後山に葬られた。

『太平記』には、光明院と異母弟の梶井宮承胤法親王が駆けつけて、二人が火葬のことなどを営み、棺を担って寺の背後の山に葬ったとある。ただし、この二人が常照寺に駆けつけたことは、他の史料には見えず、真偽の程は定かではない。

十日、京都の朝廷では院号をどうするかという議論がなされた。後円融《ごえんゆう》や後土御門《ごつちみかど》はどうかという案もあったが、院の隠棲していた「光厳院《こうごんいん》」という寺号を以て院号とすることに決定した。「光厳院」は「幽閑の地」であるから、それこそが院の意思に沿う院号ではないかとされたのである（『迎陽記』）。「光厳院」がどこにあったか、詳細は不明。ただし、『太平記』第三十九巻「光厳院禅定法皇崩御事」

には、南山から許されて帰ってきた後、「伏見の里の奥、光厳院と聞し幽閑の地にぞ移り住ませ給ひける」とあり、これに従うならば、伏見の奥にあったことになる。前述のとおり、『太平記』記事についてはどれほど事実を伝えているかという問題があるが、この場合は、『迎陽記』の記事とも矛盾する点は特にないので、その記述を信じてよいのではなかろうか。

十一日、京都の朝廷では遺詔奏《いじょうのそう》（崩御した天皇や上皇の遺言を天皇に奏上する儀）があり、固関警固《こげんけいご》及び廃務《はいむ》の宣下もあった。いずれも天皇・上皇が崩御した時に常に行われる儀式であり、光厳院の意思とは無関係なものであった。

山国陵（常照皇寺境内）

「松柏自ずから塚上に生じ、風雲時に往来する」

常照皇寺の後山にある御陵は、現在「山国陵《やまくにのみささぎ》」と称され、宮内庁によって管理されている。小さな塚があり、その周りには楓・椿・松などが生え、さらにその周りを高い杉が囲んでいる。遺誡の「松柏自ずから塚上に生じ、風雲時に往来する」という一節を自ずと思い出す情景である。

傍らには光厳院の玄孫後花園《ごはなぞの》天皇も葬られている。「後山国陵《のちのやまくにのみささぎ》」と言う。ごく小さな石塔が置かれているが、これは、後花園天皇が常照寺に土地を寄進した際に、その印に残したものである。また、ここには、後土御門《ごつちみかど》天皇の分骨も納められている。

天野山金剛寺に光厳院の分骨が納められた（『堅横抄《じゅおう》巻第五　疏二本』奥書）。同寺は、院が三年近く抑留された所であり、また禅の道に入った所でもあった。天龍寺の塔頭金剛院《こんごういん》には髪が納められた。同院は、光厳院追福のために崇光院が建立した塔頭である。

伏見の大光明寺《だいこうみょうじ》には、光厳院の肖像画が安置され（『後深心院関白記』応安二年〈一三六九〉二月二六日条）、応安五年（一三七二）七月二十日の光厳院年忌の際には、後光厳院がそれを拝している。伏見深草にある持明院統歴代天皇の納骨堂たる安楽光院《あんらくこういん》（安楽行院）にも肖像画が納められた。

このように、様々な形で追慕されるとともに、院の遺志は長く尊重され続けているのである。

光厳院の至った境地

光厳院は一人の禅僧として最期を迎えた。それは、乱世に翻弄される波乱に満ちた生涯の果てのことであった。皇統の正嫡として生まれて皇位につきながら、廃位の憂き目を見、戦乱の中で治天の君となって誠実に使命を果たそうと努めながら、裏切りによって幽囚の年月を送らねばならなかった。その生涯は悲劇的と称すべきものとも思われるが、最後にはそれを超越する境地に達して、一人の人間として静かに生を終えることができたと言えよう。当時の人々も、晩年の院のそのような生き方を尊いものと認めていたと見られる。

しかし、見逃してならないのは、院は、一人の禅僧として人生を終えるにあたっても、やはり「君」としての自覚を持ち続けたと見られることである。院の最後の言葉である「遺誡」は、民を煩わせまいとする配慮によって記されたものである。民を思いやることは、「君」のなすべきことであり、治天の君であった頃の院が第一に心がけたことであった。その意味で、これは、まさに「君」の自覚の表れと言うべきであろう。

それだけではない。晩年の院はさらにもう一歩進んだ境地にあったのではないかと思われる。それは、「山民村童」が小塔を建ててくれるならそれもよいと、民の好意を素直に受け入れようとしている点にうかがわれる。「君」は民を導く存在でなければならない。これは、師父たる花園院から与えられた「誡太子書《かいたいしのしょ》」の冒頭に述べられていることである。光厳院は終生それを忘れることはなかったと思われる。しかし、光厳院はそれにとどまらず、「民」を、治める対象としてではなく、心を通わせ得る一人ひとりの人間として見ることのできる境地に至っていたのではないかと思うのである。

貴種として生まれ、生涯にわたってその責任を果たそうと努めつつ、一人の人間としても見事に生を全うした人であった。

史料一覧

（原則として本書に出てくる順序に従って掲出したが、同一書に収載する史料類は一括して示した場合もある）

『増鏡』＝日本古典文学大系『神皇正統記　増鏡』

『吉続記』＝増補史料大成『吉記二・吉続記』

『花園天皇宸記』＝史料纂集『花園天皇宸記』一～三。『和訳花園天皇宸記』一～三（村田正志編、続群書類従完成会）を参照。

『継塵記』＝『歴代残闕日記　第十巻』巻四十七

『実躬卿記』＝大日本古記録『実躬卿記　四』

「後伏見上皇事書案」（宮内庁書陵部蔵）＝『鎌倉遺文』三〇一四二号

『梅松論』＝京大本（高橋貞一『国語国文』一九六四年八・九月）を底本として、流布本（新撰日本古典文庫『梅松論・源威集』一九七五年）を参照。京大本は漢字片仮名交じりであるが、読解の便を考慮して、片仮名を平仮名に改めた。

「伏見院賜于関東御告文」＝『砂巌』（図書寮叢刊）

「伏見院消息」（宮内庁書陵部蔵「伏見院御文類」第三巻）＝『伏見天皇宸筆御置文』（宮内庁書陵部、一九八四年）解題の翻刻による。

「伏見天皇宸筆正和元年置文」、「伏見天皇宸筆文保元年置文」、「伏見天皇御手印置文」（宮内庁書陵部蔵「伏見院

御文類」・東山御文庫蔵）＝『伏見天皇宸筆御置文』（宮内庁書陵部、一九八四年）
『園太暦』＝続群書類従完成会
『禁秘抄』＝群書類従・巻第四百六十七
『椿葉記』＝『證註椿葉記』（村田正志著、寶文館、一九五四年→『村田正志著作集』第四巻、思文閣出版、一九八四年）
『神皇正統記』＝日本古典文学大系『神皇正統記　増鏡』。底本は漢字片仮名交じりであるが、読解の便を考慮して、片仮名を平仮名に改めた。
「後宇多上皇譲状案」（東山御文庫文書）＝『鎌倉遺文』二三三六九号
「（後宇多天皇）宸筆御遺告」（大覚寺蔵）＝『宸翰英華』第一冊（帝国学士院編、一九四四年→思文閣出版、一九八八年、以下同）六二
元亨元年十月四日・石清水八幡宮奉納「（後伏見天皇）宸筆御願文案」（廬山寺蔵）＝『宸翰英華』第一冊、一〇三
元亨四年十一月七日・北野社奉納「（後伏見天皇）宸筆御告文案」（伏見宮蔵）＝『宸翰英華』第一冊、一〇八
「恒明親王立坊事書案」＝『皇室制度史料　皇族　四』（吉川弘文館、一九八六年）
『一代要記』＝『改定史籍集覧』
嘉暦元年五月二十九日・石清水八幡宮奉納「（後伏見天皇）宸筆御願文案」（伏見宮蔵）＝『宸翰英華』第一冊、一一四
『太平記』＝『西源院本太平記』（軍記物語研究叢書第一巻〜三巻『未刊軍記物語資料集1〜3』所収影印本、クレス出版、二〇〇五年）。底本は漢字片仮名交じりであるが、読解の便を考慮して、片仮名を平仮名に改めた。また、漢字の一部を平仮名に改めた箇所もある。

「誡太子書」＝『花園天皇宸翰集　誡太子書　学道之御記　御処分状　解題』（吉川弘文館、一九七七年）
「徳大寺政道奏状」＝日本思想大系『中世政治社会思想　下』
「吉田定房奏状」＝日本思想大系『中世政治社会思想　下』
「鎌倉年代記」＝増補続史料大成『鎌倉年代記・武家年代記・鎌倉大日記』
「光明寺残篇」＝角川文庫『太平記（一）』付録（岡見正雄校注、一九七五年）
『践祚部類抄』＝群書類従・巻第三十三
『竹向きが記』＝『竹向きが記全注釈』（岩佐美代子校注、笠間書院、二〇一一年）
『光厳天皇宸記』「玄象牧馬事」＝『光厳天皇遺芳』（常照皇寺、一九六四年）
『吉口伝』＝続群書類従・巻第三百十
『後光明照院関白記（道平公記）』＝『調査研究報告』（国文学研究資料館、第二十二号、二〇〇一年）小川剛生
　解題・翻刻・人名索引。原文は漢文、私に読み下した。
「花園天皇宸翰消息」（京都国立博物館蔵）＝京都国立博物館編『宸翰　天皇の書――御手が織りなす至高の美』
　（特別展覧会図録、二〇一二年）
「花園上皇書状」（尊経閣文庫蔵）＝『鎌倉遺文』三二〇五一号
「陸波羅南北過去帳」＝角川文庫『太平記（二）』補注（岡見正雄校注、一九七五年）
『皇年代略記』＝群書類従・巻第三十二
『公卿補任』＝新訂増補国史大系
『本朝皇胤紹運録』＝群書類従・巻第六十
『元弘日記裏書』＝群書類従・巻第四百五十四
『匡遠記』＝橋本義彦『平安貴族社会の研究』（吉川弘文館、一九七六年）「小槻匡遠記の紹介」

『尊卑分脈』＝新訂増補国史大系
『保暦間記』＝佐伯真一・高木浩明編著『校本　保暦間記』（和泉書院、一九九九年）
「大友千代松宛書状」（大友文書）＝『南北朝遺文　九州編』第一巻、四一七号
「安芸木工助宛軍勢催促状」（肥後三池文書）＝『南北朝遺文　九州編』第一巻、四一八号
光厳天皇宸筆『般若心経』（香川県立ミュージアム蔵）＝京都国立博物館編『宸翰　天皇の書――御手が織りなす至高の美』（特別展覧会図録、二〇一二年）
『後鳥羽院御霊託記』＝続群書類従・巻第九百六十四
『醍醐寺座主次第』＝『大日本史料』第六編三冊所収
「宝簡集」第十四（高野山文書）＝『大日本古文書』家わけ第一「高野山文書」
『東大寺別当次第』＝群書類従・巻第五十六
「安田文書」＝『大日本史料』第六編三冊所収
『師守記』＝史料纂集『師守記』
『光明院御即位記』＝続群書類従・巻第二百七十四
『中院一品記』＝『大日本史料』第六編五冊所収
『玉英記抄』＝増補続史料大成『玉英記抄・聾盲記・後奈良天皇宸記・土右記・白河上皇高野御幸記』
『天龍寺造営記録』＝村田正志編『風塵録』（『村田正志著作集』第七巻、思文閣出版、一九八六年）
『天龍寺重書目録』＝『大日本史料』第六編五冊所収
『光明院宸記』＝『大日本史料』第六編七冊所収
『女院小伝』＝群書類従・巻第六十五
『続史愚抄』＝新訂増補国史大系

康永二年四月十三日「光厳院宸筆置文」（鳩居堂蔵）＝京都国立博物館編『宸翰　天皇の書――御手が織りなす至高の美』（特別展覧会図録、二〇一二年）
『井蛙抄』＝『歌論歌学集成　第十巻』（三弥井書店、一九九九年）。
中院通秀撰『園太暦目録』＝史料纂集『園太暦　巻七』
『勅撰次第』・『代々勅撰部立』＝後藤重郎編『勅撰和歌十三代集研究文献目録』（和泉書院、一九八〇年）
『光厳院御集』＝『光厳院御集全釈』（岩佐美代子、風間書房、二〇〇〇年）
『風雅和歌集』＝『風雅和歌集全注釈』上巻・中巻・下巻（岩佐美代子、笠間書院、二〇〇二～〇四年）
『観応二年日次記』＝続群書類従・巻第八百六十六
『吉野御事書案』＝群書類従・巻第三百九十九
『祇園執行日記』＝八坂神社叢書一『八坂神社記録一』
『五壇法記』＝『大日本史料』第六編十六冊所収
『仙洞御文書目録』＝群書類従・巻第四百九十五
「薄草子口決第廿」、「釈論第十愚草」（末）、「秘鍵開蔵抄」、「日経疏第三愚草」（本）、「釈摩訶衍論巻第二」、『竪横抄巻第五　疏二本』＝『天野行宮金剛寺古記』（大阪府史蹟名勝天然記念物調査報告書・第六輯、一九三五年）
『新千載和歌集』＝『新編　国歌大観』第一巻
「崇光院御記」＝『宸翰英華　別篇　北朝』（思文閣出版、一九九二年）
『後深心院関白記』＝増補続史料大成『後深心院関白記』
『東海一漚集』＝玉村竹二編『五山文学新集』第四巻（東京大学出版会、一九九〇年）
「延文二年十一月七日消息」（雲樹寺蔵）＝『光厳天皇遺芳』

「琵琶血脈」＝図書寮叢刊『伏見宮旧蔵楽書集成一』（宮内庁書陵部、一九八九年）
『近来風体』＝『歌論歌学集成　第十巻』（三弥井書店、一九九九年）
『大乗院日記目録』＝増補続史料大成『大乗院寺社雑事記　十二』
『斑鳩嘉元記』＝『大日本史料』第六編二十四冊所収。『改訂史籍集覧』第二十四冊
「貞治三年四月六日消息」（鹿王院蔵）＝『光厳天皇遺芳』
『迎陽記』＝村田正志編『風塵録』（『村田正志著作集』第七巻、思文閣出版、一九八六年）
『本朝歴代法皇外紀』＝続々群書類従・第二

参考文献

（全体にわたる書・論文については、刊行年月順に掲出。各章においては、原則として本文に出てくる順に掲出）

全体にわたるもの

中村直勝『光厳天皇』淡交新社、一九六一年

＊光厳天皇没後六百年を記念して刊行された初の伝記。戦前の南朝正統史観から脱却しようとする時代性が感じられる書。

『光厳天皇遺芳』常照皇寺、一九六四年

＊光厳天皇没後六百年を記念して、院の開いた常照皇寺から刊行された宸筆を中心とした史料集。

佐藤進一『南北朝の動乱』（日本の歴史9）中央公論社、一九六五年 → 新装改版、二〇〇五年

林屋辰三郎『内乱の中の貴族』（季刊論叢日本文化1）角川書店、一九七五年

橋本義彦『平安貴族社会の研究』（吉川弘文館、一九七六年）第一章「院評定制について」

森茂暁『南北朝期公武関係史の研究』文献出版、一九八四年 → 増補改訂版、思文閣出版、二〇〇八年

西野妙子『光厳院　『風雅和歌集』親撰と動乱の世の真白の生涯』国文社、一九八八年

相馬万里子「琵琶の時代から笙の時代へ――中世の天皇と音楽」（『書陵部紀要』第四十九号、一九九八年三月）

岩佐美代子『光厳院御集全釈』（私家集全釈叢書二七）風間書房、二〇〇〇年

＊「光厳院御集」の解説として書かれた比較的簡潔なものであるが、深い学識に裏付けられた信頼性の高い評

伝。自らの地位に明白に責任をとった唯一の天皇という「光厳院」像を提示。

飯倉晴武『地獄を二度も見た天皇　光厳院』（歴史文化ライブラリー一四七）吉川弘文館、二〇〇二年
＊文書・記録類を駆使して、南北朝の歴史の中に光厳院の生涯を描く書。特にその悲劇性を浮き彫りにする。
豊永聡美『中世の天皇と音楽』吉川弘文館、二〇〇六年
松本徹『風雅の帝　光厳』鳥影社、二〇一〇年

全体にわたる史料集

村田正志編『風塵録』（『村田正志著作集』第七巻）思文閣出版、一九八六年
『光厳天皇実録』ゆまに書房、二〇〇九年（宮内省図書寮編修課編、一九四四年印刷本の影印復刻）

第一章　両統迭立

森茂暁『南朝全史——大覚寺統から後南朝へ』講談社、二〇〇五年
小秋元段『太平記・梅松論の研究』汲古書院、二〇〇五年
井上宗雄『京極為兼』（人物叢書）吉川弘文館、二〇〇六年
岩佐美代子『京極派和歌の研究』笠間書院、一九八七年 → 改訂増補新版、二〇〇七年
本郷恵子『京・鎌倉　ふたつの王権』（全集日本の歴史第六巻）小学館、二〇〇八年
本郷和人『天皇の思想——闘う貴族北畠親房の思惑』山川出版社、二〇一〇年
福田景道「『梅松論』の皇位継承史構想——後堀河院・後嵯峨院・光厳院の正統性」（『国語教育論叢』第十四号、二〇〇五年三月）
五味文彦「王法と仏法——両様の接近」（『仏教』別冊2、一九八九年十一月）

小川剛生「京極為兼と公家政権――土佐配流事件を中心に」（『文学』隔月刊第四巻・第六号、二〇〇三年十一・十二月号、岩波書店）
橋本義彦「『誡太子書』の皇統観」（『中世日本の諸相　下巻』吉川弘文館、一九八九年）

第二章　量仁親王の誕生と修学

川上貢『日本中世住宅の研究［新訂］』（中央公論美術出版、二〇〇二年）第二編・第二章「持明院殿の考察」
髙柄俊夫『中世京都の軌跡――道長と義満をつなぐ首都のかたち』雄山閣、二〇〇八年
能勢朝次「聯句と連歌」（『能勢朝次著作集』第七巻）思文閣出版、一九八二年
岩佐美代子「花園天皇宸記の「女院」」（『日本歴史』二〇〇一年八月）
同『永福門院――飛翔する南北朝女性歌人』（古典ライブラリー9）笠間書院、二〇〇〇年（『永福門院――その生と歌』笠間書院、一九七六年の改定版）

第三章　春宮の時代

森茂暁『後醍醐天皇』中公新書、二〇〇〇年
岩橋小弥太『花園天皇』（人物叢書）吉川弘文館、一九六二年
村井章介『分裂する王権と社会』（日本の中世10）中央公論新社、二〇〇三年
河内祥輔『天皇と中世の武家』（天皇の歴史04）講談社、二〇一一年「第一部　鎌倉幕府と天皇」
森茂暁『鎌倉時代の朝幕関係』（思文閣出版、一九九一年）第一章第二節「伝西園寺実衡筆「書状切」三葉」
石澤一志「伝西園寺実衡筆「書状切」について」（『国文鶴見』三一号、一九九六年十二月）

第四章　天皇の時代

村井章介『南北朝の動乱』（日本の時代史10）吉川弘文館、二〇〇三年
平泉澄『我が歴史観』（至文堂、一九二六年　→　皇學館大学出版部、一九八三年）十「史上に湮滅せし五辻宮」

第五章　太上天皇の時代

森茂暁『南北朝の動乱』（戦争の日本史8）吉川弘文館、二〇〇七年
同『太平記の群像――軍記物語の虚構と真実』角川選書、一九九一年
徳永誓子「後鳥羽院怨霊と後嵯峨皇統」（『日本史研究』五一二、二〇〇五年四月）
新田一郎『太平記の時代』（日本の歴史11）講談社、二〇〇一年
長谷川端『太平記　二』（新編日本古典文学全集、小学館、一九九六年）「古典への招待」
村田正志『増補南北朝史論』（『村田正志著作集・第一巻』思文閣出版、一九八三年）第一章・第四節「南朝正統の歴史的批判」

第六章　治天の君の時代

森茂暁『皇子たちの南北朝』中公新書、一九八八年
北爪幸夫「後醍醐の死に対する幕府及び北朝の対応」（『太平記研究』三号、一九七三年六月）
深津睦夫『中世勅撰和歌集史の構想』（笠間書院、二〇〇五年）第二編・第三章「新千載和歌集の撰集意図」
小川剛生「『園太暦』と北朝の重臣たち」（『日記に中世を読む』吉川弘文館、一九九八年）
岩佐美代子『京極派歌人の研究』笠間書院、一九七四年　→　改訂新装版、二〇〇七年
原田芳起『探究日本文学　中古・中世編』（風間書房、一九七九年）「光厳院御集と花園院御集」

井上宗雄『中世歌壇史の研究　南北朝期』明治書院、一九六五年　→　改訂新版、一九八七年
深津睦夫「京極派・康永期歌風の一面について――永福門院と花園院の役割を中心に」（『国文学言語と文芸』第九〇号、一九八〇年九月）
岩佐美代子『風雅和歌集全注釈　上巻・中巻・下巻』笠間書院、二〇〇二・二〇〇三・二〇〇四年
後藤重郎「風雅和歌集撰定に関する一考察」（『名古屋大学文学部研究論集』三一、文学11、一九六三年三月）
次田香澄『風雅和歌集』（中世の文学4、三弥井書店、一九七四年）解説
後藤重郎「勅撰和歌集序に関する一考察」（『名古屋大学文学部研究論集』二八、文学10、一九六二年三月）
福田秀一『中世和歌史の研究　続編』（福田恵美子、二〇〇七年）「勅撰和歌集の成立過程」

第七章　貞和五年・光厳院の目

深津睦夫「勅撰集と権力構造――風雅集・雑歌下・巻頭部の述懐歌群をめぐって」（『国語国文』第七十五巻第三号、二〇〇六年三月）
市沢哲『日本中世公家政治史の研究』（校倉書房、二〇一一年）第二部第四章「鎌倉後期公家社会の構造と「治天の君」」

第八章　幽囚の時代

伊東俊一「武家政権の再生と太平記」（『太平記を読む』吉川弘文館、二〇〇八年）
岡野友彦『北畠親房』ミネルヴァ書房、二〇〇九年
同『院政とは何だったか』ＰＨＰ新書、二〇一三年
小川剛生『二条良基研究』笠間書院、二〇〇五年

中村直勝『南朝の研究』（星野書店、一九二七年）七「南朝と金剛寺」
羽田聡「「法華経要文和歌懐紙」の伝来と復元――立命館本を中心として」（『アート・リサーチ』八号、二〇〇八年三月）
村田正志『続南北朝史論』（『村田正志著作集・第二巻』思文閣出版、一九八三年）第二章第三節「後村上天皇の琵琶秘曲相伝の史実」
同『増補南北朝史論』（『村田正志著作集・第一巻』思文閣出版、一九八三年）第五章第三節「大雄寺の懐古」
西本昌弘「『日本後紀』の伝来と書写をめぐって」（『続日本紀研究』三一一・三一二合併号、一九九八年二月）

第九章　禅僧の時代

村田正志著作集・第四巻『證註椿葉記』思文閣出版、一九八四年
伊藤敬『室町時代和歌史論』（新典社、二〇〇五年）第二章「伏見宮貞成――北朝和歌終焉考」
松薗斉『日記の家』（吉川弘文館、一九九七年）第二部第七章「持明院統天皇家の分裂」
飯倉晴武『日本中世の政治と史料』（吉川弘文館、二〇〇三年）「室町時代の貴族と古典――伏見宮貞成親王を中心に」・「古記録について」
田島公「中世天皇家の文庫・宝蔵の変遷――蔵書目録の紹介と収蔵品の行方」（『禁裏・公家文庫研究』第二輯、二〇〇六年三月、思文閣出版）
酒井茂幸『禁裏本歌書の蔵書史的研究』（思文閣出版、二〇〇九年）第一章「両統迭立期の禁裏文庫と伏見宮本の成立」
中西達治『太平記の論』（おうふう、一九九七年）「太平記における光厳院廻国説話」・「太平記における光厳院――後醍醐天皇との関係から」

あとがき

上横手雅敬先生の推薦によって、「ミネルヴァ日本評伝選」の一冊として『光厳天皇』を執筆させていただくことになったのは七年前のことである。執筆が決まって、しかし、六年ほどはまったく手を着けることができなかった。自分の中に、新たな光厳天皇の評伝を書く必然性がなかなか見出せなかったからである。

「はしがき」にも書いたように、すでに光厳天皇には二冊の優れた評伝が存在する。岩佐美代子氏の『光厳院御集全釈』と飯倉晴武氏の『地獄を二度も見た天皇　光厳院』である。岩佐氏の提示した「民の不幸を我が責任として贖罪を果たした末に、すべてを捨て去って一老僧として生涯を閉じた天皇」という人物像と、飯倉氏の提示した「南北朝の動乱の中で二度も地獄を見た天皇」という人物像とは、いずれも魅力的で、しかも十分な説得力を有している。この二冊が存在する以上、光厳天皇について新たな評伝を書く必要はないのではないかと思われたのである。

そのような中で、逡巡しながらも、ともかく執筆を決意したのは、一年半ほど前のことである。もし筆者に新たな評伝を書くことが可能であるとするならば、それは、これまで筆者が光厳天皇について論じてきたことを手がかりにする以外にはないと思い至ってのことであった。

筆者の主たる研究分野は、中世勅撰和歌集の歴史である。勅撰和歌集というのは、天皇または上皇の命により編纂される歌集であるから、本来的に政治的存在であり、鎌倉時代以後のそれには特にその色彩が濃い。中でも風雅和歌集は治天の君その人が撰者となった歌集であるから、中世勅撰集の政治性という問題を考える上では特に注目すべき存在である。これまで筆者は、そのような興味関心から、風雅和歌集撰者としての光厳天皇について考察を重ねてきた。

それらを通して見えてきた光厳天皇は、誠実に政務に励むと同時に、意外なほどにしたたかな為政者であり、また、確かな歴史認識の目を有する指導者でもあった。こうした側面は従来あまり注目されておらず、これに光を当てることができれば、光厳天皇像が今少し立体的にとらえることができるかもしれない。そのように考えることによって、ようやく執筆を決意することができたのである。

実際に書きだしてみると、古文書や古記録の読み方を正統的に学んではいない者の非力さを痛感することになった。学界に知られていない史料を発掘することなどまったくできず、執筆には活字化された資・史料しか用いることができなかった。文書や日記の解釈も、先学のそれを参考にするところが多い。それでも、もし本書にいささかなりとも新味があるとすれば、それは、従来知られていた資・史料を、和歌研究者の立場から読みなおした結果ということになろうか。

前述のとおり、筆者は中世の勅撰和歌集を主たる研究対象としているが、その中で、風雅和歌集とともに取り上げることが多かったのは、実は南朝の「勅撰和歌集」たる新葉和歌集である。特にここ数年は同集とその周辺に関して論ずることが多かった。一つの歌集について考えを巡らしていると、当然のことながら、その歌集に愛着がわき、撰者や所収歌の作者に馴染んでゆく。近年は、すっかり南朝の人々に慣れ親しみ、同情的になっていた。それが、今度は北朝の天皇の生涯をたどることとなったのである。

執筆を終えた今、もちろん光厳天皇贔屓になっている。ただし、南朝の人々への同情も薄れてはいない。むしろ、同情が深まったようにも思う。南朝の和歌を読んできた経験が光厳天皇の生涯を描くことに活かされているかどうかはよくわからない。ただ、それらの和歌を読むことによって、時代の「匂い」のようなものを感じ取れているとすれば、それが少しは役に立っているかもしれない。

平成二十六年（二〇一四）は、光厳天皇没後六百五十年の記念の年となる。この時に際会して、本書を刊行できることを喜びたいと思う。

最後に、なかなか執筆に踏み切れず、締め切りを何度も先延ばしにしたにもかかわらず、辛抱強く原稿を待ってくださったミネルヴァ書房編集部の田引勝二氏に深く感謝申し上げます。田引氏には常照皇寺の光厳院像の写真撮影をはじめとして、写真の入手についてもたいへんお世話になりました。ありがとうございました。

平成二十五年十一月二十八日

深津睦夫

光厳天皇略年譜

和暦	西暦	齢	関係事項	一般事項
正和二	一三一三	1	7・9量仁親王出生。	10月伏見院・京極為兼出家。
四	一三一五	3		12月為兼捕縛。
文保元	一三一七	5		9・3伏見院崩。
二	一三一八	6		2・26後醍醐天皇践祚。3月邦良親王立坊。
元応元	一三一九	7	正・19読書始。	
二	一三二〇	8	4・1連句開始。	
元亨元	一三二一	9	3・1文学の番開始。7・24詩作始。	12月後醍醐天皇親政開始。
二	一三二二	10	4・13仮元服。	
三	一三二三	11	5・7和歌の修練開始。11・17着袴儀。11・29琵琶始。12・19笛始。	
正中元	一三二四	12		9・19正中の変勃発。
二	一三二五	13	閏正・16学問所設置。	
嘉暦元	一三二六	14	7・24立太子。	3・20東宮邦良親王死去。

元徳 元	一三二九	17	12・28元服	
二	一三三〇	18	2月花園院から「誡太子書」を与えられる。	
元弘 元	一三三一	19	9・20践祚。	8・24元弘の変勃発。11・8康仁親王立坊。
元弘 二 正慶 元	一三三二	20	3・22即位式。5月玄象牧馬（累代楽器）を弾ず。11・13大嘗会。	3・7後醍醐天皇隠岐へ配流。3・21京極為兼没。
元弘 三 正慶 二	一三三三	21	3月天皇・上皇等六波羅へ避難。5・7六波羅陥落。5・9近江国番場にて六波羅武士全滅。5・25天皇廃位。6・26後伏見院出家。12・10太上天皇の尊号を受け、懽子内親王を妃とする。	閏2・24後醍醐天皇隠岐脱出。5月鎌倉幕府滅亡。
建武 元	一三三四	22	4月興仁親王（崇光天皇）出生。	正・23恒良親王立坊。11月護良親王鎌倉に幽閉される。
二	一三三五	23	11・22花園院出家。	6月西園寺公宗の謀反露見。7月中先代の乱。8月足利尊氏東下。11月尊氏追討のため新田義貞を鎌倉に。
延元 元 建武 三	一三三六	24	2月尊氏に院宣を下す。3月諸社に般若心経奉納。4・6後伏見院崩。6・3治天の君として政務開始。8・15光明天皇践祚。11・14成良親王立坊。この年直仁親王出生か。	正月後醍醐天皇比叡山へ。2月尊氏九州へ落ちる。6月尊氏入京。後醍醐天皇再び比叡山へ。10・10後醍醐天皇下山して花山

光厳天皇略年譜

				院へ。12・21後醍醐天皇吉野へ。
延元二 建武四	一三三七	25	12・28光明天皇即位式。	3・6金崎落城。
延元三 暦応元	一三三八	26	3月弥仁親王（後光厳天皇）出生。8・13興仁親王立坊（崇光天皇）。	5・22北畠顕家戦死。閏7・2新田義貞戦死。8・11尊氏征夷大将軍となる。
延元四 暦応二	一三三九	27	5・19琵琶灌頂。6・27御会始催行。	8・16後醍醐天皇崩。10・5天龍寺建立の院宣下される。
興国元 暦応三	一三四〇	28	5・14暦応雑訴法制定。	
興国二 暦応四	一三四一	29	4月徽安門院妃となる。	
興国三 康永元	一三四二	30	5・7永福門院崩。8月土岐頼遠の狼藉事件。この年「光厳院御集」編纂。	
興国四 康永二	一三四三	31	4・13皇位継承に関する置文をしたためる。この年「院六首歌合」催行。	
興国六 貞和元	一三四五	33	4月勅撰集撰集作業開始。	8・29天龍寺落慶法要。
正平元 貞和二	一三四六	34	4月応製百首を召す。11・9「風雅和歌集」竟宴。	
正平二 貞和三	一三四七	35	9月「風雅和歌集」四季部完成。	

正平三 貞和四	一三四八	36	10・24崇光天皇践祚、直仁親王立坊。11・11花園院崩。	正月楠木正行戦死、後村上天皇は賀名生へ。
正平四 貞和五	一三四九	37	秋頃「風雅和歌集」全巻完成。	8月足利直義と高師直の対立激化。
正平五 観応元	一三五〇	38		10月観応の擾乱。12月直義南朝に降参。
正平六 観応二	一三五一	39	11・7崇光天皇・春宮直仁親王廃位。12・28光明院出家、光明・崇光両院に太上天皇の尊号。	2・26高師直殺さる。7月尊氏と直義決裂。10月尊氏南朝に降参。
正平七 文和元	一三五二	40	閏2・21光厳・光明・崇光院と直仁親王、南朝行宮の石清水八幡宮へ、3・3河内東条へ、6・2賀名生へ。8・8光厳院出家。8・17後光厳天皇践祚。	2・26直義没、後村上天皇賀名生を出発。閏2月南軍が京都・鎌倉を攻撃・占拠。3月足利軍が京都・鎌倉を奪回。5・11南朝軍石清水八幡宮から退却。
正平八 文和二	一三五三	41		6月南軍京都侵攻し、後光厳天皇・足利義詮美濃へ、9月帰京。
正平九 文和三	一三五四	42	3・22三院、河内金剛寺へ。10月後村上天皇も同所へ。11・11「花園院七回忌法華経要文和歌」詠進。	
正平一〇 文和四	一三五五	43	8・8光明院帰京。	正月南軍京都侵攻し、後光厳天皇・尊氏近江へ逃る、3月帰京。

正平一一 延文元	一三五六	44	10月崇光院への琵琶秘曲伝授。11・6光厳院禅へ帰依。	
正平一二 延文二	一三五七	45	2・18光厳・崇光両院と直仁親王帰京。閏7・23広義門院崩。	
正平一三 延文三	一三五八	46	4・2徽安門院崩。9月光厳院危篤、この頃嵯峨小倉に住む。	4・30尊氏没。
正平一六 康安元	一三六一	49		12月義詮・後光厳近江へ。
正平一七 貞治元	一三六二	50	秋大和・高野行脚。	2月後光厳天皇帰京。
正平一八 貞治二	一三六三	51	4・8伏見領に関する置文作成。この年丹波山国常照寺へ。	
正平一九 貞治三	一三六四	52	7・7崩御。	

人名索引

※「光厳天皇」は頻出するため省略した。

あ 行

赤松円心　17, 79, 81, 82, 104, 106
赤松貞範　217
赤松則祐　185
阿観　206
足利尊氏（高氏）　15-17, 76, 77, 81, 82, 91, 92, 95, 96, 100-110, 113-116, 120, 125-127, 149, 163, 164, 166, 177, 178, 180-183, 185-190, 195, 199, 200, 202, 203, 206, 210, 218, 222, 223
足利直冬　180, 182, 206, 210
足利直義　101-103, 110, 115, 116, 120, 125, 126, 129, 148, 149, 166, 167, 174, 177, 178, 180-190, 211
足利義詮　92, 101, 180-182, 185-187, 189, 190, 195, 200-202, 204, 206, 210, 218
足利義満　234
飛鳥井雅孝　149
安達高景　69, 72
敦良親王　→後朱雀天皇
阿野廉子　76, 95, 115
綾小路重資　150
安徳天皇　69, 188, 204
一条内経　168
一条経通　115, 134
一向俊聖　88
今出川兼季　40, 41, 77
今出川公直　224
弥仁親王, 弥仁王　→後光厳天皇
入江殿　137
入江宮　→光子内親王
上杉重能　180
上杉能憲　182
永福門院　25, 30-32, 38, 40, 43, 73, 147, 149, 223
永福門院内侍　148
円観（慧鎮）　68, 186
大炊御門氏忠　204
大炊御門冬氏女　→廊御方
正親町公蔭（忠兼）　148, 150, 204
正親町実明　137
正親町忠季　153, 200, 221, 224
正親町実明女　→花園院対御方
太田全職　110
大宮院　2, 3
興仁親王　→崇光天皇
小槻匡遠　97, 99, 131

か 行

景仁親王　58
花山院長定　210
勧修寺経顕　76, 88, 122, 131, 164-167, 171, 172, 193, 202, 209, 217, 219
懐良親王　119
亀山天皇（恒仁親王）　1-4, 7, 8, 10, 18, 55
顔回　35, 36
懽子内親王　→宣政門院
徽安門院（寿子内親王）　137, 141, 148, 209, 212, 218
徽安門院一条　138, 200

儀子内親王　141
北白河院　31
北畠顕家　103, 104, 118–120, 178
北畠顕信　119
北畠顕能　195, 197, 198, 200
北畠親房　63, 118, 119, 169, 183, 185, 195
義仁法親王　138, 200
行基　206
京極為兼　5, 6, 19–21, 39, 144, 147, 222
空谷明応　239
九条道家　168
九条道教　131, 149
楠木正成　68, 78, 83, 97, 104, 109, 208
楠木正行　179
邦治親王　→後二条天皇
邦省親王　55, 56
邦良親王　7, 11, 45–48, 52, 54, 55, 57, 72
継体天皇　202
兼運　71
玄恵　171
玄輝門院（洞院実雄女愔子）　4, 33
賢俊　105, 106, 112, 164, 203
源性入道親王　141
顕親門院　33
小一条院　94
広義門院（西園寺寧子）　25, 26, 30–32, 109, 202, 204, 210, 216, 234
孔子　35
光子内親王（入江宮）　135
後宇多天皇（世仁親王）　1, 3, 5–8, 10, 12, 18, 45–50, 55, 169
勾当内侍（資継王女継子）　201
高師直　97, 157, 177–183, 190, 211
高師泰　179, 181, 182
光明天皇（豊仁親王）　109, 110, 113–115, 117, 119, 120, 124, 126, 128, 163, 184, 190, 193, 194, 196, 203, 204, 210, 216, 218–220, 241
光耀　203
後円融天皇　227
久我長通　131
後京極院（西園寺禧子，礼成門院）→ 93, 94, 135
後光厳天皇（弥仁親王）　126, 127, 135, 200, 202, 204, 206, 210, 213, 216, 217, 219–223, 225, 227, 243
後小松天皇　225, 227, 234
後嵯峨院　2–4, 15, 16, 18, 63, 111
後白河院　69, 204, 206
後朱雀天皇（敦良親王）　94
後醍醐天皇（尊治親王）　1, 6–8, 11–15, 17, 18, 30, 33, 45–52, 54–59, 64, 67–69, 71, 75–78, 80, 82, 88, 89, 91–96, 98, 99, 101–104, 108, 109, 111, 112, 114–119, 121–128, 134, 135, 161–163, 165, 184, 185, 188, 191–193, 199, 206, 212, 231, 232
後土御門天皇　243
後鳥羽天皇　15, 69, 111, 113, 124, 204
後二条天皇（邦治親王）　1, 5, 6, 9, 10, 26, 33, 45–47, 141
近衛道嗣　216
近衛基嗣　119, 131
近衛基平　168
後花園天皇（彦仁王）　41, 227, 242, 243
後深草天皇（久仁親王）　1–4, 8, 13, 15, 19
後伏見天皇（胤仁親王）　1, 5–10, 25–34, 40, 41, 43, 47, 53, 55, 56, 58, 59, 68, 69, 71–75, 79, 81, 85, 89, 98–101, 109, 120, 141, 143, 147, 161–163, 203, 210, 211
孤峰覚明　212, 217
後村上天皇（義良親王）　63, 103, 118, 119, 121, 122, 179, 185, 191, 192, 195, 196, 201, 208, 211, 212, 227–231, 233
古霊道充　239

惟康親王　5

さ　行

西園寺禧子　→後京極院
西園寺公顕　40, 41
西園寺公重　71, 97, 100
西園寺公相　40
西園寺公衡　25
西園寺公宗　69, 71, 77, 88, 96, 97, 99, 100, 141, 164, 203, 232, 233
西園寺実兼　6, 10, 20, 40
西園寺実衡　55
西園寺寧子　→広義門院
坂上明成　131
佐々木導誉　186, 201, 202
貞常親王　224
貞成親王　41, 224-226
三条公秀　217, 222
三条実任　10
三条実音　197, 200
三条実躬　10
三条秀子　→陽禄門院
三条天皇　94
四条隆有　37
四条隆蔭　76, 88, 131, 202, 217
四条隆資　191, 201
四条隆俊　201
四条天皇　2
斯波高経　181, 182
寿子内親王　→徽安門院
春屋妙葩　234, 235, 241
順覚　227
珣子内親王　→新室町院
順徳院　2, 41
承胤法親王　172, 241
昭訓門院　55
称光天皇　227
新宰相典侍（世尊寺定兼女）　201
進子内親王　148
尋尊　229
新室町院（珣子内親王）　93
崇明門院（禖子内親王）　72, 93
菅原在兼　33, 36
菅原家高　33, 37
崇光天皇（益仁親王，興仁親王）　117, 120, 128, 135, 138, 139, 142, 143, 157, 182, 186, 191, 193, 194, 196, 211-213, 215-217, 219-221, 224-227, 234, 243
崇徳院　122-124
静渓通徹　236
禅恵　206, 208
宣光門院（藤原実子）　137, 139-141
宣政門院（懽子内親王）　94, 124, 135
祖曇　201
尊胤法親王　172, 200, 218
尊円入道親王　80, 172
尊澄法親王　→宗良親王
尊朝法親王　137, 138

た　行

平宗経　76
鷹司冬教　71, 77
鷹司冬平　147
尊治親王　→後醍醐天皇
尊良親王　55-57, 71, 75, 76, 114, 118
多治見国長　50
忠成王　2
胤仁親王　→後伏見天皇
談天門院（五辻忠子）　46, 141
千種顕経　195
千種忠顕　76, 82, 98
忠雲　193
中巌円月　216
中納言典侍（四条隆蔭妹）　201
土御門院　2
恒明親王　6, 55

恒仁親王　→亀山天皇
恒良親王　95, 114, 118, 119
定暁　112
同阿良向　88
洞院公賢　93, 131, 132, 134, 151, 153, 154, 186, 188, 191-193, 196, 198, 199, 202, 203, 208, 209, 212, 213, 216, 222, 226
洞院実夏　197, 199
洞院実世　191, 201
道玄　168, 170, 171
土岐十郎　50
土岐頼遠　129
徳大寺実基　63, 64
富仁親王　→花園天皇
豊原龍秋　222
豊仁親王　→光明天皇
頓阿　149

な　行

直仁親王　117, 138-144, 157, 201, 215, 216, 219
長崎高資　57
中院具忠　192, 194, 201
中原師茂　122, 123
中原師右　131
中原師守　132
栄仁親王　224-226
中御門宣明　202
名越高家　81, 82
成良親王　101, 115, 119, 184
名和長年　80, 97
二階堂貞藤　69, 72
二条兼基　170
二条為子　56
二条為定　127, 149, 153
二条為基（玄哲）　150
二条道平　59
二条師基　98
二条良基　113, 202, 223
新田義顕　118, 195
新田義貞　92, 100, 102-104, 109, 114, 118, 120
新田義宗　195
範康　200
範之　200
義良親王　→後村上天皇

は　行

禖子内親王　→崇明門院
伯夷　34
畠山直宗　180
八条院　206
花園院対御方（正親町実明女）　137, 201
花園天皇（富仁親王）　1, 5-7, 9, 13, 25, 26, 28-34, 36, 37, 40, 42, 43, 45-48, 51-53, 55, 59-65, 68, 69, 71-74, 78, 80, 81, 85, 89, 98, 100, 101, 108-110, 117, 139-143, 148-153, 162, 203, 209, 220, 223, 244
葉室長隆　77
葉室長光　77, 131
治仁王　224
彦仁王　→後花園天皇
久明親王　5
久仁親王　→後深草天皇
日野氏光　97, 99
日野（柳原）資明　88, 105, 124, 131, 164-167, 171, 172, 192, 193
日野資朝　50-52
日野資名　77, 88, 97, 99, 105, 110, 164
日野俊光　37, 52, 105
日野俊基　50-52, 68
日野名子　69, 71, 82
日野保明　192, 193
兵衛督局　212
熙仁親王　→伏見天皇

伏見天皇（熙仁親王） 1, 3-7, 10, 18-21, 26, 28-30, 33, 34, 39, 47, 142, 147, 161-163, 222, 223
藤原懐通 149
藤原寛子 94
藤原実子 →宣光門院
藤原俊成 19, 39
藤原孝重 120, 210
藤原為家 39
藤原定家 19, 39
藤原道長 94
藤原行房 76
藤原頼長 36
北条高時 96, 101
北条時興 96
北条時益 84, 85
北条時宗 3, 4, 8, 12
北条時行 96, 100-102
坊城俊実 88
北条仲時 84, 87, 88
細川顕氏 186

ま 行

益仁親王 →崇光天皇
万里小路宣房 51, 68, 170
光資 196
三善文衡 97
夢窓疎石 125, 126, 129, 183, 190, 194, 218
宗良親王（尊澄法親王） 71, 75, 76, 119, 195
桃井直常 181, 210
護良親王 78, 79, 95, 96, 101, 102, 185
守良親王 86

や 行

文観 68, 208
康兼 197
康仁親王 72, 81, 93
山科教音 197
楊梅重兼 204
結城宗広 118
陽禄門院（三条秀子） 120, 135, 217
吉田定房 50, 52, 64, 68, 77, 170
吉田経長 9
世仁親王 →後宇多天皇

ら・わ行

良空 211
冷泉為秀 149, 150
礼成門院 →後京極院
冷泉頼定 88
廊御方（大炊御門冬氏女） 137
六条有忠 52
六条有光 88
和気久成 213

《著者紹介》

深津睦夫（ふかつ・むつお）

1953年　岐阜県生まれ。

1981年　名古屋大学大学院文学研究科修了。博士（文学）。

現　在　皇學館大学教授。専攻は中世和歌史。

著　書　『続後拾遺和歌集』明治書院，1997年。
『歌論歌学集成　第十二巻』共編著，三弥井書店，2003年。
『中世勅撰和歌集史の構想』笠間書院，2005年，ほか。

ミネルヴァ日本評伝選

光《こう》厳《ごん》天《てん》皇《のう》

――をさまらぬ世のための身ぞうれはしき――

2014年2月10日　初版第1刷発行　〈検印省略〉

定価はカバーに
表示しています

著　者　深　津　睦　夫

発行者　杉　田　啓　三

印刷者　江　戸　宏　介

発行所　株式会社　ミネルヴァ書房

607-8494 京都市山科区日ノ岡堤谷町1
電話代表（075）581-5191
振替口座 01020-0-8076

共同印刷工業・新生製本

ISBN978-4-623-07006-0

Printed in Japan

刊行のことば

歴史を動かすものは人間であり、興趣に富んだ人間の動きを通じて、世の移り変わりを考えるのは、歴史に接する醍醐味である。

しかし過去の歴史学を顧みるとき、人間不在という批判さえ見られたように、歴史における人間のすがたが、必ずしも十分に描かれてきたとはいえない。二十一世紀を迎えた今、歴史の中の人物像を蘇生させようとの要請はいよいよ強く、またそのための条件もしだいに熟してきている。

この「ミネルヴァ日本評伝選」は、正確な史実に基づいて書かれるのはいうまでもないが、単に経歴の羅列にとどまらず、歴史を動かしてきたすぐれた個性をいきいきとよみがえらせたいと考える。そのためには、対象とした人物とじっくりと対話し、ときにはきびしく対決していくことも必要になるだろう。

今日の歴史学が直面している困難の一つに、研究の過度の細分化、瑣末化が挙げられる。それは緻密さを求めるが故に陥った弊害といえるが、その結果として、歴史の大きな見通しが失われ、歴史学を通しての社会への働きかけの途が閉ざされ、人々の歴史への関心を弱める危険性がある。今こそ歴史が何のためにあるのかという、基本的な課題に応える必要があろう。評伝という興味ある方法を通じて、解決の手がかりを見出せないだろうかというのも、この企画の一つのねらいである。

狭義の歴史学の研究者だけでなく、多くの分野ですぐれた業績をあげている著者たちを迎えて、従来見られなかった規模の大きな人物史の叢書として、「ミネルヴァ日本評伝選」の刊行を開始したい。

平成十五年（二〇〇三）九月

ミネルヴァ書房

ミネルヴァ日本評伝選

企画推薦
梅原　猛
ドナルド・キーン
佐伯彰一
角田文衞

監修委員
上横手雅敬
芳賀　徹

編集委員
石川九楊
伊藤之雄
猪木武徳
今谷　明
今橋映子
熊倉功夫
佐伯順子
坂本多加雄
武田佐知子
竹西寛子
西口順子
兵藤裕己
御厨　貴

上代

*俾弥呼　古田武彦
日本武尊　西宮秀紀
仁徳天皇　若井敏明
雄略天皇　吉村武彦
*蘇我氏四代　遠山美都男
推古天皇　義江明子
聖徳太子　仁藤敦史
斉明天皇　武田佐知子
小野妹子・毛人　大橋信弥
*額田王　梶川信行
弘文天皇　遠山美都男
天武天皇　新川登亀男
持統天皇　丸山裕美子
阿倍比羅夫　熊田亮介
*藤原四子　木本好信
柿本人麻呂　古橋信孝
*元明天皇・元正天皇　渡部育子
聖武天皇　本郷真紹
光明皇后　寺崎保広
孝謙天皇　勝浦令子
藤原不比等　荒木敏夫
吉備真備　今津勝紀
*藤原仲麻呂　木本好信
道　鏡　吉川真司
大伴家持　和田　萃
*行　基　吉田靖雄

平安

*桓武天皇　井上満郎
嵯峨天皇　西別府元日
宇多天皇　古藤真平
醍醐天皇　石上英一
村上天皇　京樂真帆子
花山天皇　上島　享
*三条天皇　倉本一宏
藤原薬子　中野渡俊治
小野小町　錦　仁
藤原良房・基経　瀧浪貞子
菅原道真　竹居明男
*紀貫之　神田龍身
源高明　所　功
*安倍晴明　斎藤英喜
藤原実資　橋本義則
*藤原道長　朧谷　寿
藤原伊周・隆家　倉本一宏
藤原定子　山本淳子
清少納言　後藤祥子
紫式部　竹西寛子
和泉式部　ツベタナ・クリステワ
大江匡房　小峯和明
*阿弖流為　樋口知志
坂上田村麻呂　熊谷公男
*源満仲・頼光　元木泰雄
平将門　西山良平
藤原純友　寺内　浩
空　海　頼富本宏
最　澄　吉田一彦
*空　也　石井義長
奝　然　上川通夫
*源　信　小原　仁
後白河天皇　美川　圭
式子内親王　奥野陽子
建礼門院　生形貴重
藤原秀衡　入間田宣夫
平時子・時忠　元木泰雄
平維盛　根井　浄
守覚法親王　阿部泰郎
藤原隆信・信実　山本陽子

鎌倉

源頼朝　川合　康
*源義経　近藤好和
源実朝　神田龍身
後鳥羽天皇　五味文彦
九条兼実　村井康彦
九条道家　上横手雅敬
北条時政　野口　実
熊谷直実　佐伯真一
*北条政子　関　幸彦
北条義時　岡田清一
曾我十郎・五郎　杉橋隆夫
北条時宗　近藤成一
安達泰盛　山陰加春夫
平頼綱　細川重男
竹崎季長　堀本一繁
西　行　光田和伸
藤原定家　赤瀬信吾
*京極為兼　今谷　明

*兼好　島内裕子
重源　横内裕人
*運慶　根立研介
快慶　井上一稔
法然　今堀太逸
慈円　大隅和雄
明恵　西山　厚
親鸞　末木文美士
恵信尼・覚信尼　西口順子
覚如　今井雅晴
道元　船岡　誠
叡尊　細川涼一
*忍性　松尾剛次
*日蓮　佐藤弘夫
一遍　蒲池勢至
*宗峰妙超　竹貫元勝

南北朝・室町

後醍醐天皇　上横手雅敬
護良親王　新井孝重
*赤松氏五代　渡邊大門
*北畠親房　岡野友彦
楠正成　兵藤裕己
*新田義貞　山本隆志
*光厳天皇　深津睦夫
足利尊氏　市沢　哲
佐々木道誉　下坂　守
円観・文観　田中貴子
足利義詮　早島大祐
足利義満　川嶋將生
足利義持　吉田賢司
足利義教　横井　清
大内義弘　平瀬直樹
伏見宮貞成親王　松薗　斉
山名宗全　山本隆志
日野富子　脇田晴子
世阿弥　西野春雄
雪舟等楊　河合正朝
宗祇　鶴崎裕雄
*満済　森　茂暁
一休宗純　原田正俊
蓮如　岡村喜史

戦国・織豊

北条早雲　家永遵嗣
毛利元就　岸田裕之
毛利輝元　光成準治
*今川義元　小和田哲男
*武田信玄　笹本正治
*武田勝頼　笹本正治
*真田氏三代　笹本正治
三好長慶　天野忠幸
*宇喜多直家・秀家　渡邊大門
*上杉謙信　矢田俊文
島津義久・義弘　福島金治
長宗我部元親・盛親　平井上総
吉田兼倶　西山　克
山科言継　松薗　斉
*雪村周継　赤澤英二
織田信長　三鬼清一郎
豊臣秀吉　藤井讓治
*北政所おね　田端泰子
*淀殿　福田千鶴
前田利家　東四柳史明
*黒田如水　小和田哲男
*蒲生氏郷　藤田達生
*細川ガラシャ　田端泰子
伊達政宗　伊藤喜良
*支倉常長　田中英道
ルイス・フロイス　エンゲルベルト・ヨリッセン
*長谷川等伯　宮島新一
顕如　神田千里

江戸

徳川家康　笠谷和比古
*徳川家光　野村　玄
徳川吉宗　横田冬彦
*後水尾天皇　久保貴子
光格天皇　藤田　覚
崇伝　杣田善雄
春日局　福田千鶴
*池田光政　倉地克直
シャクシャイン　岩崎奈緒子
*田沼意次　藤田　覚
*二宮尊徳　小林惟司
末次平蔵　岡美穂子
高田屋嘉兵衛　生田美智子
*林羅山　鈴木健一
吉野太夫　渡辺憲司
中江藤樹　辻本雅史
山崎闇斎　澤井啓一
山鹿素行　前田　勉
*北村季吟　島内景二
貝原益軒　辻本雅史
松尾芭蕉　楠元六男
*ケンペル　B・M・ボダルト＝ベイリー
荻生徂徠　柴田　純
*雨森芳洲　上田正昭
石田梅岩　高野秀晴
前野良沢　松田　清
平賀源内　石上　敏
本居宣長　田尻祐一郎
杉田玄白　吉田　忠
上田秋成　佐藤深雪
木村蒹葭堂　有坂道子
*大田南畝　沓掛良彦
菅江真澄　赤坂憲雄
*鶴屋南北　諏訪春雄
良寛　阿部龍一
*山東京伝　佐藤至子
*滝沢馬琴　高田　衛
平田篤胤　山下久夫
シーボルト　宮坂正英
本阿弥光悦　岡　佳子
小堀遠州　中村利則
狩野探幽・山雪　山下善也
尾形光琳・乾山　河野元昭
*二代目市川團十郎　田口章子
与謝蕪村　佐々木丞平
伊藤若冲　狩野博幸
鈴木春信　小林　忠
円山応挙　佐々木正子
*佐竹曙山　成瀬不二雄
葛飾北斎　岸　文和
酒井抱一　玉蟲敏子

孝明天皇　青山忠正
*和宮　辻ミチ子
徳川慶喜　大庭邦彦
島津斉彬　原口泉
*古賀謹一郎　小野寺龍太
*栗本鋤雲　小野寺龍太
西郷隆盛　家近良樹
*塚本明毅　塚本学
*月性　海原徹
*吉田松陰　海原徹
*高杉晋作　海原徹
ペリー　遠藤泰生
オールコック　佐野真由子
アーネスト・サトウ　奈良岡聰智
緒方洪庵　米田該典
冷泉為恭　中部義隆

近代

*明治天皇　伊藤之雄
*大正天皇　F・R・ディキンソン
*昭憲皇太后・貞明皇后　小田部雄次
大久保利通　三谷太一郎

山県有朋　鳥海靖
木戸孝允　落合弘樹
井上馨　伊藤之雄
*松方正義　室山義正
北垣国道　小林丈広
板垣退助　小川原正道
長与専斎　笠原英彦
大隈重信　五百旗頭薫
伊藤博文　坂本一登
井上毅　大石眞
*井上勝　老川慶喜
*桂太郎　小林道彦
渡辺洪基　瀧井一博
*乃木希典　佐々木英昭
林董　君塚直隆
*児玉源太郎　小林道彦
*高宗・閔妃　木村幹
山本権兵衛　室山義正
*金子堅太郎　松村正義
高橋是清　鈴木俊夫
小村寿太郎　簑原俊洋
*犬養毅　小林惟司
*加藤高明　櫻井良樹
加藤友三郎・寛治　麻田貞雄
牧野伸顕　小宮一夫
田中義一　黒沢文貴
内田康哉　高橋勝浩

石井菊次郎　廣部泉
平沼騏一郎　堀田慎一郎
宇垣一成　北岡伸一
*宮崎滔天　榎本泰子
*浜口雄幸　川田稔
幣原喜重郎　西田敏宏
関一　玉井金五
水野広徳　片山慶隆
広田弘毅　井上寿一
安重根　上垣外憲一
*グルー　廣部泉
*永田鉄山　森靖夫
東條英機　牛村圭
今村均　前田雅之
蔣介石　劉岸偉
石原莞爾　山室信一
木戸幸一　波多野澄雄
*岩崎弥太郎　武田晴人
伊藤忠兵衛　末永國紀
五代友厚　田付茉莉子
大倉喜八郎　村上勝彦
*安田善次郎　由井常彦
渋沢栄一　武田晴人
益田孝　鈴木邦夫
山辺丈夫　宮本又郎
武藤山治　阿部武司・桑原哲也

西原亀三　森川正則
小林一三　橋爪紳也
大倉恒吉　石川健次郎
大原孫三郎　猪木武徳
*河竹黙阿弥　今尾哲也
イザベラ・バード　加納孝代
*林忠正　木々康子
*森鷗外　小堀桂一郎
二葉亭四迷　ヨコタ村上孝之
夏目漱石　佐々木英昭
巌谷小波　千葉信胤
樋口一葉　佐伯順子
*島崎藤村　十川信介
泉鏡花　東郷克美
*有島武郎　亀井俊介
永井荷風　川本三郎
北原白秋　平石典子
菊池寛　山本芳明
宮澤賢治　千葉一幹
正岡子規　夏石番矢
高浜虚子　坪内稔典
与謝野晶子　佐伯順子
*種田山頭火　村上護
*斎藤茂吉　品田悦一
*高村光太郎　湯原かの子

萩原朔太郎　エリス俊子
*原阿佐緒　秋山佐和子
*狩野芳崖・高橋由一　古田亮
小堀鞆音　小堀桂一郎
竹内栖鳳　北澤憲昭
黒田清輝　高階秀爾
中村不折　石川九楊
横山大観　高階秀爾
*橋本関雪　西原大輔
小出楢重　芳賀徹
土田麦僊　天野一夫
岸田劉生　北澤憲昭
松旭斎天勝　川添裕
中山みき　鎌田東二
佐田介石　谷川穣
*ニコライ　中村健之介
出口なお・王仁三郎　川村邦光
島地黙雷　阪本是丸
*新島襄　太田雄三
木下広次　冨岡勝
嘉納治五郎　クリストファー・スピルマン
柏木義円　片野真佐子
津田梅子　田中智子
*澤柳政太郎　新田義之

河口慧海　高山龍三
山室軍平　室田保夫
大谷光瑞　白須淨眞
*久米邦武　髙田誠二
フェノロサ　伊藤　豊
三宅雪嶺　長妻三佐雄
*岡倉天心　木下長宏
志賀重昂　中野目徹
徳富蘇峰　杉原志啓
竹越與三郎　西田　毅
内藤湖南・桑原隲蔵　礪波　護
岩村　透　今橋映子
*西田幾多郎　大橋良介
金沢庄三郎　石川遼子
上田　敏　及川　茂
柳田国男　鶴見太郎
厨川白村　張　競
天野貞祐　貝塚茂樹
大川周明　山内昌之
西田直二郎　林　淳
折口信夫　斎藤英喜
九鬼周造　粕谷一希
辰野　隆　金沢公子
シュタイン　瀧井一博
*西　周　清水多吉
*福澤諭吉　平山　洋
福地桜痴　山田俊治

田口卯吉　鈴木栄樹
*陸　羯南　松田宏一郎
黒岩涙香　奥　武則
*吉野作造　田澤晴子
野間清治　佐藤卓己
山川　均　米原　謙
*岩波茂雄　十重田裕一
*北　一輝　岡本幸治
中野正剛　吉田則昭
*穂積重遠　大村敦志
満川亀太郎　福家崇洋
*北里柴三郎　福田眞人
高峰譲吉　木村昌人
田辺朔郎　秋元せき
*南方熊楠　飯倉照平
寺田寅彦　金森　修
石原　純　金子　務
J・コンドル　鈴木博之
辰野金吾　河上真理・清水重敦
*七代目小川治兵衛　尼崎博正
ブルーノ・タウト　北村昌史

現代

昭和天皇　御厨　貴
高松宮宣仁親王　後藤致人
*李方子　小田部雄次
吉田　茂　中西　寛
マッカーサー　柴山　太
石橋湛山　増田　弘
重光　葵　武田知己
市川房枝　村井良太
*池田勇人　藤井信幸
高野　実　篠田　徹
和田博雄　庄司俊作
朴正熙　木村　幹
竹下　登　真渕　勝
*松永安左エ門　橘川武郎
鮎川義介　井口治夫
*出光佐三　橘川武郎
松下幸之助　米倉誠一郎
渋沢敬三　井上　潤
*本田宗一郎　伊丹敬之
井深　大　武田　徹
*佐治敬三　小玉　武
幸田家の人々　金井景子
*正宗白鳥　大嶋　仁
大佛次郎　福島行一

*川端康成　大久保喬樹
*薩摩治郎八　小林　茂
松本清張　杉原志啓
安部公房　鳥羽耕史
*三島由紀夫　島内景二
井上ひさし　成田龍一
R・H・ブライス　菅原克也
金素雲　林　容澤
柳　宗悦　熊倉功夫
バーナード・リーチ　鈴木禎宏
イサム・ノグチ　酒井忠康
川端龍子　岡部昌幸
藤田嗣治　林　洋子
*井上有一　海上雅臣
*手塚治虫　竹内オサム
山田耕筰　後藤暢子
古賀政男　藍川由美
*吉田　正　金子　勇
武満　徹　船山　隆
*八代目坂東三津五郎　田口章子
*力道山　岡村正史
*西田天香　宮田昌明
安倍能成　中根隆行

サンソム夫妻　平川祐弘・牧野陽子
和辻哲郎　小坂国継
矢代幸雄　稲賀繁美
石田幹之助　岡本さえ
*平泉　澄　若井敏明
安岡正篤　片山杜秀
島田謹二　小林信行
前嶋信次　杉田英明
保田與重郎　谷崎昭男
*福田恆存　川久保剛
井筒俊彦　安藤礼二
佐々木惣一　松尾尊兊
*瀧川幸辰　伊藤孝夫
矢内原忠雄　等松春夫
福本和夫　伊藤　晃
*フランク・ロイド・ライト　大久保美春
大宅壮一　有馬　学
今西錦司　山極寿一

*は既刊
二〇一四年二月現在